劳动维权成功百例

LAODONG WEIQUAN
CHENGGONG BAILI

刘业林◎著

中国工人出版社

图书在版编目（CIP）数据

劳动维权成功百例 / 刘业林著. —北京：中国工人出版社，2017.1
ISBN 978-7-5008-6582-7

Ⅰ.①劳… Ⅱ.①刘… Ⅲ.①劳动法－案例－中国 Ⅳ.①D922.505

中国版本图书馆CIP数据核字（2016）第289740号

劳动维权成功百例

出 版 人 芮宗金
责任编辑 赵晨羽
责任校对 孙迺伟
责任印制 栾征宇
出版发行 中国工人出版社
地　　址 北京市东城区鼓楼外大街45号 邮编：100120
网　　址 http://www.wp-china.com
电　　话 （010）62005043（总编室） （010）62005039（出版物流部）
（010）82075935（工会与劳动关系分社）
发行热线 （010）62004002 （010）82081553（传真）
经　　销 各地书店
印　　刷 三河市万龙印装有限公司
开　　本 700毫米×1000毫米 1/16
印　　张 16.75
字　　数 270千字
版　　次 2017年3月第1版 2018年3月第3次印刷
定　　价 38.00元

前　言

《劳动维权成功百例》一书的出版，缘于2010年年底我与《工会信息》杂志主编吴明福先生的一次深谈。围绕“劳动者最喜欢看什么”“劳动者成功维权最缺什么”等话题，我们谈到很晚。也就是这个夜晚，我们商定，从2011年第一期杂志开始，开辟“以案说法”专栏，由我担任专栏作者，通过以案说法、释法说理的方式进行维权指导。

开栏容易坚守难。从2011年第一期“以案说法”专栏面世，到2016年年底，每月两期，共计刊发专栏稿件143篇。六年的坚持，终于迎来了今天《劳动维权成功百例》一书的正式出版。

作为多年奋斗在劳动维权第一线的法律工作者，我目睹了劳动者因缺失劳动法律知识而陷入维权困境的众多案例，真切感受到劳动者掌握并熟练运用法律武器依法维权的重要性、必要性和紧迫性。我认为，劳动者成功维权，至少要把握好以下四个方面：

一是理念为先。市场经济，更是法治经济。劳动维权中，劳动者最可靠、最坚实、最持久的支持，就是法律。一旦发生劳动争议，不管是集体劳动争议，还是个案维权；不管是寻求工会组织的帮助，还是提请劳动仲裁、法院诉讼，最终依靠的都是法律的力量。很多用人单位，其实最怕劳动者学法、懂法、用法。法律是块铁，谁碰谁出血；法律是块钢，谁碰谁受伤。《劳动维权成功百例》一书就是想讲透这样一个道理：在劳动争议的协调处理中，要敬畏法律，强化法治思维和法治方式，让法律的光芒照亮劳动者的维权之路。

二是法条为本。依法维权，其实质就是依法律条文维权。作为劳动者，最尴尬的，就是问题常常在能力之外；最窘迫的，就是有心无力的无奈；最狼狈的，就是明明胜券在握，胜诉却失之交臂。在维权实践中，我深刻地感受到，高手过招，比的是对法律条文的熟悉和灵活运用。《劳动维权成功百例》中列举的大量案例，就是告诉用人单位和劳动者，最终决定输赢胜败的，是法律条文。

三是证据为王。打官司就是打证据，可现实生活中，很多劳动者却常常面临这样无助又无奈的局面：明明用人单位侵权事实明显，可自己连证明与单位存在劳动关系的证据都没有。《劳动维权成功百例》告诉劳动者，要做一个善于维权的“有心人”，在合法的前提下，尽可能多地搜集招聘登记表、工作证、工资卡、考勤表、社会保险缴费凭证等维权证据。劳动者拥有的证据越多，在劳动争议处理过程中的话语权就越大，依法维权的成功率就越高。

四是程序为要。实体违法是相对的，程序违法却是绝对的。因此，劳动维权中，劳动者一定要借助法律设置的程序按钮进行自我保护。比如，劳动争议中牵涉最多的是企业规章。依照法律法规，企业劳动规章制度的生效，必须同时具备内容合法、程序民主、公示员工这三个条件，缺一不可。而很多企业自说自话制定劳动规章，没有履行民主程序就是一个硬伤。再如，用人单位单方解除劳动合同，应事先通知工会。缺少这一程序，不管解除的理由是否站得住脚，仍然是违法解除。《劳动维权成功百例》告诉劳动者，学会和掌握程序维权的方法和技巧，将为成功维权增添更多的胜算。

《劳动维权成功百例》，精选了100篇劳动者成功维权的案例。本书共分十章，每章三到四小节，每个案例通过“案情实录”“以案说法”“特别提醒”“法条链接”，告诉劳动者维权的关键节点和法规运用。

六年来，压力与动力同行，感动与责任相伴。六年来，最催人振奋的就是编辑部的催稿电话；最让人感动的是吴明福主编和我身边的领导、亲朋好友的不断鼓励；最难以忘怀的是全国各地读者的热切期盼。限于本人研究能力、学识水平，本书难免有缺陷和瑕疵，欢迎读者批评指正！通联邮件：351981391@ qq. com。

第一章　劳动合同的签订

第二章　劳动合同的履行

第四章 劳动合同的终止

第五章 试用期

第六章　劳动报酬

第七章　女职工特殊保护

第一章
劳动合同的签订

第一节　合同订立争议

案例1
用人单位拖延不签劳动合同，劳动者该怎么办？

案情实录

2012年5月，职工陈某到某超市做保洁员，口头约定3个月试用期后，签订正式劳动合同。可是半年过去了，超市一直没有与她签订劳动合同，而且没有为她缴纳社会保险。陈某心里不踏实，多次向超市负责人反映，希望早日签订劳动合同。但超市方面一直以各种理由拖延，说签不签合同，都没关系，又不影响工作，等以后再说。2013年3月初，超市突然通知陈某，从4月起，超市保洁工作整体外包给某物业公司，她的工作到3月底结束，工资结算到3月底，没有任何经济补偿。陈某毫无思想准备，既感到很突然，又感到很委屈。在这种情况下她该怎么办？

以案说法

现实生活中，用人单位不与劳动者签订劳动合同的现象比较普遍，常见原因有两个：一是逃避法律责任，认为不签劳动合同可以逃避缴纳社会保险费、逃避经济补偿金责任；二是方便辞退员工，认为不签劳动合同，员工就不是正式员工，可以随时、随意辞退。那么，如果用人单位故意不签劳动合同，劳动者该如何维权呢？

1. 如何判定事实劳动关系的存在？

事实劳动关系是指用人单位与劳动者没有订立书面劳动合同，但双方实际履行了劳动权利与义务而形成的劳动关系。

综合司法实践，事实劳动关系一般分为四种类型：（1）用人单位和劳动者自始未订立书面劳动合同，仅存在口头协议或实际履行的情况下形成的事实劳动关系；（2）用人单位与劳动者签订了书面劳动合同，但是劳动合同期满后，用人单位与劳动者未终止劳动合同，也未续订劳动合同而形成的事实劳动关系；（3）以其他合同形式代替劳动合同，即在其他合同中规定了劳动者的权利、义务条款，比如承包合同、租赁合同、兼并合同中规定了劳动者的使用、安置和待遇等问题，这就有了判定事实劳动关系存在的依据；（4）停薪留职到另一单位工作、兼职等双重劳动关系形成的事实劳动关系。

用人单位招用劳动者不签书面劳动合同，双方依然存在事实劳动关系，依据《劳动和社会保障部关于确立劳动关系有关事项的通知》，其认定要件有三个：（1）用人单位和劳动者符合法律、法规规定的主体资格；（2）用人单位依法制定的各项劳动规章制度适用于劳动者，劳动者受用人单位的劳动管理，从事用人单位安排的有报酬的劳动；（3）劳动者提供的劳动是用人单位业务的组成部分。

2. 劳动者应该如何举证事实劳动关系？

用人单位不愿与劳动者订立劳动合同，本意就是否认劳动关系的存在。然而，在法律上，劳动者与用人单位建立劳动关系，并不以书面劳动合同为前提，而是以事实上的开始用工为判定标准。《劳动合同法》第 7 条、第 10 条明确规定，用人单位自用工之日起即与劳动者建立劳动关系；用人单位与劳动者在用工前订立劳动合同的，劳动关系自用工之日起建立。

双方存在劳动关系是劳动者依法维权的基础性事实。当用人单位未与劳动者签订书面劳动合同的情况下，劳动者该如何证明与用人单位之间存在事实劳动关系呢？

依据《劳动和社会保障部关于确立劳动关系有关事项的通知》第 2 条，用人单位未与劳动者签订劳动合同，认定双方存在劳动关系时可参照下列凭证：（1）工资支付凭证或记录（职工工资发放花名册）、缴纳各项社会保险费的记录；（2）用人单位向劳动者发放的“工作证”“服务证”等能够证明身份的证件；（3）劳动者填写的用人单位招工招聘“登记表”“报名表”等招用记录；（4）考勤记录；（5）其他劳动者的证言等。其中，（1）（3）（4）项的有关凭证由用人单位负举证责任。

对于处于弱势的劳动者，在事实劳动关系存续期间，一定要强化自我保护意识，事先注意收集和保留证明劳动关系的相关凭证，如工资单、考勤卡、工作证、工资签收单、工作记录、工作服、工友证明等，包括 QQ 聊天记录、电子邮件来往记录等电子证据，并注意收集同岗位其他劳动者劳动报酬的相关资料。劳动者只有学会理性的、不打无准备之仗的维权方式，才能在劳动争议中立于不败之地。

3. 用人单位拖延不签劳动合同有哪些风险和隐患?

签订劳动合同不仅仅是用人单位的义务，同时也是保障用人单位用工权的一种方式，用人单位不签订劳动合同，自身用工也存在很大的法律风险。

《劳动合同法》实施之前，根据相关法律法规，用人单位不签订劳动合同承担的法律责任仅是员工可以随时辞职、单位终止劳动关系须支付经济补偿金以及小额罚款。《劳动合同法》实施后，对用人单位不与劳动者订立书面劳动合同的违法行为加大了惩处力度，明确规定，用人单位自用工之日起超过一个月不满一年未与劳动者订立书面劳动合同的，应当向劳动者每月支付二倍的工资；用人单位自用工之日起满一年仍然未与劳动者订立书面劳动合同的，除按照规定支付二倍工资外，还视为用人单位与劳动者已订立无固定期限劳动合同。

本案中，超市虽与陈某没有签订劳动合同，但仍然形成事实劳动关系，陈某的合法权益受法律的保护，超市同样要为自己的违法行为承担不利后果。依照《劳动合同法》《社会保险法》的规定，按照陈某的月工资标准，超市应支付陈某自 2012 年 6 月至 2013 年 3 月的二倍工资，为其补缴 2012 年 5 月至 2013 年 3 月的社会保险，并要支付一个月工资标准的经济补偿金。

特别提醒

按照法律的规定，用人单位发生用工行为，即使不签劳动合同，也与劳动者形成事实劳动关系，劳动者享有法律上规定的各项权利。用人单位拖延不签劳动合同，为劳动者缴纳各项社会保险费的法定义务不能免除，用人单位的商业秘密很难得到保护，劳动者可以随时解除劳动关系且不承担赔偿责任，用人单位解除事实劳动关系需要支付经济补偿金等。用人单位不与劳动者签订劳动合同，风险多多，贪图一时之小利，实在是得不偿失。

法条链接

《劳动合同法》第 7 条、第 10 条、第 82 条

《劳动和社会保障部关于确立劳动关系有关事项的通知》第 2 条

案例2

劳动者自愿不签劳动合同，用人单位能以此免责吗?

案情实录

2014 年 3 月，职工华某应聘为市区某商场导购员。入职后，商场多次要与华某签订劳动合同，华某均未正面回应，被催急了，她就写下“本人自愿不与商场签订劳动合同，由此产生的后果均由本人承担”的声明。由于用人紧张，加之有华某自愿不签订合同的书面声明，商场就没有再强求。2014 年 12 月，华某与部门主管发生冲突，一气之下提出辞呈。2015 年 1 月，华某向市劳动争议仲裁庭提出仲裁申请，要求商场支付 2014 年 4 月至 12 月未签订劳动合同的双倍工资。庭审时，商场十分委屈，辩称：录用华某后，多次要与华某签订劳动合同，但华某多次表达不愿签订合同的意愿，商场苦于急需用人，就没有继续坚持。商场当庭出示了华某 2014 年 4 月 3 日书写的《声明》。华某认可《声明》的真实性，但却认为，不管当时自己是否愿意签订劳动合同，劳动合同没签却是事实。按照《劳动合同法》的相关规定，单位就应该给予双倍工资的补偿。商场觉得吃了“哑巴亏”，双方互不相让僵持不下。那么，劳动者自愿不签劳动合同，用人单位能否以此主张免责呢?

以案说法

现实生活中，经常是用人单位不愿与劳动者签劳动合同。那么，当劳动者自愿不签订劳动合同时，用人单位能以此免责吗?

1. 用人单位不与劳动者签订劳动合同的法律风险有哪些?

根据《劳动合同法》的规定，用人单位自用工之日起即与劳动者建立劳动关系，建立劳动关系，就应当订立书面劳动合同。用人单位不与劳动者签订劳动合同，面临的法律风险至少有四个方面：

（1）按月支付双倍工资的风险。依据《劳动合同法》第 10 条、第 82 条以及《劳动合同法实施条例》第 6 条、第 7 条的规定，自用工之日起超过一个月

不满一年未与劳动者订立书面劳动合同的，用人单位应当向劳动者每月支付二倍的工资；二倍工资的起算时间为用工之日起满一个月的次日，截止时间为补订书面劳动合同的前一日。用人单位违反规定不与劳动者订立无固定期限劳动合同的，自应当订立无固定期限劳动合同之日起向劳动者每月支付二倍的工资。

（2）无固定期限劳动合同签订条件成立的风险。《劳动合同法》第 14 条第 3 款规定，用人单位自用工之日起满一年不与劳动者订立书面劳动合同的，视为用人单位与劳动者已订立无固定期限劳动合同。《劳动合同法实施条例》第 7 条规定，此种情况视为自用工之日起满一年的当日已经与劳动者订立无固定期限劳动合同，并应当立即与劳动者补订书面劳动合同。

（3）支付经济补偿金的风险。用人单位在建立劳动关系的同时，没有与劳动者订立书面劳动合同，法律给予用人单位一个月的宽限期。超过一个月不满一年的，劳动者不签订书面劳动合同的，用人单位应当书面通知劳动者终止劳动关系，并依法支付经济补偿金。

（4）依法补缴社会保险以及劳动者行使随时离职权的风险。由于用人单位没有签订劳动合同，常常伴随的是没有依法缴纳社会保险，劳动者可以以此为由合法地随时离开用人单位，并可以要求用人单位补缴社会保险、支付经济补偿金；在未缴社会保险期间，如果劳动者发生工伤意外，用人单位还需要承担工伤赔偿责任。

2. 劳动者不愿签订劳动合同， 用人单位能以此免责吗?

在司法实践中，劳动者主张用人单位支付不签订劳动合同的双倍工资时，用人单位常常辩称，不是单位不想签，而是劳动者不愿意签，并提交劳动者自愿不签劳动合同的声明或承诺书。用人单位以为这样就能高枕无忧。事实却并非如此。

依据《劳动合同法》以及《劳动合同法实施条例》的相关规定，对于劳动者不愿签订劳动合同，一般分三种情形进行处理：

（1）自用工之日起一个月内，经用人单位书面通知后，劳动者不与用人单位订立书面劳动合同的，用人单位应当书面通知劳动者终止劳动关系，无须向劳动者支付经济补偿，但是应当依法向劳动者支付其实际工作时间的劳动报酬。

（2）自用工之日起超过一个月不满一年，劳动者不与用人单位订立书面劳动合同的，用人单位应当书面通知劳动者终止劳动关系，并依照《劳动合同法》第 47 条的规定支付经济补偿。

当第一种或第二种情形发生时，用人单位需出示已经书面通知劳动者签订劳动合同，而劳动者不愿签订的证据。而且，对于这两种情形，法律都赋予了用人单位终止劳动关系的选择权，避免僵局的出现。

（3）自用工之日起满一年，用人单位未与劳动者订立书面劳动合同的，法律不再区分劳动者是否愿意，规定自用工之日起满一个月的次日至满一年的前一日，用人单位应向劳动者每月支付两倍的工资，并视为自用工之日起满一年的当日已经与劳动者订立无固定期限劳动合同，并且要立即与劳动者补订书面劳动合同。

从上面的分析可以看出，签订劳动合同属于国家强制性规定，是用人单位的法定义务。即便劳动者主动声明放弃，由于劳动者自愿不签合同的声明违反了法律规定，属于无效声明；用人单位没有主动履行法定义务，包括主动向劳动者提出签订劳动合同、提供劳动合同文本，就要承担不利后果。

3. 用人单位如何减少因劳动者不愿签订劳动合同的劳动争议？

在法律的严格约束下，用人单位一般比较注意与劳动者签订劳动合同。但在现实生活中，一些劳动者没有意识到劳动合同对于维护自身合法权益的重要性，或者片面地认为签了合同就意味着约束、限制了今后的自由流动，主动签订劳动合同的积极性不高。那么，如何预防因劳动者不愿签订劳动合同而产生的劳动争议呢？

（1）用人单位应充分认识到，不与劳动者签订劳动合同风险很大。法律之所以硬性规定用人单位与劳动者必须签订劳动合同，就是为了更好地保护处于弱势的劳动者。无论劳动者是否自愿签订劳动合同，未签订的不利后果都将由用人单位承担。

（2）用人单位应健全完善相关劳动规章。在入职培训时，要让劳动者充分认识到，签订劳动合同是对劳动关系双方权益和义务的确认，是对劳动者本人最大的保障；在依法制定劳动规章制度时，可明确规定员工不愿意签订劳动合同，属于严重违反单位规章制度的情形，单位有权终止与该员工的劳动关系。

（3）如果遇到劳动者不愿意签订劳动合同，用人单位应与劳动者真诚沟通、积极宣传，争取得到劳动者的理解与配合。并明确告知劳动者，如果坚持不愿签订劳动合同，那么单位只能选择终止劳动关系。

需要特别提醒用人单位的是，即使劳动者心甘情愿出具自愿放弃劳动合同的声明或承诺，用人单位依然隐患重重；要从根本上防范此类法律风险，就是不签劳动合同的劳动者一律不予录用。

综上所述，签订劳动合同是法律的强制性规定，即便劳动者声明自己放弃，也不能免除用人单位的法定责任。本案中，虽然华某曾写过放弃与商场签订劳动合同的声明，但该声明因违法而无效，商场仍然应当支付华某 2014 年 4 月至 12 月的双倍工资。另外，由于没有签订劳动合同，商场一直也没有为华某缴纳社会保险，依法补缴社会保险的法定义务也不能免除。最后，经仲裁庭多次耐心调解，双方达成一致意见，商场同意支付华某二倍工资及经济补偿合计 28000 元，并补缴社会保险。

特别提醒

即使劳动者不愿签订劳动合同，也不能免除用人单位应承担的法律责任。当用人单位遇到劳动者不愿签订合同的情形，应依法行使终止劳动关系的权利。因用工紧张、技术工种紧缺等原因，用人单位继续留用不愿签订劳动合同的职工，导致双方劳动关系在没有劳动合同的情况下继续存在，则很难避免赔偿双倍工资的风险和责任。

法条链接

《劳动合同法》第 10 条、第 82 条

《劳动合同法实施条例》第 5 条、第 6 条、第 7 条

第二节　合同条款生效争议

案例3

签订了“生死合同”，发生工伤事故谁担责？

案情实录

2013 年 8 月，职工孙某与某建筑施工公司签订了一份劳动合同，上面有“工作中如有伤亡，公司概不负责”的条款。孙某看到这一条款，觉得太为严苛，当即提出不合适。公司人力资源部答复，这是公司的统一规定，所有入职员工都签这样的合同；想在公司干，就得懂规矩。孙某深知找工作的不易，自恃年轻力壮，抱着侥幸心理在合同上签了字。2013 年 12 月，由于工地上缺乏必要的保护设施，在一次露天施工中，孙某不慎从高处滑落坠地，身负重伤，经医院抢救后死亡。在孙某的后事处理上，建筑公司以劳动合同中约定“工作

中如有伤亡，公司概不负责”为由，拒绝孙某家属提出的支付孙某工伤死亡后一切费用的赔偿请求。在与公司多次协调无效的情况下，孙某家属向市劳动仲裁机构申请仲裁，要求建筑公司承担孙某工伤死亡事故的责任，并支付有关工伤保险待遇。2014 年 4 月，经多次调解，建筑公司与孙某家属比照《工伤保险条例》相关条款，达成协议：建筑公司支付包括治疗费、丧葬补助费、供养亲属抚恤金以及一次性工亡补助金等各项费用总计 219800 元。

以案说法

本案是用人单位通过劳动合同约定逃避工伤赔偿责任而引发的争议。

1. 什么样的伤害属于工伤?

工伤是工作伤害的简称，亦称职业伤害。1921 年国际劳工大会通过的公约中对“工伤”的定义是：由于工作直接或间接引起的事故为工伤。1964 年第 48 届国际劳工大会规定工伤补偿应将职业病和上下班交通事故包括在内。

因此，当前国际上比较规范的“工伤”定义包括两个方面的内容，即由工作引起并在工作过程中发生的事故伤害和职业病伤害。

根据我国 2011 年 1 月 1 日开始施行的新修订的《工伤保险条例》规定，职工有下列 7 种情形之一的，应当认定为工伤：

（1）在工作时间和工作场所内，因工作原因受到事故伤害的。这里，“工作时间”和“工作场所”是两个必须同时具备的条件，同时还得是“因工作原因”而受到的负伤、致残或者死亡。事故伤害是指职工在劳动过程中发生的人身伤害、急性中毒事故等类似伤害。

（2）工作时间前后在工作场所内，从事与工作有关的预备性或者收尾性工作受到事故伤害的。

（3）在工作时间和工作场所内，因履行工作职责受到暴力等意外伤害的。

（4）患职业病的。

（5）因工外出期间，由于工作原因受到伤害或者发生事故下落不明。

（6）在上下班途中，受到非本人主要责任的交通事故或者城市轨道交通、客运轮渡、火车事故伤害的。2014 年 9 月 1 日起施行的最高人民法院关于工伤认定的司法解释明确了，职工在合理时间内往返于工作地与配偶、父母、子女居住地的合理路线的上下班途中发生事故的，亦可认定为工伤。

（7）法律、行政法规规定应当认定为工伤的其他情形。

同时，《工伤保险条例》第 15 条规定三种应当视同为工伤的情形，主要包括：

(1) 在工作时间和工作岗位，突发疾病死亡或者在48小时内经抢救无效死亡的。(2) 在抢险救灾等维护国家利益、公共利益活动中受到伤害的。(3) 职工原在军队服役，因战、因公负伤致残，已取得伤残军人证，到用人单位后旧伤复发的。

2. 用人单位与劳动者签订的“生死合同”是否有效?

签订劳动合同，是劳动关系双方自由选择的结果，应当遵循平等自愿、协商一致的原则，不得违反法律、行政法规的规定。

现实生活中，少数用人单位持有“你不干总有人干”的强势心态，以为可以随意决定劳动合同条款，在劳动合同中约定“发生工伤事故概不负责”“出现伤病自理，如有意外企业概不负责”等内容，企图以约定条款逃避应该承担的法定责任。

一般情况下，合同一旦依法成立，就具有法律约束力；但对于无效合同，即使其订立，也不具有法律约束力，不发生履行效力。依据《劳动合同法》第26条的规定，下列劳动合同无效或者部分无效：(1) 以欺诈、胁迫的手段或者乘人之危，使对方在违背真实意思的情况下订立劳动合同的；(2) 用人单位免除自己的法定责任、排除劳动者权利的；(3) 违反法律、行政法规强制性规定的。

对人身健康权和生命安全的保障，是法律给予劳动者的特殊保护，也是法律保障劳动者合法权益的底线。从整体社会利益的角度来考虑，如果允许免除用人单位对劳动者人身伤害的责任，那么无异于纵容用人单位利用合同形式对劳动者的生命进行摧残，这与保护公民的人身权利的宪法原则也是相违背的。

用人单位利用自己的优势地位，和处于劣势、毫无还价能力的职工签订包含“生死自负”条款的劳动合同，既属于以欺诈、胁迫的手段或者乘人之危，使劳动者在违背真实意思的情况下订立劳动合同的情形，也属于用人单位免除自己的法定责任、排除劳动者权利的情形，同时，也违反了《劳动法》《工伤保险条例》《社会保险法》等法律法规关于劳动保护、工伤保险的强制性规定，不管劳动者属于自愿签订还是“被自愿”，都应认定为无效。

3. 职工因工死亡，其近亲属有权享受哪些工亡待遇?

职工因工死亡，主要包括三种情形：(1) 职工因工伤事故、职业中毒直接导致的死亡；(2) 因工伤事故、职业中毒，经抢救无效后的死亡；(3) 伤残职工在停工留薪期内因工伤导致的死亡。

依据《工伤保险条例》第39条规定，职工因工死亡，其近亲属按照下列规定应该可以从工伤保险基金领取丧葬补助金、供养亲属抚恤金和一次性工亡补助金，具体标准为：(一) 丧葬补助金为6个月的统筹地区上年度职工月平均工资；（二）供养亲属抚恤金按照职工本人工资的一定比例发给由因工死亡职工生前提供主要生活来源、无劳动能力的亲属。标准为：配偶每月 40%，其他亲属每人每月 30%，孤寡老人或者孤儿每人每月在上述标准的基础上增加 10%。核定的各供养亲属的抚恤金之和不应高于因工死亡职工生前的工资。供养亲属的具体范围由国务院社会保险行政部门规定；（三）一次性工亡补助金标准为上一年度全国城镇居民人均可支配收入的 20 倍。

对于伤残职工在停工留薪期内因工伤导致死亡的，法律规定，其近亲属享受《工伤保险条例》第 39 条第 1 款规定的待遇；一级至四级伤残职工在停工留薪期满后死亡的，其近亲属可以享受《工伤保险条例》第 39 条第 1 款第（1）项、第（2）项规定的待遇。

本案中，孙某在工作时间、工作地点，因工作原因受到伤害并死亡，完全符合工伤认定条件，其家属应当依法享受工亡的相关待遇。在建筑公司与孙某签订的劳动合同，从表面上看是双方自愿达成的协议，孙某本人也在合同上签了字，建筑公司的做法似乎有理有据。其实不然，这份合同中有关“工作中如有伤亡，公司概不负责”的条款明显违反了法律的强制性规定，免除自己的法定责任，严重侵犯了劳动者的合法权益，因此，应属于无效条款，对孙某没有法律约束力。

特别提醒

不管法律对工伤职工有多周全多细致的保护，对于劳动者来说，切不可抱有侥幸心理，最好是将“生死合同”拒之门外，千万别将自己的生命置于险境。即使被逼签订了此类合同，发生了工伤事故或发生病、伤、残、死亡等情形，也不能自认倒霉，仍可依法主张自己的合法权益。

法条链接

《劳动合同法》第 26 条、第 27 条、第 28 条

案例4

劳动者违反合同约定结婚，单位可以解除劳动关系吗？

案情实录

2011 年 2 月，女职工李某经某酒楼考核合格，被招录为服务员，并与酒楼

签订了五年期劳动合同。合同约定："凡是在本酒楼工作的女性服务员，合同期内不得结婚。否则，酒楼有权解除劳动合同，违约员工要支付违约金5000元。"转眼到了2014年8月，李某也从酒楼的新员工变为了老员工。男大当婚，女大当嫁。本想等到合同期满再结婚，可李某的家人、男朋友的父母都催着李某赶紧结婚。经男女双方亲人商定，李某的婚期定在了2014年国庆节。婚期在即，到了必须向酒楼提出结婚申请的时候。请假之前，李某还抱着侥幸心理，认为酒楼会通情达理，准许自己的结婚申请。没想到，酒楼收到申请后，不仅不同意，反而告诉李某：结婚不结婚，是李某自己的私事，单位无权干涉；但按照事先的合同约定，如果李某执意非要马上结婚，一是酒楼将与李某解除劳动合同，二是李某要按照劳动合同约定支付违约金5000元。得到这个答复后，李某很是烦恼，结婚怎么变成了烦恼的喜事了呢？酒楼有通过合同约定不让劳动者在合同期内结婚的权力吗？

以案说法

这是一起因劳动者在合同期内结婚而引发的劳动争议。这起劳动争议，主要涉及三个方面的法律问题。

1. 酒楼关于"合同期内不得结婚"的约定是否合法有效？

依据《劳动法》《劳动合同法》的规定，依法订立的劳动合同对用人单位和劳动者都具有法律约束力。合法既是签订劳动合同的首要原则，也是劳动合同生效的首要前提。劳动者应当履行劳动合同约定的义务，但前提条件要看签订的劳动合同有没有违反相关法律法规。

婚姻自由是法律赋予公民的一项基本权利。《妇女权益保障法》第43条规定："国家保障妇女享有与男子平等的婚姻家庭权利。"第44条规定："国家保护妇女的婚姻自主权。禁止干涉妇女的结婚、离婚自由。"《婚姻法》第3条、第5条对此也作出明确规定：男女双方只要符合法定条件，且完全自愿，就有权结婚，任何组织或个人都不得干预。酒楼与李某约定"合同期内不得结婚"的条款，实质上是对李某婚姻自由权的干涉和侵犯，并不能因其是双方自愿签订，而改变这种违法性质。

2. 李某违反不得结婚的合同约定，酒楼有权解除劳动合同吗？

无效的劳动合同是指由当事人签订成立而国家不予承认其法律效力的劳动合同。根据《劳动合同法》第26条的规定，劳动合同因违反国家法律、行政法规的强制性规定而无效，违反法律、行政法规的劳动合同条款对合同双方没有法律约束力。

酒楼在签订劳动合同时，利用自己的强势地位，附加了不合法的条款。李某当初出于就业的考虑，只能被动地接受该项条款。因此，“合同期内不得结婚”，虽是李某与酒楼自愿达成的约定，但因违反法律规定，此条款自签订之日起，就属于无效条款。由于合同条款的无效，酒楼据此解除李某劳动合同的理由也就不能成立。

3. 李某违反合同约定结婚，需支付违约金吗？

《劳动合同法》规定，只有用人单位为劳动者提供专项培训费用，对其进行专业技术培训的，劳动者违反服务期约定的，才应当按照约定向用人单位支付违约金。而李某所在的酒楼既没有对她进行专业技术培训，也没有签订服务期，因此，酒楼要求李某因为合同期内结婚而支付违约金于法无据，法律不予支持。

本案中，李某与酒楼所签合同中，确实有“合同期内不得结婚”的内容。从表面看，李某违反了合同的约定，在合同期内即将结婚，好像是违约在先，但实质上，婚姻自由是国家法律赋予公民应该享有的基本权利。三年前，酒楼与李某关于合同期内不得结婚的条款，因违反强制性法律规定，从一开始就属于无效约定；酒楼据此作出的辞退决定，就属于违法解除。如酒楼一意孤行，将承担严重的法律后果。

特别提醒

劳动合同一旦依法成立，就具有法律约束力；但无效合同即使签订，也不具有法律约束力，不发生履行效力。

法条链接

《婚姻法》第 3 条、第 5 条

《妇女权益保障法》第 43 条、第 44 条

《劳动合同法》第 3 条、第 26 条

案例5

劳动者隐婚入职，是否构成“职场欺瞒”？

案情实录

2011 年 6 月，职工岳某从财经大学会计专业毕业。2011 年 9 月，她与相爱

四年的男友领取了结婚证。两人都想再过几年自由自在的二人世界，领取结婚证的事情，除了双方父母，对外都是秘而不宣。2011 年 11 月，岳某成功应聘到一家外资日化公司担任会计工作。在填写入职登记表时，她填了“未婚”，做起了隐婚一族。2012 年 8 月，岳某意外地发觉自己怀孕了，而且有先兆流产的迹象。双方父母再也不让他俩继续隐婚，坚持岳某住院“保胎”。为了不让公司同事认为她未婚先孕，在递交请假单时，岳某一并附上了结婚证明。2012 年 9 月，在岳某说明真相后不久，公司以“入职时存在欺诈”为由，书面通知岳某解除劳动合同。对此，岳某不服，认为婚姻状况本是个人隐私，无须告知公司，这只是公司解除劳动关系的借口而已。在多次协商无效的情况下，岳某寻求法律援助。在相关部门的协调过程中，公司出示了劳动规章制度，确有“员工提供虚假资料的，公司有权将其解雇，并不作任何经济补偿”的规定。公司认为，岳某故意隐瞒婚姻状况，违反了公司规定，构成欺诈，公司有权和她解除劳动合同。那么，女职工“隐婚”入职，是否构成欺诈呢？

以案说法

本案是一起劳动者隐婚，用人单位以欺诈为由解除劳动合同的典型案例。

在现实生活中，不少用人单位在招聘启事中就明确提出未婚要求。很多劳动者尤其是女职工担心单位性别歧视，或者为了提高职场竞争力，常常故意隐瞒婚姻状况。用人单位一旦发现劳动者已婚身份，便会以劳动者故意欺诈为由解除劳动合同。劳动者则会认为婚姻状况是个人隐私，隐婚并非欺诈，单位以此解除劳动合同于法无据。弄清楚这个问题的是非曲直，我们必须搞清楚以下三个问题。

1. 劳动者是否必须向用人单位告知婚姻状况？

根据《劳动合同法》第 8 条规定：“用人单位招用劳动者时，应当如实告知劳动者工作内容、工作条件、工作地点、职业危害、安全生产状况、劳动报酬，以及劳动者要求了解的其他情况；用人单位有权了解劳动者与劳动合同直接相关的基本情况，劳动者应当如实说明。”从上述规定中可以看出，用人单位的告知义务与劳动者的告知义务存在着两个方面的不同：一是告知方式上，法律对用人单位赋予的是主动告知义务，用人单位招用劳动者时，需要主动告知；而劳动者的告知义务，则是被动告知义务，也就是说，当用人单位需要了解时，劳动者再进行告知。二是告知的内容上不同，用人单位的告知义务包括劳动者工作内容、工作条件、工作地点、职业危害、安全生产状况、劳动报酬，在劳动者要求了解单位其他情况时，用人单位也得如实告知。而劳动者告知义务的范围仅局限在与劳动合同直接相关的基本情况，除此之外，劳动者不负有告知义务。

从上面的分析可以看出，用人单位有权了解劳动者与劳动合同直接相关的基本情况，劳动者对于涉及签订劳动合同的受教育情况、技能水平、就业经历，甚至是否受过刑事处罚等，具有如实说明的义务。用人单位只有了解职工的基本情况，才可以根据工作岗位的特点及个人基本信息，才尽其能，更为合理地安排工作岗位。

在这里，我们需要特别注意“直接相关”这个法律用语。婚姻状况与工作岗位并无直接相关性，一般情况下，单位知情权行使范围不涉及劳动者的婚姻状况。

2. 劳动者婚姻状况能否作为用人单位的招聘依据?

招聘依据应该是劳动者的资格条件和单位的录用条件，资格条件如年龄，录用条件如技能资格、学历等与岗位能力相匹配的条件，如无特殊情况，婚姻状况并不属于资格条件和录用条件二者任何一种，因此，不能作为单位的招聘依据。在实际生活中，不少用人单位在招聘启事中明确提出未婚要求，对照《劳动法》《就业促进法》等法律法规，事先设定这样一个限制条款在法律上本身就是违法的，构成就业歧视。

如果用人单位没有以婚姻状况作为录用标准，只是要求职工提供婚姻状况等个人基本信息，则不构成就业歧视。

3. 劳动者婚姻状况是否属于个人隐私?

根据《婚姻法》的规定，结婚须进行登记，而登记本身就是一种公示方法，目的便在于向公众告知婚姻状况。因此，根据法律来推断，婚姻状况并不属于个人隐私。在劳动者应聘过程中，劳动者的相关信息披露义务是一种先合同义务，如健康状况、职业技能、职业资格、工作经历、学历情况等，只要是在用人单位知情权范围之内的，劳动者都有义务告知。如果劳动者未如实披露，就可能构成重大误解，甚至构成欺诈，最终将影响劳动合同的效力。

但并非所有的隐瞒真相都构成欺诈，比如与劳动合同没有直接关系的生理缺陷、婚姻状况、家属情况等，都不必然视为欺诈，因为这些信息都不直接涉及劳动合同。

综上所述，我们可以看出，婚姻状况不属于订立劳动合同时能够引起欺诈意思的事由范围，它既不是单位做出录用决定的法定依据，也不属于单位知情权的必然范围，更不是职工必须告知用人单位的事项。由此可见，隐婚不能构成订立劳动合同时的欺诈，隐瞒婚姻状况的劳动合同继续有效。

特别提醒

劳动者出于竞争采取“隐婚”入职，如果本身对工作没有影响，本也无可非议。但“隐婚”行为也是一把双刃剑，虽然能给劳动者带来更多选择工作的机会，但也面临着承担不利后果的法律风险。因为纸里终究包不住火，“隐婚”行为一旦被他人发现，甚至影响工作，势必会对“隐婚”者的人品、诚信、道德等方面造成负面影响。从更为严格的法律意义上来说，隐瞒的含义不仅是制造一种假象，还包括隐瞒真相，对劳动者的职场发展都可能会产生不可估量的影响。

法条链接

《劳动合同法》第 8 条、第 26 条

《就业促进法》第 27 条

第三节　合同类型争议

案例6

非全日制用工，究竟谁说了算?

案情实录

2011 年 8 月，职工王某经人介绍到某小学食堂工作，负责全校师生员工的午餐。双方口头约定，王某是学校的非全日制用工，上午 8 时上班，下午 2 时就可以离校，双休日正常休息；工资按月发放；与学校职工一样享有寒暑假，工资照发。2013 年 6 月，学校决定从 9 月起参加全市教育系统的午餐配送，不再自己办食堂。2013 年暑假前，学校通知王某，从下学期起，学校食堂解散，也无法再聘用王某，并主动询问王某还有什么困难。王某说，自己也没什么要求，只是希望学校能帮自己补缴社会保险、支付经济补偿金。学校解释说，当初聘用他时，口头约定双方是非全日制用工，按照法律规定，学校可以随时解除劳动合同，并且不需要支付经济补偿金。那么，非全日制用工，学校和王某的口头约定是否有效呢?

以案说法

本案的争议焦点在于，王某的非全日制用工究竟谁说了算？

1. 非全日制用工的特点。

与全日制用工相比，非全日制用工突破了传统的全日制用工模式，至少具有“四化”的用工特点：一是用工约定口头化，用人单位与劳动者可以不订立书面劳动合同，职工的权利义务以及用人单位对职工的要求，可以口头约定；二是关系终止无因化，非全日制用工双方当事人任何一方都可以随时通知对方终止用工；三是解除合同无偿化，非全日制用工中，所有解除劳动合同的行为，不管出于什么原因，不管用人单位或者劳动者有无过错，用人单位都不需要支付经济补偿金；四是社保缴纳简单化，除了工伤保险，养老、医疗、失业、生育等其他社会保险费，用人单位无须为劳动者缴纳。

以上的“四化”特点，仅仅是非全日制用工的表象特征，它们必须依附非全日制用工的实体形式而存在。

2. 非全日制用工与全日制用工的主要区别。

依据《劳动合同法》，全日制用工和非全日制用工的区别主要有以下几个方面：

（1）工作时间不同。全日制用工一般实行每天工作不超过 8 小时，每周不超过 40 小时的标准工时制度。非全日制用工一般平均每日工作时间不超过 4 小时，每周工作时间累计不超过 24 小时。

（2）非全日制用工双方当事人可以订立口头协议。而全日制用工的，用人单位和劳动者应当订立书面劳动合同。

（3）非全日制用工的劳动关系可以随时终止，用人单位无须向劳动者支付经济补偿。全日制用工的，双方当事人应当依法解除或者终止劳动合同，用人单位解除或者终止劳动合同，应当依法支付经济补偿。

（4）从事非全日制用工的劳动者可以与一个或者一个以上用人单位订立劳动合同；但后订立的劳动合同不得影响先订立劳动合同的履行。而全日制用工劳动者只能与一个用人单位订立劳动合同。

（5）非全日制用工双方当事人不得约定试用期。而全日制用工的，除以完成一定工作任务为期限的劳动合同和三个月以下固定期限劳动合同外，其他劳动合同可以依法约定试用期。

（6）非全日制用工劳动报酬结算周期最长不得超过 15 日。而全日制用工的，工资应当至少每月支付一次。

3. 如何认定非全日制用工。

非全日制用工的本质特征，应该是关于最高工时标准的限制。依据《劳动合同法》，判断是否为非全日制用工，采用的是每日工作时间结合每周累计工作时间的判断方法，即劳动者在同一用人单位平均每日工作时间不超过 4 小时，同时每周工作时间累计不超过 24 小时。这是非全日制用工的最显著判断依据。

由此可以看出，非全日制用工的认定，主要由每日、每周的累计工作时长确定。每日工作时间超过 4 小时，或者每周工作时间累计超过 24 小时的，将构成全日制用工，而不是用人单位自认为的非全日制用工，用人单位需要承担相应的法定义务。

本案中，虽然学校一直把王某视为非全日制用工，并作口头约定，但实际上是学校错误地理解了法律关于非全日制用工的有关规定。王某每天工作时间从上午 8 时到下午 2 时，每周工作五天，每天工作时间 6 小时和每周工作时间 30 小时，都超过了非全日制用工每天工作时间不超过 4 小时和每周累计工作时间不超过 24 小时的规定，因此，王某的用工不属于非全日制用工。王某所在学校应当依法支付王某两个月的经济补偿金，并为他办理近两年的社会保险费补缴和转移手续。

特别提醒

随着市场经济的发展，我国劳动用工形式逐渐走向多样化，尤其是以小时工为主要形式的非全日制就业形式发展迅猛，成为扩大就业的重要渠道。但与此同时，少数用人单位故意混淆是非，利用非全日制用工的名义和幌子，侵害劳动者的合法权益。劳动者依法维权的关键，在于迅速、有效判断是否为非全日制用工。

法条链接

《劳动合同法》第 68 条、第 69 条、第 70 条、第 71 条、第 72 条

案例7

在同一单位连续工作满十年，劳动者有权要求签订无固定期限劳动合同吗？

案情实录

职工徐某在一家造船厂安全科工作，从大学毕业到现在，一晃十三年过去了，劳动合同都是一年一签。2015 年 4 月，徐某与单位签订的合同又要到期

了。由于整个经济环境趋紧，徐某很担心会波及船厂，更怕自己的工作岗位受影响。4 月底，徐某向单位提出签订无固定期限劳动合同的请求。人力资源部答复，经过研究决定，为了稳定职工，单位区分不同工作年限的员工，分别签订 1 至 5 年期的劳动合同。对徐某这样的老员工，单位同意签订五年期劳动合同。尽管徐某多次找人力资源部经理理论，甚至找总经理申请，但单位始终不同意签订无固定期限的劳动合同，说这是单位的规定，不能开先例，坏了规矩。无奈之下，2015 年 5 月，徐某向当地劳动人事仲裁委员会提起申诉，要求船厂与自己签订无固定期限劳动合同。最终，仲裁委裁定，在裁决书生效后 10 日内，船厂与徐某签订无固定期限劳动合同。徐某胜诉。

以案说法

在劳动合同履行期间，签订无固定期限劳动合同，常常是引发社会关注的热点问题。

1. 无固定期限劳动合同是“终身合同”吗?

无固定期限劳动合同，是指用人单位与劳动者约定无确定终止时间的劳动合同。

在实际生活中，由于存在误解和误读，很多用人单位认为无固定期限劳动合同是“铁饭碗”“终身制”，一经签订就不能解除，非常惧怕签订。劳动者盼望签订却又常常签不到无固定期限劳动合同，因此，视无固定期限劳动合同为“护身符”，千方百计争取与用人单位签订无固定期限劳动合同。

实际上，无固定期限劳动合同也只是劳动合同的一种类型，它所指的无确定终止时间，是指劳动合同没有一个确切的终止时间，劳动合同的期限长短不能确定，但并不是指劳动合同本身没有终止时间。

其实，在劳动合同履行过程中，如果出现了法律规定的情形（如出现《劳动合同法》第 39 条中所列举的任何一种情形)，无固定期限劳动合同照样能够依法解除。如果没有出现法律规定的情形，双方当事人就要继续履行劳动合同规定的义务。同样，在履行过程中，劳动关系任何一方提出解除劳动合同，另一方如果表示同意，双方达成一致意见，无固定期限劳动合同也可以协商解除。

2. 如何理解在同一用人单位连续工作满十年?

根据《关于贯彻执行〈中华人民共和国劳动法〉若干问题的意见》第 22 条规定，“连续工作满十年”是指劳动者与同一用人单位签订的劳动合同的期限不间断达到十年。

对于该规定的理解，关键要把握两点：一是“连续工作满十年”，是指劳动者在同一用人单位连续工作满十年，与签订劳动合同的次数以及劳动合同期限没有关系。二是“不间断”，是指劳动者在同一用人单位工作必须处于持续状态，中间不得有间断。

关于“连续工作满十年”的起算点，《劳动合同法实施条例》第9条明确，应当自用人单位用工之日起计算，包括《劳动合同法》施行前的工作年限。

3. 劳动者“连续工作满十年”，用人单位能拒绝签订无固定期限劳动合同吗?

如果劳动者在同一单位连续工作满十年的情形下，提出签订无固定期限劳动合同，单位有选择权吗？答案是：没有，用人单位必须与劳动者签订无固定期限劳动合同。在这个问题上，我国的法律规定有一个演变的过程，值得关注。

2008年1月1日之前，根据《劳动法》的规定，职工想要签订无固定期限劳动合同，必须同时具备三个法定条件：一是“劳动者在同一用人单位连续工作满十年以上”，二是“当事人双方同意续延劳动合同”，三是“劳动者提出订立无固定期限的劳动合同”。按照这个规定，一名职工即使在一家企业工作了十年以上，劳动者提出签订无固定期限劳动合同，如果用人单位不同意，无固定期限劳动合同仍然无法订立，该条款实际上很难适用。如果职工坚持签订无固定期限劳动合同，结果很可能就是用人单位终止劳动关系。因此，现实生活中，很多职工为了能保住工作岗位，常常忍气吞声，签订无固定期限劳动合同就常常成为奢望。

2008年1月1日起，《劳动合同法》正式实施，就无固定期限劳动合同的签订扩大了适用范围，大大扩展了劳动者的权利，除了“劳动者在该用人单位连续工作满十年”这一情形外，又增加了劳动者有权要求签订无固定期限劳动合同的三种情况，分别是：①用人单位初次实行劳动合同制度或者国有企业改制重新订立劳动合同时，劳动者在该用人单位连续工作满十年且距法定退休年龄不足十年的；②连续订立二次固定期限劳动合同，且劳动者没有《劳动合同法》第39条和第40条第（1）项、第（2）项规定的情形，续订劳动合同的；③用人单位自用工之日起满一年不与劳动者订立书面劳动合同的，视为用人单位与劳动者已订立无固定期限劳动合同。

就签订无固定期限劳动合同的权利而言，只要符合这四种法定条件之一，劳动者提出或者同意续订、订立劳动合同，用人单位不得拒绝劳动者的合法要求，就应当与之订立无固定期限劳动合同，而不再是《劳动法》原来规定的“当事人双方同意延续劳动合同”。

4. 用人单位拒不签订无固定期限劳动合同的法律责任有哪些?

当劳动者满足在该单位连续工作满十年，并且提出签订无固定期限劳动合同的情况下，如果用人单位不签订无固定期限劳动合同的话，就应当承担相应的法律责任。

根据《劳动合同法》第82条规定，用人单位违反本法规定不与劳动者订立无固定期限劳动合同的，自应当订立无固定期限劳动合同之日起向劳动者每月支付二倍的工资。

如果用人单位在这种情形下以合同到期为由与劳动者终止劳动合同的，那么根据《劳动合同法》第48条的规定，应当承担违法终止劳动合同的赔偿金。

本案中，职工徐某在该船厂已经连续工作十年以上，徐某本人要求签订无固定期限劳动合同，依据《劳动合同法》的规定，完全符合要求订立无固定期限劳动合同的法定情形。因此，徐某要求签订无固定期限劳动合同的请求最终得到了仲裁委的支持。

特别提醒

根据《劳动合同法》的规定，只要劳动者在同一用人单位连续工作十年以上，如果劳动者提出订立无固定期限劳动合同，用人单位就应该与之签订无固定期限劳动合同，这是一种强制性规定，除非劳动者本人放弃或者劳动者提出订立固定期限劳动合同。

法条链接

《劳动法》第20条

《劳动合同法》第14条

《劳动合同法实施条例》第9条

第四节　费用收取争议

案例8

为了防止提前离职，用人单位能否向劳动者收取风险抵押金?

案情实录

2011年9月，职工夏某到某酒楼应聘服务员，与酒楼签订了为期一年的劳动合同。在正式上岗前，酒楼要求夏某缴纳800元风险抵押金后才能上岗，并在合同上明文约定：提前离职者，风险抵押金一律不退。夏某当时就觉得这个条款很不公平，但为了顺利上岗，还是忍气吞声地把风险抵押金交了。2012年3月，夏某因家中有急事向酒楼老板提出辞职，同时要求退还800元风险抵押金。酒店老板一口回绝，说上岗前就和夏某约定在先，缴纳风险抵押金的主要目的就是防止职工随意离职；再者，这是酒楼执行多年的行规。夏某来来回回要了几次，酒楼就是不给。遇到这种情况，夏某该怎么办？

以案说法

在实际用工中，不少单位为了防止劳动者提前离职，不在待遇留人、感情留人、事业留人上下功夫，而是利用单位的强势地位，采取收取风险抵押金等手段约束和强行挽留劳动者。

现实生活中，用人单位常见的不正确“留人”方式一般有三种：（1）利用劳动者求职心切的心理，要求提供担保或者向劳动者收取风险抵押金。也有的用人单位待正式录用劳动者后，扣发一至两个月工资，或者每月扣留劳动者应发工资的一定比例作为押金，在劳动关系解除时才发给劳动者。（2）扣押劳动者的居民身份证、学历证书或暂住证、资格证书等其他能证明劳动者身份的个人证件，防止劳动者不辞而别。（3）以定金、保证金、服务费、培训费、电脑费等名义，变相收取求职者的抵押金。甚至极少数企业在收取押金后，延长劳动时间，增加劳动强度，不改善生活条件，令求职者干不下去，赚取劳动者的押金。

关于招用劳动者向劳动者收取财物，《劳动合同法》等法律法规作了多次禁止性规定，经梳理后列举部分条款如下：

《劳动合同法》第3条规定，订立劳动合同，应当遵循合法、公平、平等自愿、协商一致、诚实信用的原则。因此，在订立劳动合同的过程中，任何一方不得向对方强行附加不合理的或者违反法律规定的条件。

《劳动合同法》第9条规定，用人单位招用劳动者，不得扣押劳动者的居民身份证和其他证件，不得要求劳动者提供担保或者以其他名义向劳动者收取财物。

我国原劳动部1995年8月4日颁发的《关于贯彻执行〈中华人民共和国劳动法〉若干问题的意见》（劳部发〔1995〕309号）第24条规定，用人单位在与劳动者订立劳动合同时，不得以任何形式向劳动者收取定金、保证金（物）。

《劳动部、公安部、全国总工会关于加强外商投资企业和私营企业劳动管理，切实保障职工合法权益的通知》（劳部发〔1994〕118号）规定，企业不得向职工收取货币、实物等作为“入厂押金”。

《劳动部关于严禁用人单位录用职工非法收费的通知》（劳部发〔1995〕346号）规定，用人单位不得在招工条件中规定个人缴费内容。

从上述法律规定可以看出，以任何形式向职工收取定金、保证金（物）和抵押金（物），都属于违法行为，劳动者有权拒绝。对用人单位以担保或者其他名义向劳动者收取财物的，《劳动合同法》第84条规定，由劳动行政部门责令限期退还劳动者本人，并以每人500元以上2000元以下的标准处以罚款；给劳动者造成损害的，应当承担赔偿责任。

综上所述，夏某所在的酒楼向夏某收取风险抵押金的行为是不合法的，“提前离职者，风险抵押金一律不退”的规定，因与法律法规相抵触，从订立之日起就是无效的。酒楼向劳动者收取抵押金的做法不仅是错误的，而且是违法的；如果提请劳动行政部门出面干预，酒楼不仅要限期退还夏某缴纳的风险抵押金，还要面临每人500元以上2000元以下的罚款处罚。

特别提醒

对劳动者来说，不能因为就业难而屈从于用人单位，任其侵犯自己的合法权益，如果已缴纳了风险抵押金的，有权在进入用人单位后随时要求予以返还；也可以通过申请劳动争议仲裁，或向劳动监察投诉、举报，依法维护自己的合法权益。

法条链接

《劳动合同法》第9条、第84条

《劳动部关于贯彻执行〈中华人民共和国劳动法〉若干问题的意见》第24条

案例9

企业向新员工收取岗前培训费是否合法？

案情实录

2012年9月，职工周某与某制药公司签订了一年期劳动合同，工作岗位为市场拓展专员，试用期两个月，试用期工资待遇为1500元。正式上岗前，公司组织周某等20多名新入职的员工到某培训机构进行了为期一周的封闭式培训，吃住都在培训机构，培训内容包括企业文化、规章制度、沟通技巧、销售入门等。一周培训后，周某等新员工被分成若干个组，分片开展市场拓展工作。一个月后，周某拿到了入职后的第一个月工资，工资条上显示应发数是 1500 元，可实发数只有 500 元。到公司财务部一问，答复说，依据公司规章制度规定，每名新入职的员工都要扣除 1000 元培训教育费，用于支付封闭式培训花去的租场费、教师讲课费、教材资料费以及住宿就餐费等。新员工入职一年后，公司将退还被扣的培训教育费。周某有点想不通，自己为公司工作，入职培训费怎么需要自己买单呀？但为了这份好不容易得到的工作，周某只能忍气吞声，没有再多计较。2012 年 11 月，试用期结束前的一周，公司人力资源部书面通知周某，以试用期间的销售业绩较差、不符合公司的录用条件为由，解除与周某的劳动关系。办理完交接手续，周某要求退还被扣的 1000 元培训费。公司答复，封闭式培训是为帮助新员工熟悉业务、缩短适应期而专门安排的，“羊毛出在羊身上”，培训费用当然需要新员工自己承担。周某试用期不符合录用条件，培训费只能自理。周某对此解释很不认同，那么，公司向新员工收取岗前培训费究竟合不合法？

以案说法

这是一起因教育培训费引起的劳动争议，本案的焦点问题在于，用人单位向新员工收取岗前培训费是否合法？在回答岗前培训费究竟该谁买单这个问题之前，我们要弄清楚以下三点。

1. 为劳动者进行岗前培训， 是用人单位的法定义务。

岗前培训，也称入岗培训，其目的是使员工能基本适应企业的生产要求，提高劳动者技术素质，内容主要为一般岗位技能培训和特殊工种培训等。根据《劳动法》《职业教育法》的规定，用人单位应当建立职业培训制度，有计划地对劳动者进行职业培训，并应当承担对本单位的职工和准备录用的人员进行职业教育的费用。

2. 用人单位规章制度规定新入职员工培训费自理的条款无效。

《劳动法》第 4 条和《劳动合同法》第 4 条都规定，用人单位应当依法建立和完善规章制度。也就是说，用人单位规章制度必须在现行法律的框架之内制定，所有条款不能违反法律、法规和规章。周某所在的制药公司通过规章制度，将本应企业承担的岗前培训费转嫁给新员工，免除自己的法定责任的行为，违反《劳动法》《职业教育法》等法律法规，自制定之日起就属于无效条款，对周某所在企业所有员工都不具约束力。

3. 用人单位不得强行收取或扣除岗前培训费用。

根据《劳动合同法》第9条规定，用人单位在招聘劳动者时不得以任何名义收取财物，其中包括收取培训费用，而且不得扣押劳动者的居民身份证和其他证件，不得要求劳动者提供担保。因此，周某所在公司直接从新员工工资中扣除岗前培训费的做法是违法的。

本案中，周某所在公司将入职培训费转嫁到新员工身上，直接从员工工资中扣除培训费用的做法是违法的，应当无条件退还。制药公司不仅要退还周某的1000元岗前培训费，其他20多名新员工被扣的培训费，公司也要一并退还。

特别提醒

岗前培训是用人单位职业培训教育的重要组成部分，也是提高企业竞争力、凝聚力、战斗力的必要举措。用人单位为劳动者进行岗前培训等一般培训，是用人单位应尽的法定义务，同时也是劳动者享有的法定权利。用人单位不得要求劳动者承担岗前培训产生的培训费用，也无权以任何形式向劳动者追索这些培训费用。

法条链接

《劳动法》第3条、第68条

《劳动合同法》第9条

《职业教育法》第20条、第28条

第二章

劳动合同的履行

第一节　合同变更争议

案例10

用人单位能否随时调整劳动者的工作岗位？

案情实录

2014 年 1 月，职工王某与某大型超市签订了三年期劳动合同，合同注明王某的工作岗位是收银员，月工资 2500 元。2015 年 7 月，超市突然以仓库缺少人手为由，在未与王某协商的情况下，调王某到仓库做搬运工。王某不同意，认为签订合同时双方约定的工作岗位是收银员，一年多来自己工作勤勤恳恳，也没有差错，公司不能随意调整自己的工作岗位。因此，王某拒绝到仓库上班。而超市则认为，调整王某的工作，是公司行使用工自主权的正当行为。对王某拒绝到仓库上班，公司以王某不服从工作分配为由，即日停发工资、解除劳动合同，并要求限期离开超市。

以案说法

本案争议的焦点在于，用人单位调整劳动者工作岗位的行为，是合法行使用工自主权，还是违法变更劳动合同？

1. 怎么才能合法、有效地变更劳动合同？

依据《劳动合同法》第 35 条的规定，变更劳动合同要合法、有效，必须同时具备两个条件，主要体现在程序上和形式上：

（1）程序上，变更劳动合同必须遵守协商一致的原则。根据《劳动法》

《劳动合同法》规定，订立和变更劳动合同，应遵循自愿、协商一致的原则，不得违反法律法规的规定；对劳动合同约定的内容，双方当事人只有协商一致才可以变更，任何一方不得随意变更。一方当事人未经对方当事人同意任意改变合同内容的，在法律上是无效行为，变更后的内容对另一方没有约束力，而且这种擅自改变合同内容的做法也是一种违约行为。

（2）形式上，变更劳动合同应当采用书面形式。劳动合同双方当事人经协商后对劳动合同中的约定内容的变更达成一致意见时，应当签订书面变更协议。口头形式达成的变更协议，既容易产生分歧，又会出现口说无凭、查无实据的情形，常常引发劳动争议。因此，法律要求变更劳动合同应当采取书面形式，并规定，变更后的劳动合同文本由用人单位和劳动者各执一份。

2. 调整工作岗位是否属于变更劳动合同的范畴?

根据《劳动法》《劳动合同法》等法律法规的规定，工作内容是劳动合同的必备条款，也是劳动合同的法定内容。用人单位调整工作岗位的行为，应该视为变更劳动合同的行为，必须由用人单位和劳动者协商一致后，采取书面形式确认后才可依法变更。

3. 哪些情形属于用人单位合法行使用工自主权?

根据《劳动法》《劳动合同法》等法律规定，在下列情况下，用人单位有权调整劳动者的工作岗位：（1）劳动者患病或者非因工负伤，医疗期满后，不能从事原工作的，可由用人单位另行安排工作岗位；（2）劳动者不能胜任工作的，用人单位有权调整其工作岗位；（3）劳动合同中明确约定用人单位有权根据情况调整劳动者的工作岗位的。

上述三种情形下，用人单位有权根据自身需要单方面对劳动者的岗位、工作内容进行必要的、合理的调整，这是用人单位行使用工自主权的范畴。

本案中，企业以行使用工自主权为由，强行在合同履行期间变动职工工作岗位，在法律上是无效行为，对职工也没有约束力。因此，超市在王某不同意的情况下，擅自调整王某的工作岗位，并作出停发工资、解除劳动合同、限期离开等决定，这些既是违约行为，又是侵犯职工合法权益的行为，必须予以纠正。

特别提醒

用人单位在对劳动者岗位进行调整时，应当综合考虑劳动者所从事的职业及工资报酬等方面因素，不得超出一般人可以接受的合理限度，造成劳动者收入、地位明显降低的调整或无视劳动者本身专业知识的调整。如果双方为此发生争议，应由用人单位举证证明其调整岗位具有充分的合理性。用人单位不能举证证明其调整岗位具有充分合理性的，属于滥用用工权的情形，将承担不利后果。

法条链接

《劳动合同法》第 16 条、第 40 条

《劳动法》第 17 条

案例11 劳动者能拒绝用人单位调整工作地点吗？

案情实录

2008 年 5 月，职工黄某与某电子公司签订了为期三年的劳动合同，合同约定的工作地点是这家公司的总部所在地镇江市区，黄某也一直在公司总部上班。2011 年 4 月，黄某与公司续签了五年的劳动合同。2013 年 6 月，公司忽然通知黄某，从下月起到位于某乡镇的公司分部上班，要求黄某准时到岗，否则以旷工论处。黄某心里很不舒服，一是现在黄某的家离单位只隔了两条街，步行上班都不用十分钟，调到乡镇分公司去上班，路途远不说，也很难照顾家里；二是调动工作这么大的事情，公司事先都没有和自己商量，也太不尊重自己了。黄某找到自己与公司续签的第二份合同，发现工作地点一栏明确写着：镇江市区中山大厦内。拿着这份合同，黄某找到公司人力资源部。人力资源部给黄某的答复是：个人要服从组织，公司《员工手册》上明确规定，公司可以根据生产经营需要，随时调整工作岗位，员工应该无条件服从；如果黄某实在不愿意去，可以主动辞职；如果拒绝到岗，公司将解除与黄某的劳动合同。对此答复，黄某心有疑惑，究竟相关法律是如何规定的呢？

以案说法

本案争议的焦点在于：在未与劳动者协商一致的情况下，用人单位能否调整劳动者的工作地点？

1. 何为劳动合同变更？

劳动合同的变更是指劳动合同依法订立后，在合同尚未履行或者尚未履行

完毕之前，经用人单位和劳动者双方当事人协商同意，对劳动合同内容作部分修改、补充或者删减的法律行为。

根据《劳动合同法》第 3 条第 2 款和第 16 条的规定，劳动合同由用人单位与劳动者协调一致，并经用人单位与劳动者在劳动合同文本上签字或者盖章生效。因此，劳动合同一经依法订立，即具有法律约束力，受法律保护，双方当事人应当严格履行，任何一方不得随意变更劳动合同约定的内容。

2. 劳动合同变更有哪些基本原则?

依据《劳动合同法》的规定，变更劳动合同时，应遵循“五个必须”的基本原则：

（1）必须在劳动合同依法订立之后，在合同没有履行或者尚未履行完毕之前的有效时间内进行。

（2）必须坚持平等自愿、协商一致的原则，即劳动合同的变更必须经用人单位和劳动者双方当事人的同意。任何单方变更劳动合同的行为都是无效的。

（3）必须合法，不得违反法律、法规的强制性规定。

（4）变更劳动合同必须采用书面形式，口头形式达成的变更协议原则上是无效的。

（5）变更后的劳动合同文本，必须由用人单位和劳动者各执一份。

3. 对工作地点的调整都属于劳动合同变更吗?

依据《劳动合同法》第 17 条的规定，劳动合同期限、工作内容和工作地点、工作时间和休息休假、劳动报酬、社会保险等九个方面的内容属于劳动合同的必备条款，工作地点属于劳动合同的必备条款之一。

对劳动者的工作地点进行调整，是否都属于劳动合同变更？这要视情况而定。

用人单位在劳动合同中与劳动者约定了相应的工作地点，并做了相应的列举，在劳动合同实际履行的过程中，用人单位调整劳动者的工作地点，此时如果调整的工作地点是劳动合同中列举的工作地点之一的，这种调整属于双方按照劳动合同的约定履行劳动合同，用人单位无须征求劳动者的同意便可进行。

如果用人单位调整的工作地点不是劳动合同中约定的工作地点，此时的工作地点变化就不属于劳动合同履行的范畴，而属于劳动合同的变更。既然是劳动合同的变更，就必须协商一致，用人单位没有单方变更劳动者工作地点的权利。

因此，用人单位调整劳动者的工作地点，也不能“很任性”，必须遵循劳动合同变更的“五个必须”原则，否则，就很有可能构成违法。

4. 劳动规章的规定与劳动合同的约定不一致时怎么办?

本案中，公司人力资源部答复黄某时，提及公司《员工手册》上有“公司可以根据生产经营需要，随时调整工作岗位，员工应该无条件服从”的规定，并以此要求黄某服从组织决定。且不论此条规定是否合法有效，这里引出与本案有关的另一个话题：劳动合同上关于工作地点的约定与公司规章制度的规定不一致时，应该以哪个为准？哪个法律效力大？

规章制度与劳动合同属于企业管理的两大基础手段。规章制度是对劳动合同没有规定的事项进行的补充，但实践中，两者之间存在矛盾或者冲突的现象时有发生。对此，《最高人民法院关于审理劳动争议案件适用法律若干问题的解释（二）》第16条规定：“用人单位制定的内部规章制度与集体合同或者劳动合同约定的内容不一致，劳动者请求优先适用合同约定的，人民法院应予支持。”这里，劳动者请求优先适用的合同，既包括劳动者本人和用人单位之间签订的合同，也包括劳动者所在工会代表劳动者与用人单位签订的集体合同。法律赋予了劳动者选择有利于自己的企业文件作为解决纠纷的法源。这样做的目的，就是为了防止企业滥用用工自主权。

本案中，公司将黄某的工作地点从镇江市区中山大厦的总部调整到位于某乡镇的公司分部，属于劳动合同变更的范畴，依据《劳动合同法》的规定，变更黄某的工作地点，应事先与黄某协商一致后方可实施。而公司未与黄某协商，就单方面作出调整黄某工作地点的决定，违反了劳动合同的约定和相关法律规定，属于违法变更，职工黄某有权拒绝执行该决定。即使黄某拒绝到公司分部工作，如果他没有出现《劳动合同法》第39条和第40条规定的情形，公司也无权解除劳动合同，否则，就属于非法解除劳动合同，公司将承担非常严重的后果。黄某经过与公司的多次协商，公司收回原来的决定，让他继续留在总部上班。

特别提醒

劳动合同的变更是在原合同的基础上对原劳动合同内容作部分修改、补充或者删减，而不是签订新的劳动合同。原劳动合同未变更的部分仍然有效，变更后的内容就取代了原合同的相关内容，新达成的变更协议条款与原合同中其他条款具有同等法律效力，对双方当事人都有约束力。

法条链接

《劳动合同法》第17条、第35条

《最高人民法院关于审理劳动争议案件适用法律若干问题的解释（二）》第16条

案例12

用人单位口头变更劳动合同是否有效？

案情实录

袁某是某化工企业二十多年的老职工，一直在企业离心机岗位工作。他听同事说，圆盘过滤岗位与自己现在的岗位工作内容相近，工资收入也差不多，但人要舒服很多。袁某就向企业提出工作调动的请求。袁某软磨硬泡，但企业定员定岗，一个萝卜一个坑，圆盘过滤岗位没有缺员的情况下，袁某的愿望也就迟迟没有实现。2014年9月，圆盘过滤岗位上一名职工患病，要休长病假。一直关注圆盘过滤岗位的袁某再次提出工作调动的要求。企业答应了袁某的申请，同意他从次日起调到圆盘过滤岗位上班。由于袁某是老员工，企业没有书面变更劳动合同，只是口头通知袁某调岗。正应验了一句话：不识庐山真面目，只缘身在此山中。到了圆盘过滤岗位，袁某才发现，新岗位并没有他想象中那么舒服、惬意。更让袁某难过的是，他与新岗位的主管互相看不惯，常常磕磕碰碰。刚到新岗位工作半个月，袁某与新岗位的主管发生了一次激烈的口角，盛怒之下，袁某向企业提出，希望回到自己工作了二十多年的离心机岗位。工作调动哪能是过家家，企业一口回绝了袁某的要求。袁某一直找到分管人力资源的副总，申辩企业自始至终只是口头通知他调岗，没有书面合同予以确认，因此此次调岗无效，要求恢复原工作岗位。企业答复，袁某主动并多次申请调岗，而且他到圆盘过滤岗位工作已有半个月；虽然企业没有对这次调岗书面确认，但这只是程序上的瑕疵，不能因此否认袁某已认可新岗位的事实，所以此次调岗是双方协商一致的结果，袁某在短时间内再次申请调岗的要求无法满足。多次争执无果，袁某找到市总工会咨询求助。那么，袁某再次回到原工作岗位的要求能得到法律的支持吗？用人单位口头变更劳动合同的行为是否有效？

以案说法

本案争议的焦点在于，口头变更劳动合同是否具有法律效力？

1. 劳动合同变更的类型有哪些？

劳动合同变更属于劳动合同存续期间当事人权利义务的调整，一般可以分为两种情形：

一是协商变更。根据《劳动合同法》第35条的规定，用人单位与劳动者协商一致，可以变更劳动合同约定的内容。用人单位和劳动者之间应当采取自愿协商的方式，不允许一方当事人未经协商单方变更劳动合同。变更劳动合同，应当采用书面形式。实践中，变更劳动合同，既包括标准的合同形式，用人单位发给劳动者的工资单、岗位变化通知等文字记载，也可视为“书面变更”。

二是法定变更。用人单位依据法律规定单方面变更劳动合同，可以细分为可以变更和必须变更。其中用人单位有权选择可以变更的情形有：劳动者不胜任工作、患病或非因工负伤医疗期满以及客观情况发生重大变化，主要是《劳动合同法》第40条规定的非过失解除的调整工作岗位程序。还有一类是必须依法予以变更合同内容的情形，比如女职工从事危险作业岗位，因工伤、职业病造成伤残的合同变更；因国家最低工资标准调整进行的合同变更；因签订集体合同造成相关人员劳动合同的变更。

2. 口头变更劳动合同是否有效？

依据《劳动合同法》第35条的规定，变更劳动合同，应当采用书面形式。也就是说，口头变更不具有法律约束力。但在用人单位的实际管理中，除了书面形式的变更合同之外，一些用人单位采用口头形式变更劳动者的劳动合同，且长期实际履行。如一概否定口头变更劳动合同的效力，很容易导致劳动关系的不确定，也不利于维护劳动者的合法权益。

2013年2月1日，《最高人民法院关于审理劳动争议案件适用法律若干问题的解释（四）》正式施行，其中第11条规定：“变更劳动合同未采用书面形式，但已经实际履行了口头变更的劳动合同超过一个月，且变更后的劳动合同内容不违反法律、行政法规、国家政策以及公序良俗，当事人以未采用书面形式为由主张劳动合同变更无效的，人民法院不予支持。”

在一定条件下允许口头变更劳动合同的存在，其实是法律法规对现实存在的一种折中和调和。《最高人民法院关于审理劳动争议案件适用法律若干问题的解释（四）》赋予了口头变更劳动合同限制条件下的法律效力，实际上是对《劳动合同法》第35条的突破，是一个建立在大量实践基础上的创设性规定。

其现实意义，有待今后司法实践的检验和考量。

3. 如何认定口头变更劳动合同的效力?

对于口头变更并实际履行了较长时间的劳动合同，《最高人民法院关于审理劳动争议案件适用法律若干问题的解释（四)》确认其一定限制条件下的法律效力，主要考虑企业生产经营管理的现状，也是为了处理一些悬而未决的事实状态。那么，如何判断和认定口头变更劳动合同是否生效呢?

依据《最高人民法院关于审理劳动争议案件适用法律若干问题的解释(四)》第11条的规定，变更劳动合同生效需同时满足三个前提条件：一是实际履行了口头变更的劳动合同超过一个月，这是口头变更劳动合同生效的核心条件。双方实际履行行为须达到一定时间，才能表现并被认定为双方之间的劳动合同已实际变更，并达成了合意。二是双方协商一致。如果当事人在变更时有异议，就不属于协商变更了。三是变更后的劳动合同内容合理合法，不违反法律、行政法规、国家政策以及公序良俗。

本案中，应袁某的多次请求，企业与袁某口头约定变更工作岗位，双方达成调岗的共识，变更后的劳动合同合理合法；但袁某在变更后的圆盘过滤岗位上实际工作仅仅半个月，对照《最高人民法院关于审理劳动争议案件适用法律若干问题的解释（四)》，口头变更劳动合同要发生法律效力，缺少了“实际履行了口头变更的劳动合同超过一个月”这一关键的核心条件。在市总工会的介入下，企业答应让袁某回到原工作岗位的请求。同时，市总工会对袁某的任性和随意提出了批评。对此，袁某表示心服口服。

特别提醒

对于劳动者来说，在决定是否接受用人单位提出的调岗、调薪或者变更劳动合同其他内容时，应该慎重考虑，一旦同意且实际履行超过一个月的时限，即使没有书面变更协议，劳动合同变更也将被认定为有效；实际履行超过一个月以上，劳动者再提出异议，维权难度也将大大增加。对于用人单位来说，即使是双方协商一致的口头变更，也应注意保存相关的书面证据，否则一旦引发劳动争议，在司法实践中，用人单位需要对口头变更事实承担相应的举证责任。

法条链接

《劳动合同法》第35条

《最高人民法院关于审理劳动争议案件适用法律若干问题的解释（四)》第11条

第二节　不胜任工作争议

案例13
劳动者“不胜任工作”，怎样认定才合法有效？

案情实录

丁小姐在一家外资公司工作，工作兢兢业业。2011 年年底，丁小姐因业务过硬，被破格晋升为设计部经理。可好景不长，2012 年 8 月，公司突然以丁小姐不能胜任经理工作、影响业务拓展为由，向丁小姐发出解除劳动合同的通知。在多次交涉无果的情况下，丁小姐到市总工会寻求帮助。在市总工会协调处理中，公司提供了丁小姐最近一年来的考核成绩，在公司 13 个考核部门中，丁小姐所在的设计部有 9 个月排名第 11，有 3 个月排名垫底。另外，公司介绍说，大多数部门经理均认为丁小姐团队合作性差，不适合担任部门经理职务。而丁小姐则反映，自己从没有听说过公司有月度考核制度，考核结果也从未通知过自己。相反，公司下达给设计部的考核指标，自己均超额完成。公司说自己团队合作性差，肯定是分管副总监与自己过不去，因为上半年公司组织的 360 度环评时，丁小姐给分管副总监的评价是“一般”。事后，那位副总监到处扬言，让丁小姐走着瞧，要好好教丁小姐学会做人。丁小姐对公司的随意解除劳动合同的行为深感气愤，公司怎么可以随便找个理由，就认定自己不能胜任工作？那么，职工不能胜任工作，究竟怎样认定才合法？

以案说法

近年来，用人单位以劳动者不能胜任工作而调整工作岗位，甚至解除劳动合同的劳动争议呈逐年上升趋势。如何客观认定职工是否“不胜任工作”，成为处理此类劳动争议的关键。

之所以用人单位喜欢拿“不胜任工作”说事，是因为根据《劳动法》《劳动合同法》规定，劳动者不能胜任工作，经过培训或者调整工作岗位，仍不能胜任工作的，用人单位提前 30 日以书面形式通知劳动者本人或者额外支付劳动者 1 个月工资后，可以解除劳动合同。因此，此类争议的焦点就在于如何依法认定劳动者不能胜任工作，企业、劳动者常常各执一端，企业说员工不能胜任工作，员工说自己的能力符合公司要求，劳资双方为此闹得不可开交。

那么，我们应该如何理解“不能胜任工作”？目前，法律界比较一致认可的是《劳动部关于〈中华人民共和国劳动法〉若干条文的说明》的解释，它将“不能胜任工作”界定为：“不能按要求完成劳动合同中约定的任务或者同工种、同岗位人员的工作量。用人单位不得故意提高定额标准，使劳动者无法完成。”可以看到，这里所说的“任务”“工作量”“定额标准”等表述，都是对职工工作结果的认定。而在实践中，不少企业仅凭企业负责人的自我感觉、自我判断，就认定职工不能胜任工作，因缺乏令人信服的认定依据，一旦发生争议，企业方很难获得法律部门的认可和支持。

关于如何认定职工是否胜任工作，《劳动法》及相关法律法规没有作出详细的规定，是法律留给企业的“自留地”。法律没有作出具体规定，并不是说企业就可以随意界定或认定职工不能胜任工作。根据《最高人民法院关于审理劳动争议案件适用法律若干问题的解释（一）》规定，用人单位负有举证证明员工不能胜任的义务，若无法提供有效证据的，将承担不利的法律后果。这是法律赋予企业自主权的同时，对企业进行合理的限制，防止企业单方滥用权利。

用人单位要证明认定劳动者不能胜任工作合法有效，至少要具备“三有”。(1) 要有制度，即在企业的内部规章或者职工劳动合同的约定中，要有胜任岗位职责的相关考核制度，考核制度需履行民主程序，并事先告知职工；(2) 要有标准，对职工胜任与否，要分类规定，对不同的工作岗位要有不同的考核标准，标准要尽量细化、量化；(3) 要有证据，企业要有职工不胜任工作的证据，并且这些证据要与考核制度、考核标准相对应。认定工作要具备“三有”，就是告诉用人单位，必须在合法有效的规章制度中明确设定“不能胜任工作”的标准，并依据该标准事先对劳动者进行了考核，同时拥有充分的证据，才能有效、合法地证明劳动者不胜任工作。

本案中，公司对丁小姐不能胜任工作的认定，就显得十分的随意和不负责任。经过市总工会的调查，公司对所有业务部门既事先没有制定相关的考核制度，也没有设定相关的考核标准，更没有什么证据支撑，仅仅凭企业负责人的好恶，就认定丁小姐不能胜任工作，这是企业对用工自主权的滥用。在市总工会的多次调解下，丁小姐觉得再回公司也没多大意思，决定离开公司。公司也作出让步，参照违法解除的标准，支付了丁小姐双倍的经济补偿金。

特别提醒

现实生活中，常常会出现这样一种情况：用人单位经过规范、严格的考核后，认定员工不能胜任工作，在通知员工调岗时，员工却拒绝执行，这时用人单位该怎么办？为了防止劳动争议的发生，以下几种方式可供用人单位借鉴参考：(1) 将不胜任工作后服从调岗写进劳动合同或规章制度，但此时仍要注意调岗的正当性和合理性，不能随意、任意调岗。(2) 直接约定员工拒不到新岗位工作属于不胜任工作，将此作为约定为不胜任工作的认定条件之一。(3) 对员工进行培训，这样做，不仅可以缓和与员工的紧张关系，而且可以为再次进行工作考核提供必要的依据。

法条链接

《劳动部关于〈中华人民共和国劳动法〉若干条文的说明》第 26 条

《最高人民法院关于审理劳动争议案件适用法律若干问题的解释（一）》第 13 条

案例14

职工不胜任工作，单位可以随意调岗吗？

案情实录

杨某 2010 年 7 月从大学毕业，被市区一家大型超市录用，工作岗位为财务部主办会计。超市与杨某签订了 1 年期劳动合同，合同期满后又续签了 3 年期劳动合同。2012 年 8 月，杨某由于粗心，在工作中连续发生 3 次差错，给超市带来了不好的影响。部门经理向其指出，杨某不仅不虚心接受，还与部门经理顶撞起来。事隔一周，人力资源部书面通知杨某，由于杨某不胜任财务部主办会计岗位，将其调整到超市理货员岗位，工资也从每月 3500 元调整为 1800 元。杨某感到很意外，找到人力资源部问个究竟。人力资源部告诉杨某，根据财务管理制度及杨某的考核情况，杨某已属于制度规定中的不胜任工作情形；至于工作变动，则是经过总经理办公会研究后的处理意见；并告诉杨某，领导说了，如果杨某在理货员岗位干得出色，今后也可能调回财务部；如不愿意去理货员岗位，也可以选择办理自动辞职手续。杨某很委屈，自己名牌财经大学毕业，因为几次工作失误，就要从事不需要多少业务知识的理货员岗位，真正是心不甘、情不愿；

让自己主动辞职，更是自己所不想看到的结果。难道就没有其他解决办法了吗？

以案说法

不能胜任工作是企业给职工调岗的常见理由。根据《劳动合同法》规定，劳动者不能胜任工作，经过培训或者调整工作岗位，仍不能胜任工作的，用人单位提前30日以书面形式通知劳动者本人或者额外支付劳动者一个月工资后，可以解除劳动合同。现实生活中，有的企业以不能胜任工作的名义随意甚至恶意调整劳动者的岗位，并降低劳动者工资待遇，达到逼迫劳动者自行辞职的目的。本案就是这方面的一个典型案例。

从企业人本管理、科学管理方面来看，对不胜任工作岗位的职工，企业提供的新岗位，应体现善意对待职工的本意，使职工尽可能地胜任好新工作，以继续履行双方的劳动合同。

从依法经营、规避法律风险的角度出发，企业在调整不胜任工作职工的岗位时，要注意两点：一是岗位调整必须具有充分的合理性，即调整后的岗位与调整前的岗位有一定的关联，并与劳动者的劳动能力、专业技能相适应，而不能任意调整；二是要考虑到调整岗位后工资待遇的合理性，即应该调整到工资待遇相当的岗位，不能因岗位调整导致劳动者的收入明显减少，甚至影响到劳动者的正常生活。如企业故意提供劳动者不能胜任的岗位，或存在明显恶意调岗的行为，再以职工仍不能胜任工作为由解除劳动关系，则存在着违法解除的法律风险。

除了调岗之外，企业还可以对不胜任职工进行培训，这也是公司管理人性化的一招。培训时，企业应注意：一是对不胜任工作的职工培训的目的性和针对性要强，让职工知道自己的不足点以及如何改进，因此区别与普通的全员培训；二是培训的形式应当事先约定或通过规章制度规定，尤其是培训期间的待遇应当由公司和职工协商一致；三是企业应保留培训期间的所有记录。

本案中，杨某所在的超市提供了比较充分的证据，证明杨某不能胜任财务部主办会计的工作岗位。超市解释说，把杨某调整到理货员岗位，是个短期的工作调整，主要出于对杨某的教育和磨炼。虽然超市有权对不能胜任工作的杨某调整工作岗位，但其调岗行为必须有充分的合理性。理货员与杨某之前的主办会计岗位缺乏关联性，而且工资待遇相差几乎一倍，因此，超市的调岗决定存在着很大的随意性，有明显滥用用工自主权的倾向。在多方协调下，超市意识到自己做法的不妥，调查了对杨某的处理意见：一是杨某要对连续犯错作出深刻反思，在财务部内部会议上作检讨；二是将杨某的工作岗位在财务部内部进行调整，从主办会计调整为出纳会计，以观后效。

特别提醒

用工自主权是法律赋予企业的权利，但并非这种权利不受法律限制。依据《劳动合同法》等法律规定，在企业有制度、有标准、有证据证明职工不胜任现有岗位的前提下，企业有单方调岗的权利，但这并不意味着企业有任意决定权，可以随意调整职工的工作岗位。

法条链接

《劳动合同法》第 40 条

案例15 职工被确认为不胜任工作，单位是否可以解除劳动合同？

案情实录

2011 年 11 月，职工陈某经人介绍，到某汽车销售公司担任销售顾问，签订了三年期劳动合同。由于陈某性格比较内向，又没有经过专业培训，缺少销售技巧，所以，一直完不成公司规定的销售定额。公司碍于熟人介绍，也没有解雇陈某。2012 年春节后，汽车销售公司加大市场推销力度，一方面精简后勤岗位，另一方面加大考核力度，实行销售业绩与工资收入紧密挂钩的绩效考核办法。2012 年 3 月，新的绩效考核办法正式实施，规定连续三个月或累计半年完不成必保的销售定额，公司视其为不能胜任工作，将予以劝退。三个月后，首先触到“红线”的依然是陈某。2012 年 7 月，人事经理找到陈某，让陈某主动辞职，从下周起就离开公司，也算给陈某自己一个面子。陈某知道，受金融危机的影响，对于像自己这样没有多少专业技能的人来说，重新再找一份像样的工作是何等困难，恳请公司再给自己一段时间，自己一定好好努力。人事经理答复说，公司新的考核办法刚刚实行，对事不对人，不可能有让步，让陈某辞职，也是总经理的意思，自己只是执行者。陈某再三恳求，一直找到总经理，公司也没有松口。因为自己考核不合格，公司就能提前解除自己尚未到期的劳动合同吗？

以案说法

本案涉及的主要问题是对不胜任工作的职工解除劳动合同的程序和方式

问题。

根据《劳动合同法》规定：劳动者不能胜任工作，经过培训或者调整工作岗位，仍不能胜任工作的，用人单位提前30日书面通知本人或额外支付1个月工资后可以解除劳动关系。那么，是不是劳动者一旦被确认为不胜任工作，用人单位就可以立即解除劳动合同呢？

答案是否定的。用人单位以不能胜任工作为由解除劳动合同，必须满足五个条件：（1）劳动者不胜任本职工作；（2）对劳动者进行了重新培训或调岗；（3）重新培训后仍不能胜任原工作或者调整岗位后不能胜任新岗位；（4）履行提前30日书面通知程序或额外支付劳动者一个月工资；（5）依法支付经济补偿金。

由此可见，以不胜任工作为由解除劳动合同的前提，必须是劳动者存在不胜任第一个岗位的情形，然后经过用人单位培训或调整岗位以后，又出现了第二次不胜任工作的情形，而且，用人单位对职工两次不胜任工作都需要承担举证责任。之所以法律这样规定，是因为不能胜任工作与消极怠工有着本质的区别，不胜任工作是劳动者主观上有努力工作的愿望，但由于智力、体力、技能等各方面的原因而无法完成工作。

本案中，公司未经培训或调岗，直接解除陈某的劳动合同是不合法的，主要是陈某不存在两次不胜任工作的行为。虽然依据公司绩效考核办法，陈某连续3个月不能完成销售定额，属于公司规定的不能胜任工作的情形。但对于汽车销售公司来说，对陈某也负有培训教育、提高技能的义务，在陈某出现第一次不胜任工作的情形下，或安排陈某参加培训，或者调整陈某工作岗位，使得陈某和岗位相匹配。如经过培训或调岗后，陈某仍不能胜任工作，公司才可以解除劳动合同并支付经济补偿金。否则的话，将被视作违法解除。

特别提醒

作为用人单位，应当更加理性和善意地对待因各种原因“不能胜任工作”的职工，为他们提供培训或调动岗位的机会。若经历这两者之一后，职工仍不能胜任工作的，用人单位才可以解除劳动关系，但仍需要支付经济补偿金。

法条链接

《劳动合同法》第40条

案例16

不胜任工作被解除合同，劳动者能索要经济补偿吗?

案情实录

2012年1月，职工李某在某外资公司从事销售工作。由于性格比较内向，不爱跟陌生人讲话，又缺少销售技巧，入职以来，李某一直完不成公司规定的销售定额。2013年1月，公司给李某调换了一个比他原来职位低，并且工作难度相对小一些的工作岗位。2013年7月，公司发现李某在新的工作岗位仍然不能完成销售定额，李某本人也承认难以胜任新的岗位。2013年11月，公司以不能胜任工作为由，与李某解除劳动合同。李某办完离职手续后，向公司索要解除合同的经济补偿金。人事经理回答他，由于你不能胜任工作，公司又给了你一次机会，你仍不能胜任，这种情形下解除合同完全是因你个人造成的，公司已仁至义尽，没有任何责任和义务再给予经济补偿。那么，公司的这种说法对吗?

以案说法

本案争议的焦点在于，职工因不胜任工作被解除劳动合同，能否获得经济补偿金?

1. 因不胜任工作被解除劳动合同的法律要件有哪些?

依据《劳动合同法》第40条第2款第（2）项规定，劳动者不能胜任工作，经过培训或者调整工作岗位，仍不能胜任工作的，用人单位提前30日以书面形式通知劳动者本人或者额外支付劳动者一个月工资后，可以解除劳动合同。根据该条规定，用人单位以不能胜任工作为由与劳动者解除劳动合同，需满足三个法律要件：（1）劳动者不能胜任现任的工作岗位；（2）经过培训或者调岗；（3）仍然不能胜任工作岗位。三个法律要件缺一不可，在解除不胜任工作的劳动者时，用人单位负有三重举证责任，即有充分的证据证明“劳动者不能胜任工作”“经过培训或者调岗”“仍然不能胜任工作”，否则，很有可能造成违法解除劳动合同。

2. 不胜任工作与工作失职有什么区别?

从表现形式来看，不胜任工作与失职都是劳动者不能满足业务和职责上要求的情形，是劳动者客观和主观上不符合工作岗位要求的状况，但不胜任工作和失职有着不同的法律内涵。

不能胜任工作是一种客观状态，表现为劳动者能力、知识、技能等方面不能够满足工作需要，但主观上没有过失，故法律给予改善机会即培训或调整工作岗位，不能改善者才可以解除劳动合同。而失职是一种主观过失，表现为劳动者未履行工作职责，严重者可以解除劳动合同。

3. 因不胜任工作被解除，有经济补偿金吗？

依据《劳动合同法》第40条、第46条的规定，劳动者不能胜任工作，经过培训或者调整工作岗位，仍不能胜任工作的，用人单位可以在提前30日通知或者额外支付1个月工资后解除劳动合同。也就是说，劳动者从业能力上存在不足，用人单位没有过错，并针对不胜任工作的劳动者作了一些补救措施，但劳动者仍不能胜任工作的，允许用人单位单方解除劳动合同。但为平衡双方的权利义务，用人单位须支付经济补偿金。

本案中，公司应按李某在公司工作的年限，给予2个月工资的经济补偿金，同时，公司因没有提前30日以书面形式通知劳动者本人，应再支付李某一个月工资。

特别提醒

劳动者不能胜任工作，属于个人能力问题，主观上没有过错，与《劳动合同法》第39条规定“严重违反用人单位的规章制度的”是不一样的，用人单位以劳动者不胜任工作为由解除合同，应当支付经济补偿金。

法条链接

《劳动合同法》第40条、第46条

第三节　劳动规章争议

案例17

未经公示告知的劳动规章，对劳动者能否发生效力？

案情实录

职工周某来自江苏高邮，2014年9月4日，经过苏南人力资源市场招聘，进入市区某酒吧工作，工作岗位为清洁工，约定月工资1600元，满勤奖为200元；工作时间从晚上7点到凌晨3点。周某当天就上岗工作。2014年10月9日凌晨2点多，周某打扫酒吧包厢时，在桌上发现客人遗落的一部手机。周某把手机放进口袋里继续打扫。凌晨3点左右，大厅值班经理找到周某，询问其是否看到客人落下的手机。周某从口袋里拿出客人的手机，交给值班经理。值班经理当即批评周某，酒吧有规定，捡到客人丢失的东西，应该第一时间上交。周某回答说，自己才来时间不长，不知道酒吧有这样的规定；因为客人已经离开，自己忙于打扫，原计划打扫完毕就上交手机。10月9日晚上7时，周某和往常一样来上班。人力资源部经理告诉周某，周某已被酒吧辞退，从即日起，就不要来上班了。问其原因，酒吧答复，周某捡到客人丢失的手机，没有第一时间上交，而是装进自己的口袋，明显有占为己有的嫌疑；根据酒吧的内部规定，这种行为属于严重违纪。周某很是委屈，自己来酒吧一个多月，从没有听说或者看到有这样的规定，都说不知者不怪罪，如果自己知道有这样的规定，怎么会为一部手机把自己的饭碗砸掉，更何况是一部旧手机！酒吧不再听周某的任何解释，也不安排周某的工作，把周某晾在一边。周某想就此离开，可让周某难受的是，自己来酒吧工作一个多月，酒吧一分钱的工资还没付呢。就这样白白辛苦一个多月，周某很不甘心。

以案说法

本案争议的焦点在于，酒吧未向周某公示告知的规章制度，对周某有法律约束力吗？

1. 劳动规章制度合法有效需要具备哪些条件？

用人单位如何才能制定合法有效的劳动规章制度，我国劳动法律对此有着较为明确的规定。《劳动法》第4条规定：用人单位应当建立和完善规章制度，保证劳动者享有劳动权利和履行劳动义务。《劳动合同法》第4条规定，用人单位在制定、修改或者决定有关劳动报酬、工作时间、休息休假、劳动安全卫生、保险福利、职工培训、劳动纪律以及劳动定额管理等直接涉及劳动者切身利益的规章制度或者重大事项时，应当经职工代表大会或者全体职工讨论，提出方案和意见，与工会或者职工代表平等协商确定。用人单位应当将直接涉及劳动者切身利益的规章制度和重大事项决定公示，或者告知劳动者。《最高人民法院关于审理劳动争议案件适用法律若干问题的解释（一）》第19条对此也作了明确规定，用人单位根据《劳动法》第4条之规定，通过民主程序制定的规章制度，不违反国家法律、行政法规及政策规定，并已向劳动者公示的，可以作为人民法院审理劳动争议案件的依据。

综合这些法律法规，用人单位的规章制度合法有效，必须同时具备三个要件：(1) 规章制度的内容要合法；(2) 经过民主程序制定；(3) 向劳动者公示或告知。这三个要件必须同时具备，缺一不可。

2. 劳动规章制度未经公示告知，对劳动者能否发生效力?

内容合法、民主程序和公示告知，是劳动规章生效的三要件，也就是说，公示告知是劳动规章制度对劳动者发生效力的重要前提，也是必备前提。如果没有履行有效的公示告知程序，无论多么完备、科学的规章制度，无论制定过程如何公正合法，它都形同废纸，对劳动者不发生效力。在司法实践中，规章制度是否向劳动者公示或告知，常常直接关系到劳动争议案件的输赢和胜败。

劳动规章公示或告知的目的在于使劳动者知晓，以便劳动者有章可循。规章制度只有向劳动者公示或告知后，才对劳动者产生约束力。在现实生活中，不少用人单位的劳动规章制度处于秘密状态，研究出台后，不是广而告之，而是锁在管理者的抽屉里，等到某个职工违反了相关规定时，才拿出来用来惩处职工，常常为此引发争议。

其实，对于用人单位的规章制度“秘而不宣”的现象，只要劳动者提出异议，规章制度就无法对劳动者产生法律效力。一些单位即使有公示或告知劳动者的过程，但如果公示或告知方法使用不当，导致证据材料没有保留，无法向仲裁庭或法庭举证，同样要承担不利的法律后果。

3. 劳动规章制度公示告知的方式方法有哪些?

用人单位对劳动规章制度经公示告知负举证责任，司法实践中，当劳动者以其不知情为由主张单位规章制度未告知或未公示，用人单位就需要提供已经公示或告知的证据，如果不能提供，用人单位需要承担举证不能的不利后果。

操作实务中，用人单位向劳动者公示告知规章制度的方法有很多种，主要包括：(1) 员工手册发放法，要有员工签领确认的证据；(2) 内部培训法，要有培训时间、地点、参会人员、培训内容、人员签到的证据；(3) 劳动合同约定法，在劳动合同中，要有员工已阅相关规章制度的表述和劳动者本人的签字；(4) 考试法（开卷或闭卷），要有证明员工知晓规章制度的试卷及劳动者本人签名；(5) 传阅签字法，规章制度制定以后，每个员工传阅签字确认；等等。

综上所述，不管是内容违法、制定程序违法，还是公示或告知程序违法，劳动规章制度都对劳动者没有法律约束力，用人单位要承担相应的法律风险，主要包括：(1) 不合法的劳动规章制度，在仲裁或诉讼中不能作为审理劳动争议案件的依据；(2) 劳动规章制度违反法律、法规规定的，给劳动者造成损害的，应当承担赔偿责任；(3) 违反法律、法规的劳动规章制度，损害劳动者权益的，劳动者可以随时解除劳动合同，用人单位还需要支付经济补偿金。

在本案中，酒吧从来没有将劳动规章制度张贴出来进行有效公示，也没有对周某进行这方面规章制度教育培训的记录，根据《劳动合同法》第4条关于规章制度公示或者告知的程序要求，以及最高人民法院的司法解释，酒吧关于“捡拾到客人物品必须第一时间上交报告，违者视为严重违纪”的规定，对周某不发生效力，据此对周某作出的辞退决定属于违法解除。酒吧故意扣发周某一个多月的工资，更是错上加错。

特别提醒

依法制定规章制度来规范经营管理、约束职工行为是用人单位的用工自主权，几乎每个用人单位都根据自身需要出台了大大小小或繁或简的规章制度。那么，这些规章制度是否一出台就能有效约束员工呢？许多用人单位认为理当如此，认为制定规章制度是法律赋予单位的管理权利。但答案是否定的，因为法律赋予用人单位此项权利的同时，为了防止用人单位滥用此项权利侵害职工合法权益，同时设定了相应的限制程序和生效条件，需要用人单位引起高度重视。

法条链接

《劳动合同法》第4条

《劳动法》第4条

《最高人民法院关于审理劳动争议案件适用法律若干问题的解释（一）》第19条

案例18
总经理办公会通过的劳动规章有法律约束力吗？

案情实录

2012年8月，职工石某入职某商场，工作岗位为冰箱柜台营业员。石某年纪轻轻，却有七八年烟龄。对石某来说，上班最难熬的，就是无处抽烟，在同事的掩护下，他经常在商场外以及厕所、楼梯等处过过烟瘾。2015年1月，为了创建省级文明单位，经总经理办公会研究，商场专门制定了《禁烟管理规定》，特别规定：商场工作人员上班时间抽烟者，一经查实，立即作解聘处理。禁烟规定制定后，经柜台、部门、班组会议层层传达，石某感到日子更难过了。石某度日如年地坚持了一个月，发现渐渐查得没有以前那么紧了，就又开始四处“打游击”，上班时间千方百计找地方抽烟。2015 年 3 月，石某躲在楼梯间抽烟时，竟然遇到了等不及电梯而走楼梯的商场副总经理。当天，石某就接到商场的解除合同通知书。石某感觉到因为抽一支烟就被解除，实在太冤枉了。他多次找人力资源部理论，希望商场能从轻发落。但商场坚持不同意，认为总经理办公会专门制定《禁烟管理规定》，并告知了所有员工，石某属于明知故犯、顶风作案；更何况，石某抽烟还被商场副总抓个正着，岂能轻饶。那么，石某违反商场总经理办公会通过的禁烟规定，还有商量挽回的余地吗?

以案说法

用人单位的劳动规章制度内容合法，通过合法程序制定并公示告知劳动者，可以作为司法机构审理案件的依据。本案就是一起因用人单位制定劳动规章制度程序不规范而引发的争议。

1. 用人单位劳动规章制度常见违法情形有哪些?

劳动规章制度是用人单位的“内部法律”，是用人单位依法经营、管理的基础和前提。但在实践中，用人单位劳动规章制度违法的情形却屡见不鲜，主要表现在：

（1）劳动规章制度的内容不合法。根据《最高人民法院关于审理劳动争议案件适用法律若干问题的解释（一）》第 19 条等法律法规的规定，用人单位规章制度的内容必须符合法律规定，不得违反国家法律、行政法规及政策规定，并且不能违背公平、正义的一般原则。

（2）劳动规章制定的程序不合法。根据《劳动合同法》第 4 条规定，用人单位在制定、修改或者决定直接涉及劳动者切身利益的有关规章制度或者重大事项时，应当经职工代表大会或者全体职工讨论，提出方案和意见，与工会或者职工代表平等协商确定。

（3）用人单位不能证明劳动者已经收到并确认劳动规章制度。根据《劳动合同法》等法律规定，用人单位通过法定程序制定的规章制度，在保证内容合法、程序合法的前提下，必须向劳动者公示或告知，方可作为法院和仲裁机构审理劳动争议案件的依据。

2. 制定劳动规章制度需要履行哪些民主程序?

用人单位制定劳动规章是一个民主协商、民主共决的依法管理决策行为。依据《劳动合同法》第4条的规定，用人单位制定劳动规章制度的主要流程包括：

(1) 用人单位将涉及职工切身利益的劳动报酬、工作时间、休息休假、劳动安全卫生等规章制度草案提交由民主选举产生的职工代表组成的职代会讨论，没有职代会的用人单位可以提交全体职工讨论；

(2) 让职代会或全体职工提出修改方案和意见；

(3) 用人单位对收集上来的方案和意见进行汇总梳理、充分吸收，形成规章制度的讨论稿；

(4) 用人单位与工会或职工代表对劳动规章制度讨论稿进行平等协商，最终确定后正式发布。

上述流程不仅有严格的程序要求，而且每个环节之间都有严格的操作规范，这些程序要求，都很可能直接影响劳动规章制度的法律效力。

3. 没有履行民主程序的劳动规章会有怎样的法律后果?

程序是正义的保障，很大程度上，程序也是法，程序要件有时候比实体要件更有说服力，也更为关键。如果没有履行民主程序的劳动规章，其法律后果至少有以下四个方面：

(1) 责令改正，给予警告。根据《劳动合同法》第80条规定，用人单位直接涉及劳动者切身利益的规章制度违反法律、法规规定的，由劳动行政部门责令改正，给予警告。

(2) 没有法律约束力，不予适用。如果用人单位的劳动规章违法，则对劳动者没有法律约束力；一旦用人单位与劳动者发生争议，该规章制度也不可以作为劳动争议仲裁机构、人民法院审理劳动争议的依据。

(3) 劳动者可以即时解除劳动合同。根据《劳动合同法》第38条的规定，用人单位规章制度违反法律法规的规定，损害劳动者权益的，不仅劳动者可以立即解除劳动合同，而且用人单位还需要按照法定标准向劳动者支付经济补偿金。

(4) 承担赔偿责任。根据《劳动合同法》第80条规定，用人单位直接涉及劳动者切身利益的规章制度违反法律法规规定、给劳动者造成损害的，应当承担赔偿责任。

本案中，石某所在的商场仅仅通过总经理办公会研究，就直接下发《禁烟管理规定》，既没有提交职代会讨论，也没有履行协商程序，从劳动规章制度的生效条件来说，《禁烟管理规定》对劳动者没有法律约束力。在商场三令五申的情况下，石某明知故犯，在上班时间抽烟确属不该；但商场根据没有法律约束力的《禁烟管理规定》解除石某的劳动合同，也于法无据。如果强行解除石某的劳动合同，就属于违法解除。

特别提醒

用人单位的劳动规章要具有法律效力，必须同时符合实体要件和程序要件。实体要件上，要做到“三个不得”，即不得违反相关法律法规，不得与劳动合同和集体合同冲突，不得违反公序良俗。程序要件上，一是要充分履行民主程序，劳动规章制度要提交职代会或职工大会讨论，提出方案和意见，与工会或职工代表平等协商；二是要履行告知程序，通过合法有效的方式向劳动者公示或告知。不具备以上所述的实体要件和程序要件，用人单位制定的劳动规章制度将不具备法律效力。

法条链接

《劳动合同法》第 4 条、第 80 条

《最高人民法院关于审理劳动争议案件适用法律若干问题的解释（一）》第 19 条

案例19
单位能否规定“病假期间没有工资”？

案情实录

职工朱某在劳动力市场与某建筑企业达成就业协议，后经面试，与该企业签订了三年期劳动合同，工作岗位为机动车驾驶。签约后，企业安排朱某等一批新进员工进行为期一周的岗前培训，主要学习企业概况、规章制度、操作流程等内容。在培训中，朱某不经意中发现，《员工手册》“休息休假”这一章节中，竟然有“非因工负伤，职工病假期间没有工资”的规定。朱某私下里问了一些老员工，答复说这是企业惯例，已经执行多少年了。对这样的规定，朱某感到很别扭，自己哪能保证一直不生病啊，休病假就没有工资，很没有道理啊？

以案说法

现实生活中，因劳动规章制度引发的劳动争议呈急剧上升趋势，企业规章违法也成为侵犯职工合法权益的重灾区。

劳动规章制度是保障企业正常生产经营的重要手段，也是企业进行合法有效的劳动管理的工具。企业要进行依法管理、科学管理，必须首先确保企业自主制定的劳动规章制度合法有效。

2008 年 1 月 1 日之前，判断企业劳动规章是否合法有效，主要依据《最高人民法院关于审理劳动争议案件适用法律若干问题的解释（一）》第 19 条，其核心意思就是，企业劳动规章要具有法律效力，必须同时具备“内容合法”“程序民主”“公示员工”这三个法律要件，缺一不可。2008 年 1 月 1 日后，《劳动合同法》对企业依法制定劳动规章作出了更加具体、明确的规定，对《最高人民法院关于审理劳动争议案件适用法律若干问题的解释（一）》中如何履行民主程序制定企业劳动规章作了详细的规定和细化，将“程序民主”提升为“协商民主”。

话分两头，我们再来看本案中涉及的另一个重要关键词“病假工资”。职工患病或者非因工负伤，需要停工休息的，企业应该依法给予病假、支付病假工资，并且在医疗期内不能解除劳动合同。根据《企业职工患病或非因工负伤医疗期规定》，企业职工因患病或非因工负伤，需要停止工作医疗时，根据本人实际参加工作年限和在本单位工作年限，给予 3 个月到 24 个月的医疗期。对于病假工资及疾病救济费标准，原劳动部《关于贯彻执行〈中华人民共和国劳动法〉若干问题的意见》作了明确规定：“职工患病或非因工负伤治疗期间，在规定的医疗期间内由企业按有关规定支付其病假工资或疾病救济费，病假工资或疾病救济费可以低于当地最低工资标准支付，但不能低于最低工资标准的 80%。”

综上所述，职工患病或非因工负伤享受法定的医疗期和病假工资，这是法律对职工合法权益的基本保护，是企业无法逃避的法定义务。本案中，朱某所在的企业自说自话，在企业规章中规定“非因工负伤，职工病假期间没有工资”，这个条款，因与相关法律规定相抵触，自制定之日起，就属于无效条款，对包括朱某的全厂职工都没有法律约束力。如果朱某哪一天真的患病或非因工负伤，完全可以依法享受法定的医疗期和病假工资，企业不得以任何理由拒绝。

特别提醒

“内容合法”是企业劳动规章合法有效的必备条件，也是起点条件。如果企业规章的条款违反了国家有关法律、行政法规的规定，这类条款自制定之日起就是无效的，对职工不具有任何法律约束力。如少数企业“生老病死与企业无关”“发生工伤，企业概不负责”等，这些企业为免除自己的法定责任、排除劳动者权利的规定，因为与法律法规相抵触，自制定之日起，就属于无效条款。

法条链接

《劳动合同法》第 4 条

《最高人民法院关于审理劳动争议案件适用法律若干问题的解释（一）》第 19 条

《企业职工患病或非因工负伤医疗期规定》第 3 条

《劳动部关于贯彻执行〈中华人民共和国劳动法〉若干问题的意见》第 59 条

案例20

病假工资，用人单位可以随意确定吗？

案情实录

2012 年 9 月，职工戴某通过亲戚介绍，进入某电子有限公司当上了一线操作工。公司与戴某签订了三年期劳动合同，约定试用期 6 个月，试用期每月工资为 1500 元，期满转正每月工资为 2000 元，另外结合每月个人业绩考核情况，公司再给予一定数额的奖金。戴某工作十分勤奋，主动加班加点，车间经理、同事都喜欢他，试用期 3 个月后，在车间大力推荐下，公司提前给戴某转了正。2013 年 8 月，戴某与朋友聚会，酒喝得有点多，在上楼梯时，一不小心从楼梯上摔了下来，屁股着地，导致尾椎骨折。虽然不需要手术治疗，但仍是件麻烦事。在医院挂水消炎一个星期，回家又卧床休息了一个多月，前前后后折腾了两个月，戴某才重新回到工作岗位。让戴某郁闷的是，自己休病假期间，公司每个月发的病假工资只有 600 元。向周围同事一打听，说这个病假制度已经执行了很多年了，原来的病假工资更低。戴某感觉不对劲，现在最低工资每个月都有 1480 元，怎么病假工资连最低工资的一半都没有呢？戴某找到人力资源部，想问问病假工资发放的依据是什么。人事专员给他的解释是，病假制度是总经理办公会研究决定的，已经执行了好多年；戴某生病在家，没有给公司创造财富，公司每个月还给他发600元的工资，他应该知足了；有的单位，职工生病，一分钱的病假工资都没有呢。戴某反映，自己因为这次意外事故，前前后后花了好几千元，希望公司能给自己增加点病假工资。公司一口回绝了，说不能因为戴某一个人开这个先例。难道用人单位可以随意确定职工的病假工资吗？

以案说法

本案是一起由病假工资支付而引发的劳动争议，主要涉及医疗期的保护、病假工资的计算以及病假制度的制定等法律问题。

1. 患病职工享有医疗期待遇吗？

医疗期是指企业职工因患病或非因工负伤停止工作治病休息不得解除劳动合同的时限。患病职工依法享有医疗期待遇，是企业应该履行的法定义务。依据原劳动部关于发布《企业职工患病或非因工负伤医疗期的规定》的通知（劳动发〔1994〕479号）第3条规定，企业职工因患病或非因工负伤，需要停止工作医疗时，根据本人实际参加工作年限和在本单位工作年限，给予3个月到24个月的医疗期。

2. 病假工资也有“最低标准”吗？

对病假工资，用人单位存有不少错误认识。如有的单位认为，劳动者生病期间，没有为单位提供劳动，因此单位完全可以不支付任何报酬。再如，有的单位认为，自己有用工自主权，也就有自主决定病假工资的权利，病假工资发多少，单位说了算，等等。这些做法，既损害了职工的合法权益，又违反了相关的法律规定。

其实，病假工资也有“最低标准”。劳动者在治疗期间，不仅可以依法享受医疗保险待遇，而且用人单位需要按照法定标准向劳动者支付病假工资。

如何计算病假工资，综观各地关于病假工资的立法，主要有三种模式：

模式一：根据职工的工龄和工资，按照一定的比例支付。

采用这一模式的，主要以上海为代表。在这一模式下，病假工资的计算公式为：病假工资基数×计算系数×病假日。一般来讲，计算系数与职工病假期限以及工龄的长短相对应，病假期限越长，工龄越短，系数越小。如职工因疾病或非因工负伤连续休假在6个月以内的，企业应按下列标准支付病假工资：连续工龄不满2年的，病假工资的系数为本人工资的60%；满2年不满4年的，病假工资的系数为本人工资的70%；满4年不满6年的，病假工资的系数为本人工资的80%等，以此类推。

模式二：根据职工的工资，按一定比例支付。

采用这种模式的主要是深圳市。依照《深圳市员工工资支付条例》第23条规定：“员工患病或者非因工负伤停止工作进行医疗，在国家规定的医疗期内的，用人单位应当按照不低于本人标准工资的60%支付员工病伤假期工资，但不得低于最低工资的80%。”

模式三：按照合同约定支付。

采用这种模式的主要以北京、江苏为代表。《江苏省工资支付条例》规定：“劳动者患病或者非因工负伤停止劳动，且在国家规定医疗期内的，用人单位应当按照工资分配制度的规定以及劳动合同、集体合同的约定或者国家有关规定，向劳动者支付病假工资或者疾病救济费。”

三种模式各有千秋，也存在着很多差别，但有一个方面是相同的，那就是，都对病假工资作了保底性的规定，即不得低于当地最低工资的80%。

对病假工资的“最低标准”，《劳动部关于贯彻执行〈中华人民共和国劳动法〉若干问题的意见》（劳动发〔1995〕309号）作了明确的规定，职工患病或非因工负伤治疗期间，在规定的医疗期内由企业按有关规定支付其病假工资或疾病救济费，病假工资或疾病救济费可以低于当地最低工资标准支付，但不能低于最低工资标准的80%。

也就是说，不管用人单位采用的是哪种病假工资发放模式，病假工资可以低于当地最低工资标准支付，但不能低于最低工资标准的80%。

3. 病假制度需履行民主程序吗?

根据《劳动合同法》规定，用人单位在制定、修改或者决定有关劳动报酬、工作时间、休息休假、劳动安全卫生、保险福利、职工培训、劳动纪律以及劳动定额管理等直接涉及劳动者切身利益的规章制度或者重大事项时，应当经职工代表大会或者全体职工讨论，提出方案和意见，与工会或者职工代表平等协商确定。

病假制度，应该属于涉及劳动者切身利益的规章制度，要具有法律效力，必须同时具备内容合法、程序民主、公示员工这三个法律要件。如果用人单位制定病假制度时，未履行民主程序，那么，此项制度从制定之日起，对公司职工就不具有法律约束力。用人单位就要承担因规章无效而带来的法律风险。

本案中，戴某所在公司的病假制度，仅仅通过总经理办公会研究，没有提交职代会或全体职工讨论。公司可以根据单位实际制定病假制度，但必须依法制定。一是相关内容必须合法，病假工资不得低于当地最低工资标准（1480

元）的 80%，公司每月发放 600 元的病假工资明显不合适；二是病假制度需提交职代会或全体职工讨论，公司应与工会或职工代表平等协商确定，并及时告知每个员工；三是公司应制定关爱生病职工的制度，以人性化的制度凝聚职工，防止小矛盾引发大争议。

特别提醒

医疗期是对患病或非因工负伤的职工一种特殊保护，是患病职工应当依法享受的社会保险内容。根据《劳动法》《劳动合同法》的规定，职工在患病期间，依法享有如下权利：(1) 依法享受医疗期进行治疗和休息；(2) 依法享受医疗期内病假工资待遇；(3) 在劳动合同期间医疗期满后，不能从事原工作的，可要求用人单位另行安排工作岗位；(4) 医疗期满后由用人单位终止劳动合同的，可依法获得经济补偿。

法条链接

《劳动合同法》第 4 条

《劳动部关于贯彻执行〈中华人民共和国劳动法〉若干问题的意见》第 59 条

案例21

因个人过错给单位造成经济损失，劳动者应该怎么赔偿?

案情实录

职工赵某是郊区某汽配有限公司的老员工，工作表现一直很好。2012 年 1 月，由于身体原因，公司照顾他，将他的工作岗位调整为仓库管理员，月工资为 2100 元。2013 年 11 月 13 日，公司在清理仓库里的汽车配件时，经过反复核对，发现少了价值 13000 元左右的汽车配件。公司立即报警，警方出警后，在调看公司监控录像时，发现由于线路问题，安装在仓库的监控摄像头一直没有工作。警方排查了半天，也无法确定汽车配件遗失的原因，汽车配件的丢失就成了“无头案”。这种情况下，公司认为，赵某作为仓库管理员，工作职责是保护看管好仓库里的所有汽车配件，由于赵某的过失，造成部分汽车配件遗失，根据员工手册上关于“凡因工作失职造成公司财产损失的，扣发当月工资并赔偿损失”的规定，赵某要赔偿公司所有的损失，每个月将赵某的工资全部扣下，直到扣满 13000 元为止。赵某承认仓库里的汽车配件丢失，自己有一定责任，但让自己赔偿所有的损失，他感到很委屈。另外，自己的爱人靠打临时工补贴家用，全家人主要靠自己的工资生活，如果没有了每月固定的工资来源，全家人根本无法生活。赵某向公司申请，能不能每月只扣两三百，这样自己能够维持生活。公司负责人不同意，坚持要扣掉赵某每月的全部工资。赵某这下犯了难，13000 元的经济损失，至少要扣掉他半年的收入。难道劳动者因个人过错给单位造成经济损失，就要承担全部的赔偿责任吗？

以案说法

近年来，用人单位侵犯劳动者合法权益的现象较为普遍，也为社会广泛关注。与此同时，劳动者“侵犯”用人单位利益的情况也时有发生，特别是用人单位要求劳动者赔偿经济损失的案件不断增多。本案争议的焦点在于，在工作过程中，劳动者因个人过错造成用人单位经济损失，是否需要承担全部的赔偿责任？如果需要承担，劳动者应该怎么赔偿？

1. 劳动者给用人单位造成损失的主要情形有哪些？

依据《劳动法》《劳动合同法》等法律法规，劳动者给用人单位造成损失的主要情形包括：

（1）劳动者违法解除劳动合同导致企业损失的。劳动者随意解除劳动合同，将会影响用人单位正常经营活动的进行。劳动合同期内，用人单位不存在过错的情形下，劳动者未以书面形式提前 30 日通知用人单位解除劳动合同的，都属于违法解除劳动合同。

（2）劳动者违反劳动合同约定的保密义务或者竞业限制，给用人单位造成损失的。在解除或终止劳动合同后，用人单位按照约定竞业限制期限内按月给予劳动者经济补偿，而劳动者到与本单位生产或者经营同类产品、业务的有竞争关系的其他用人单位，或者自己开业生产或者经营与本单位有竞争关系的同类产品、业务，就属于违反竞业限制约定，应当按照约定向用人单位支付违约金。

（3）在劳动合同履行过程中，因劳动者个人过错导致用人单位损失的，主要表现为没有按照岗位职责履行自己的义务，或有未尽职责的过失行为以及利用职务之便谋取私利的故意行为，致使用人单位有形财产、无形财产遭受损害，但不够刑罚处罚的程度。情节特别严重的，用人单位可以直接解除劳动关系。

对于上述前两种情形，通常是发生在职工离职后，双方一般已不存在劳动关系，此时用人单位追究劳动者的赔偿责任，主要以《劳动法》《民法通则》《反不正当竞争法》等作为法律依据，以实际损失为主要参照标准，对劳动者进行索赔。本案例重点探讨的是第三种情形，即劳动合同履行期间，劳动者因个人过错造成的损失赔偿问题。

2. 劳动者个人过错造成损失，用人单位追究赔偿责任的原则是什么？

在履行劳动合同过程中，因劳动者个人过错给用人单位造成经济损失的，用人单位有权给予劳动者一定的处分，并有条件地、有限制地对劳动者进行索赔。这里的“条件”和“限制”，就是用人单位对劳动者追究赔偿责任的原则。

用人单位追究赔偿责任的原则，参照《最高人民法院关于审理人身损害赔偿案件适用法律若干问题的解释》（法释〔2003〕20号）第9条的规定：“雇员因故意或者重大过失致人损害的，应当与雇主承担连带赔偿责任。雇主承担连带赔偿责任的，可以向雇员追偿。”我们可以概括为“劳动者致害责任原则”，即只有在劳动者因故意或重大过失导致用人单位损失时，用人单位才可以要求其承担赔偿责任。

依据“劳动者致害责任原则”，劳动者在工作中因个人过错给用人单位造成经济损失的，根据劳动者的过错程度，至少可以分为三种情形：（1）属于劳动者一般过失或轻微过失的，一般不宜要求劳动者承担赔偿责任；（2）属于劳动者故意造成用人单位损失，主观恶性较大的，可考虑由劳动者全额予以赔偿；（3）如果属于劳动者重大过失，而非故意造成用人单位损失的，应当根据劳动者的过错程度、企业效益、工作岗位特征、劳动者工资收入等综合情况考虑，由劳动者限额赔偿，承担部分赔偿责任。

与此相呼应的，是古罗马法中的报偿责任理论，该理论的核心精神就是“谁享有利益谁就应当承担风险”。劳动者职务行为的风险也应当归于利益的享有者，对由此产生的责任，应当由利益的享有者即用人单位来承担。在劳动关系存续期间，用人单位既是企业财产的所有人、管理人，又是企业内部的管理者和监督者，当劳动者因个人过错造成用人单位经济损失时，用人单位就具有双重身份，即既是受害人，又是劳动者的管理者。如果让劳动者承担所有的赔偿责任，用人单位作为管理者不承担任何责任，不符合公平原则。

3. 劳动者赔偿损失的前提条件及赔偿方式是什么？

劳动者如何赔偿以及赔偿的方式，主要依据《工资支付暂行规定》第16条，该条规定：“因劳动者本人原因给用人单位造成经济损失的，用人单位可按照劳动合同的约定要求其赔偿经济损失。经济损失的赔偿，可从劳动者本人的工资中扣除。但每月扣除的部分不得超过劳动者当月工资的20%。若扣除后的剩余工资部分低于当地月最低工资标准，则按最低工资标准支付。”

依据此条规定，在实际操作中，劳动者履行赔偿责任，还应符合以下三个条件：（1）用人单位是否制定了劳动规章制度、技术操作规程和安全规程，是否与劳动者签订了劳动合同。（2）用人单位的规章制度中或劳动合同中是否有因个人过错造成损失要求劳动者赔偿的规定或约定。（3）用人单位制定的规章制度是否履行民主程序，并让劳动者知悉。

从上面的分析可以看出，具体确定劳动者赔偿额度及比例时，要依据双方劳动合同的约定或单位规章制度的规定，根据过错的大小、损害的程度，参照劳动者的工资收入水平，确定劳动者应赔偿的数额。

本案中，赵某作为仓库管理员，没有定期对仓库里的汽车配件核对盘点，没有尽到有效看管的职责，直到公司清理存货时才发现，造成13000元左右的汽车配件丢失，赵某理应承担一定的赔偿责任。公司提供的赵某的劳动合同和经过职代会通过的员工手册，上面确实有关于工作失职需要赔偿的条款，也可以说是处罚有据。

在汽车配件丢失案中，仓库监控摄像头无法正常工作，汽配公司自身管理也存在着一定的责任；赵某虽未尽到有效看管的职责，但其主观上没有任何故意的行为表现，应属于工作失职，不应该要求赵某赔偿全部的经济损失；更为重要的是，赔偿损失可以通过“扣工资”的方式进行，但依据《工资支付暂行规定》，每月扣除的部分不得超过劳动者当月工资的20%，且要符合最低工资规定。公司规章制度虽经职代会讨论通过，但每月扣发劳动者当月的全部工资这一条款违反了国家的法律法规，属于无效条款，理应纠正。

特别提醒

用人单位一定要有完善的规章制度，或者事先与劳动者有合同约定，这是要求劳动者赔偿损失的最重要依据。如果劳动者虽因个人过错造成单位经济损失，但单位没有这方面的规章制度规定或没有合同约定，这时，劳动者一般无须承担赔偿责任。这是法律防止用人单位将经营风险转嫁给劳动者的保护规定。

法条链接

《劳动法》第102条

《劳动合同法》第90条

《工资支付暂行规定》第16条

案例22 劳动者拒绝参加职业技能竞赛活动，用人单位能否对此作出处罚？

案情实录

职工朱某1999年参加工作，2006年进入市区某管理处工作，工作岗位为小修班电工。2010年7月，管理处组织“拜师学艺”活动，朱某与师傅结成帮带对子，并签订了为期五年的“拜师学艺”协议。转眼，五年时间即将过去。2015年4月29日，管理处宣布，为了做好这一轮“拜师学艺”的收尾工作，计划组织一次总结考核，考核内容为电缆绑接、电工理论及密封灯具装配制作三项内容，并声称将对考核不及格者及不合格的师傅给予扣款的处罚。朱某当场提出反对，并表示拒绝参加“拜师学艺”总结考核。2015年7月2日，管理处正式下发《关于“拜师学艺”总结考核的通知》，虽然取消了上次会上提出的以扣款作为处罚的方案，但在“奖罚”章节中明确规定：“对消极懈怠考核和考核成绩不合格的职工将给予通报批评，并取消年内单位各类评先评奖资格。”那么，劳动者是否有权拒绝参加单位组织的技能竞赛活动呢？如果劳动者拒绝参加，单位能以此作出处罚吗？

以案说法

用人单位费尽心思组织开展职业技能提升活动，劳动者却毫不领情、拒绝参加，反而因此引发劳动争议，这确实是新时期劳动用工管理中出现的新情况、新问题。

1. 劳动者是否有权拒绝参加用人单位组织的职业技能培训活动？

接受职业技能培训是劳动者依法享有的基本权利。《劳动法》第3条规定了劳动者可以享有的各项权利，其中明确规定劳动者享有“接受职业技能培训的权利”；对从事技术工种的劳动者，《劳动法》特别规定，上岗前必须经过培训。

对用人单位来说，开展职业培训活动是其应尽的义务。《劳动法》第68条规定，用人单位应当建立职业培训制度，按照国家规定提取和使用职业培训经费，根据本单位实际，有计划地对劳动者进行职业培训。

从上面的分析可以看出，接受职业技能培训是劳动者的基本权利；而开展职业技能培训活动，则是用人单位应尽的义务。权利可以放弃，但义务必须履行。也就是说，劳动者可以放弃接受职业技能培训的权利，但用人单位却不能放弃对劳动者进行职业技能培训的义务。以上分析，不包括用人单位依法制定相关制度，要求劳动者积极主动接受职业技能培训的情形。

2. 劳动者拒绝参加拜师学艺总结考核竞赛，用人单位能否就此作出处罚？

本案中，管理处从2010年起，就组织开展“拜师学艺”活动，其出发点是为了维护职工的学习发展权，应属于积极主动履行“对劳动者有计划地开展职业培训”的法定义务。但对于像朱某这样不愿意参加职业技能培训的员工，单位能否对朱某进行处罚呢？这就引出另一个问题，用人单位如何才能依法制定合法有效的劳动规章。

依据《劳动合同法》第4条规定，用人单位制定、修改或决定有关职业培训、劳动纪律等直接涉及职工切身利益的劳动规章制度，应同时具备内容合法、程序民主和公示员工这三个法律要件，缺一不可，否则，就不具有法律约束力。

本案中，管理处在制定下发的《关于“拜师学艺”总结考核的通知》中，规定“对消极懈怠考核和考试成绩不合格的职工将给予通报批评，并取消年内单位各类评先评奖资格”。此条规定，涉及职业培训、职工奖惩，属于用人单位制定劳动规章的范畴。但管理处出台这条规定，既没有履行提交职代会讨论、与工会或职工代表协商等民主程序，又违背了参加职业技能培训应本着自愿的原则，应属于无效条款，对朱某不具有法律约束力。

3. 如何避免因组织开展职业技能培训而引发的劳动争议？

要避免发生类似的劳动争议，用人单位至少应从以下三方面着手：一是强化宣传力度，积极引导。要让职工身边的典型说话，让实例说话，让广大职工深刻认识到有技能才能拥有岗位竞争力，营造主动提升职业技能的浓厚氛围；要科学设置培训项目，提高培训的针对性和实效性。二是强化绩效管理，正向激励。要建立科学、合理的绩效管理制度，让劳动者职业技能提升与劳动报酬、岗位晋升紧密挂钩，通过工资导向和事业发展的激励，变“要我学”为“我要学”。三是强化依法管理，规范管理。用人单位在制定职业培训制度时，要让广大职工主动参与其中，切实履行民主程序，在法律的框架下行使用工自主权。

在本案中，管理处连续多年坚持开展“拜师学艺”活动，出发点是为了提高职工的职业技能，值得肯定。但单位组织职工参加“拜师学艺”活动，应本着自愿原则，不得采取行政手段强迫职工参加。在没有履行民主程序，又违背职工自愿原则，管理处在总结考核通知中，突然增加处罚条款，既不严谨，更不合法，属于无效条款。

特别提醒

开展职业技能培训，本是切实维护职工发展权的好事，却引发了劳动者的不满，属于好事没有办好。如何依法把好事办好、办严谨，值得用人单位深思。如果用人单位事先制定了专门的职业技能培训制度，将拒绝参加技能培训的处罚条款写入制度规定，提交职代会讨论通过，并事先告知劳动者，在这种情况下，如果劳动者拒绝参加技能培训，用人单位再行处罚就师出有名、于法有据了。

法条链接

《劳动法》第3条、第68条

《劳动合同法》第4条

第三章

劳动合同的解除

第一节　用人单位单方解除劳动合同争议

案例23

以“末位淘汰制”辞退员工合法吗?

案情实录

2009 年 8 月，沈某大学毕业，父母到处托人，成为某银行的一名合同制员工。2011 年 1 月，银行在全市各营业网点中全面推行末位淘汰制，并专门研究制定了《员工业绩末位淘汰工作的实施细则》。细则规定，末位淘汰采取定额比率方式，按年度实施，即各营业网点对所有职工每月进行综合考核排名，并视情况作相应奖罚，在一个年度内进行末位淘汰，各营业网点淘汰率不能低于职工总数的 3%。2012 年 1 月，沈某和另外一名职工年度综合排名并列倒数第一，成为末位淘汰制的首批受害者。结果公布后，银行人力资源部通知他们即日起解除劳动关系，办理相关交接手续。沈某坚决不同意，认为自己兢兢业业，2011 年实际完成指标数超过 2010 年指标 30% 多，自己已经尽心尽力，不能因为自己综合排名排在末位，就解雇自己。人力资源部答复，各项考核指标都量化、细化，指标面前人人平等，排名末位，就属于不胜任工作，优胜劣汰，解除合同在所难免。沈某不能接受银行的解释，自己争取不成，就通过市政府热线电话、网络平台进行投诉。

以案说法

以末位淘汰制的方法辞退员工，与《劳动合同法》等法律法规的相关规定有冲突，不符合用人单位依法解除劳动关系的相关规定。

末位淘汰制这种绩效考核制度，最早由美国通用电气公司前 CEO 杰克·韦尔奇提出，于 20 世纪 90 年代传入中国，深受国内一些企业追捧。不少企业将“末位淘汰制”写入企业规章制度或者劳动合同中，作为绩效考核体系的一种重要制度，每月底、季度末或年末，用人单位就会按照一定的考核标准，对员工进行考核、排名，排名末位的员工就会被以不胜任工作的理由淘汰，但由此引发的劳动争议纠纷也逐渐增多。

《劳动合同法》规定，劳动者不能胜任工作，经过培训或者调整工作岗位，仍不能胜任工作的，用人单位提前 30 日以书面形式通知劳动者或者额外支付劳动者 1 个月工资后，可以解除劳动合同。本法条赋予了用人单位对“不能胜任工作员工”的法定解除权。实践操作中，很多企业将“末位淘汰”与“不胜任工作的法定解除”画等号，认为员工只要经过考核被排在末尾就当然属于“不胜任工作”。事实上，这是对法律的一个重大误解——排在末尾并不等于不胜任工作。劳动者业绩居于末位，可能是其不胜任工作，也可能是其能够胜任工作，却因各种因素仍在考核中居于末位。用人单位必须正确界定“末位”的内涵，将“不能胜任工作而处于末位”和“能胜任工作却处于末位”两种情形区分开来。

打个比喻，假设一个优秀团队，内部成员个个都是精英，一旦排序，同样也会出现“末位”，那么，我们能说排在最后的成员就属于不能胜任工作吗？同样，假设 100 名同学参加考试，结果大家的考试分数都超过了 80 分，难道我们能说排在最后考了 80 分的同学属于考试不及格吗？因此，由于“末位淘汰制”本身存在违法因素，单凭末位排名一项，难以证明劳动者不能胜任工作。

“末位淘汰”与解除劳动合同之间不能等同，解除劳动合同必须依法进行。从《劳动合同法》看，我国法律没有允许用人单位与劳动者在劳动合同中约定以“末位淘汰”为由解除劳动合同。如果遭遇了末位淘汰，劳动者应该如何维护自己的权利呢？在维权中，我们必须谨记，在单位绩效考核中处于末位并不等于不胜任工作。即使在企业规章制度或是劳动合同中，用人单位规定或者与劳动者约定了末位淘汰，那也是违法的，对企业和职工都不具有法律约束力。当用人单位以劳动者考核末位，主张其不胜任工作时，劳动者可以要求用人单位提供不胜任工作的证据。

本案中，虽然依据银行考核细则，沈某年度综合排名位列末位，但这并不能有效证明沈某不胜任工作，更没有转岗或培训的过程，银行直接将其辞退的做法于法无据。

特别提醒

即使考核居于末位的劳动者确实属于不能胜任工作，用人单位也无权直接解除合同，而应当对劳动者进行培训或调整工作岗位。只有在劳动者转岗或培训后，第二次被证明不能胜任工作的情况下，用人单位才能提前30日以书面形式通知劳动者本人或者额外支付劳动者一个月工资后解除劳动合同，同时要按照《劳动合同法》的规定支付经济补偿金。

法条链接

《劳动合同法》第40条

案例24

劳动者患病医疗期满后，用人单位能否直接解除劳动合同？

案情实录

2010年8月，职工周某大学毕业，在一家汽车销售公司从事销售工作，双方签订了三年期劳动合同。2011年中秋节期间，周某和朋友聚会，酒喝得有点多，快到家门口，不慎从楼梯上摔下来，经医院诊断为左股骨胫骨折，住院治疗了1个月。出院后，医院为他开具了2个月的病假证明。2个月病假期满，周某仍感觉不适，医院又为他开了1个月的病假证明，直至2012年1月。2011年12月12日，周某突然收到公司以挂号信的方式发来的医疗期到期、解除劳动合同的通知。周某赶紧向公司递交因骨折未完全恢复，希望延长医疗期的申请。对周某的申请，公司没有同意。2011年12月20日，公司又书面通知周某医疗期满，12月底正式解除劳动合同。对公司的不近情理，周某很生气，认为自己伤病未愈，公司无权与自己解除劳动合同，另外，三年期劳动合同还有一年多时间没有履行，要求公司继续履行劳动合同。对周某的要求，公司表示不能接受。

以案说法

本案涉及的焦点在于，职工患病或非因工负伤，医疗期限满后，用人单位能否直接解除劳动合同。

1. 职工的医疗期应该怎么计算？

依据原劳动部关于发布《企业职工患病或非因工负伤医疗期的规定》的通

知（劳动发〔1994〕479号）精神，企业职工因患病或非因工负伤，需要停止工作医疗时，根据本人实际参加工作年限和在本单位工作年限，给予3个月到24个月的医疗期。

本案中，周某实际参加工作年限和在公司工作年限都是1年多，能享受到的法定医疗期是3个月。因此，汽车销售公司第一次书面通知周某解除劳动合同的时间，虽然周某伤病未愈，但法定医疗期确实到期了。

2. 职工休满法定医疗期仍不能上班，用人单位是否就能直接解除劳动合同呢？

《劳动法》《劳动合同法》明确规定，劳动者患病或者非因工负伤，医疗期满后，不能从事原工作也不能从事由用人单位另行安排的工作的，用人单位可以解除劳动合同，但应当提前30日以书面形式通知劳动者本人或者额外支付劳动者一个月工资，并应当依照国家有关规定给予经济补偿。

细化分析一下，用人单位要解除或终止医疗期满后、不能回单位上班职工的劳动合同，需同时满足五个条件：（1）属于患病或者非因工负伤；（2）法定医疗期满；（3）不能从事原工作，也不能从事由用人单位另行安排的工作的；（4）提前30日以书面形式通知或者额外支付劳动者1个月工资；（5）须支付经济补偿金和医疗补助费。

因此，职工生病或者非因工负伤，医疗期满后，职工不能或不具备回单位上班条件，用人单位虽可以与职工解除劳动合同，但必须具备上面提到的五个法定条件。

3. 对于患重病员工，医疗期满应该如何处理？

依据《劳动合同法》第40条以及原劳动部关于发布《企业职工患病或非因工负伤医疗期的规定》的通知第6条、第7条的规定，企业职工非因工致残和经医生或医疗机构认定患有难以治疗的疾病，医疗期满后不能从事原工作，也不能从事由用人单位另行安排的适当工作的，应当由劳动鉴定委员会参照工伤与职业病致残程度鉴定标准进行劳动能力的鉴定。被鉴定为一级至四级的，应当退出劳动岗位，解除劳动关系，并办理退休、退职手续，享受退休、退职待遇；其他情况的，用人单位可以依法解除、终止劳动合同，给予经济补偿，并同时根据病情严重情况，给予一定数额的医疗补助费。

本案中，汽车销售公司的做法确有不妥之处。周某休满法定医疗期后，汽车销售公司在没有安排周某重新上岗或另行安排周某合适工作的情况下，不应该直接解除周某的劳动合同。在与公司反复沟通协商后，汽车销售公司拿出了两个解决方案，一是愿意多给周某一个月的医疗期，等周某康复后上班；二是按照法律规定，支付相关的经济补偿金和医疗补助费用后，与周某解除劳动合同。慎重考虑后，周某选择了一个月后回单位上班。

特别提醒

医疗期不等同于治疗期，医疗期是指劳动者依法可以享受的停工治疗并发给病假工资的期间，常常会与劳动者伤病治愈所需要的实际治疗时间不一致。

法条链接

《劳动合同法》第40条

《劳动部关于发布〈企业职工患病或非因工负伤医疗期规定〉的通知》第3条、第6条、第7条

第二节　劳动者单方解除劳动合同争议

案例25
劳动者提前离职，是否需要支付违约金？

案情实录

2012年6月，王某与市区一家机械公司签订了五年期劳动合同，从事行政管理。2014年3月，王某想辞职到外地发展。让王某郁闷的是，当他向公司提出辞职时，却被告知，因为所签订的劳动合同尚未到期，按照当初的合同约定，他必须向公司支付每年5000元的违约金。王某多次请求单位批准他的辞职申请，公司始终不肯让步，要求王某要么支付违约金，要么合同到期后离职。时间已经过去了半年，事情依然没有解决，王某为此十分苦恼。

以案说法

本案争议的焦点在于，劳动者提前离职，是否需要支付违约金？

一、劳动者怎样才能合法地单方解除劳动合同？

劳动者单方解除劳动合同，俗称辞职，是指劳动合同依法订立后，全部履行以前，因当事人双方主客观情况的变化或某种法定事由的出现，由劳动者一方提前终止劳动合同的行为。

《劳动合同法》对劳动者单方解除劳动合同作了详细的规定，劳动者如要

解除劳动合同，除依据第36条、第38条，与用人单位协商一致解除、依法行使即时解除权以及无须通知用人单位直接解除合同的情形，只要提前30日以书面形式通知用人单位，即可单方解除劳动合同。

根据《劳动法》《劳动合同法》等法律法规的规定，劳动者单方解除劳动合同，不需要任何理由，无须单位批准。这是法律对劳动者自主择业权的肯定和具体化。但为了限制劳动者滥用合同解除权，保障用人单位正常的工作秩序，法律规定劳动者提前30日以书面形式通知用人单位，可以解除劳动合同。法律在赋予劳动者辞职权的同时，也作出程序上的要求，劳动者要行使单方解除权，就必须履行该程序义务，否则就是违法解除劳动合同。

二、需要劳动者支付违约金的情形有哪些?

违约金，是指合同当事人约定在一方不履行合同时向另一方支付的一定数额的费用。《劳动合同法》实施前，很多用人单位为了留住劳动者，经常会在劳动合同中对劳动者约定高额违约金，最常见的做法是，就履行劳动合同期限的时限约定违约金，即约定劳动者不管何种原因提前解除劳动合同，都需要向用人单位支付不菲的违约金。

从2008年1月1日起，《劳动合同法》规定，只有在两种情形下，用人单位可以约定由劳动者承担违约金。一是在培训服务期约定中约定违约金。用人单位为劳动者提供专项培训费用，对其进行专业技术培训的，可以与该劳动者订立协议，约定服务期。劳动者违反服务期约定的，应当按照约定向用人单位支付违约金。二是在竞业限制约定中约定违约金。对负有保密义务的劳动者，用人单位可以在劳动合同或者保密协议中与劳动者约定竞业限制条款，并约定在解除或者终止劳动合同后，在竞业限制期限内按月给予劳动者经济补偿。劳动者违反竞业限制约定的，应当按照约定向用人单位支付违约金。

劳动者依法享有自主择业权，根据《劳动合同法》的规定，劳动者提前离职就必须按劳动合同约定支付违约金的做法没有法理基础，因而不具有合法性。

三、劳动者提前离职是否存在法律风险?

法律赋予了劳动者无因辞职权，只要劳动者没有与用人单位约定服务期，或者签订竞业限制协议，依法、规范地履行提前通知的法定义务，就可以自由离职。

需要引起重视的是，劳动者提前离职也不能太“任性”，如果劳动者没有提前30日书面通知，或者书面通知未满30日、未经用人单位同意就离开用人单位，属于劳动者违法解除劳动合同的行为。《劳动合同法》第90条规定，劳动者违法解除劳动合同，给用人单位造成损失的，应当承担赔偿责任。也就是说，劳动者如果违法解除劳动合同，虽然不需要向用人单位支付违约金，但如果给用人单位造成损失的，需要承担赔偿责任。

根据《劳动合同法》的规定，用人单位只有两种情形下才可以与劳动者约定由劳动者承担违约金，公司与王某约定的提前离职每年需支付5000元违约金的条款无效。如果单位坚持以劳动合同未到期限制王某离职，则属于违法行为，由此给王某造成损失的，还要承担赔偿责任。

特别提醒

如何防范提前离职的法律风险，劳动者在行使提前30日解除权时，一定要保留好通知凭证。比如，通过邮局EMS快递，可以在封面内容中写明是“解除劳动合同通知书”，由用人单位签收，并保留好快递回执。如没有保留有效的凭证，一旦用人单位否认收到劳动者提前呈交的辞职报告，主张劳动者违法辞职并索赔，劳动者可能面临败诉的风险。

法条链接

《劳动合同法》第25条、第36条、第37条、第38条

案例26
劳动者辞职，需要单位批准吗？

案情实录

2013年7月，职工杜某从某财经大学会计专业毕业后，通过考试、面试、培训等环节的竞争性选拔，被某国有银行正式录取，在柜台上从事银行对公业务。工作一年后，杜某感觉单位内部人际关系比较复杂，对发展前景很忧心，心情很郁闷。2014年8月，杜某悄悄联系了一家外资银行，对方也向他伸出了橄榄枝。听说辞职要提前一个月通知单位，2014年9月，杜某向部门经理、人力资源部分别递交了辞职报告。辞职报告交上去三四个月了，因部门经理不同意，杜某的辞职手续迟迟无法办理。外资银行也多次催促杜某上班，杜某为此很苦恼。那么，国有银行不批准，杜某是否就不能离职呢？

以案说法

在许多单位的“离职流程”中，都有劳动者离职须经领导批准的规定。不

少用人单位也认为：员工离职，必须得到领导的批准才能生效；如果不批准，员工就得继续上班。那么，劳动者辞职，必须得到单位批准吗？

1. 劳动者辞职有哪些程序性要求？

劳动者在不满意现职工作的时候，通常会有跳槽的想法，法律也赋予劳动者单方面解除劳动合同的权利，即辞职。

根据《劳动法》《劳动合同法》的规定，劳动者享有预告解除和即时解除劳动合同的权利。《劳动法》第 31 条规定："劳动者解除劳动合同，应当提前 30 日以书面形式通知用人单位。"《劳动合同法》第 37 条规定："劳动者提前三十日以书面形式通知用人单位，可以解除劳动合同。"《劳动合同法》第 38 条第 2 款规定，在用人单位以暴力、威胁或者非法限制人身自由的手段强迫劳动者劳动，或者用人单位违章指挥、强令冒险作业危及劳动者人身安全的情形下，劳动者可以立即解除劳动合同，无须事先告知用人单位。

法律赋予了劳动者自由辞职的权利，在劳动者没有签订服务期协议和竞业限制协议的情况下，劳动者单方面解除劳动合同无须其他任何条件，只需要履行提前通知的义务即可。法律上把劳动者拥有的这项基本权利称为"任意解除权"，或"无因解除权"，即劳动者辞职不需要任何理由，只要作出辞职的意思表达即可成立。一旦出现《劳动合同法》第 38 条规定的情形，劳动者甚至可以立即解除合同，都不需要事先告知用人单位。

规定劳动合同的解除预告期，这是各国劳动立法的通行做法。劳动者在享有解除劳动合同自主权的同时，也应当遵守解除合同预告期，即书面通知用人单位将于 30 日后离职，那么劳动者单方解除劳动合同的行为就合法有效，双方劳动关系就将在 30 日后自然解除。之所以强调劳动者提前通知用人单位必须以书面形式，是因为这一时间节点的确定，直接关系到解除预告期的起算时间，也关系到劳动者的工资等利益，所以必须采用慎重的方式来表达。

2. 劳动者辞职，必须得到单位批准吗？

有些用人单位认为，用人单位对劳动者享有用工管理权，劳动者单方提出解除劳动合同，只要用人单位不批准同意，劳动者就不能解除劳动合同。其实，这是一个很大的误解。

劳动部办公厅《关于劳动者解除劳动合同有关问题的复函》对此作了明确的规定："劳动者提前 30 日以书面形式通知用人单位，既是解除劳动合同的程序，也是解除劳动合同的条件。劳动者提前 30 日以书面形式通知用人单位，解除劳动合同，无须征得用人单位的同意。超过30日，劳动者向用人单位提出办理解除劳动合同手续，用人单位应予以办理。”

现行法律规定得很明确，员工辞职只需提前30日书面通知用人单位即可，没有其他附加条件。许多企业认为，如果员工辞职时不办理工作交接或与企业有未了纠纷而企业又只能放人，岂不是损害了企业的利益？法律对此的回答是，如果员工辞职时未办理工作交接或与企业有未了纠纷的，企业可通过仲裁或诉讼等法律途径主张自己的权利，但不能以此限制员工辞职，二者不能混为一谈。

3. 超过30日，用人单位迟迟不办理退工手续怎么办？

为劳动者及时依法办理退工手续，是用人单位应尽的法律责任。《劳动合同法》第50条第1款规定：“用人单位应当在解除或者终止劳动合同时出具解除或者终止劳动合同的证明，并在十五日内为劳动者办理档案和社会保险转移手续。”这一规定明确了在劳动合同解除或者终止后，用人单位应当承担为劳动者出具解除或者终止劳动合同的证明的法律义务。

对于用人单位不履行法定义务、未依法及时办理退工手续的，《劳动合同法》第89条根据对劳动者是否造成损害予以区别规定。首先，用人单位违反法律规定但未对劳动者造成损害的，应当由劳动行政部门责令改正，督促用人单位整改到位。其次，用人单位的违法行为对劳动者造成损害的，用人单位应当承担赔偿责任。因为用人单位不按规定出具解除或者终止劳动合同的书面证明，可能会给劳动者享受失业保险待遇、享受自主创业再就业的优惠政策造成阻碍，甚至造成职工在新的工作单位不能办理劳动保险、影响技术职称评定、不能进一步求学深造等，侵害劳动者的合法权益。

因此，当劳动者依法履行了书面通知义务，却遭到用人单位故意刁难时，劳动者可以向劳动监察部门举报，也可以及时向用人单位所在地区劳动争议仲裁委员会提请劳动争议仲裁，依法主张自己的合法权益。

本案中，杜某已经履行了辞职所应尽的法定义务，按照法律规定，三十天后，杜某就完全可以不用上班，更为重要的是，职工辞职不存在单位批准之说，银行与杜某没有签订过服务期和竞业限制协议，却迟迟不为杜某办理退工手续，属于不履行法定义务的违法行为，必须纠正。

特别提醒

依照法律规定，劳动者在书面通知用人单位后还应继续工作至少30天，这样便于用人单位及时安排人员接替其工作，保持劳动过程的连续性，也避免因解除劳动合同给用人单位造成不必要的损失。如果劳动者不事先告知用人单位突然离职，给用人单位造成损失的，应当按照《劳动合同法》第90条规定承担相应的赔偿责任。

法条链接

《劳动法》第31条

《劳动合同法》第37条、第50条、第89条

《劳动部办公厅关于劳动者解除劳动合同有关问题的复函》

案例27
劳动者提前离职，用人单位能否扣发一个月工资作为补偿？

案情实录

2013年10月，职工钱某入职某机械制造公司，工作岗位为电焊工。公司与钱某没有签订劳动合同，只是与钱某口头约定，钱某至少在公司做满一年之后才能离开；如果没有做满一年提前离职，就要扣发一个月工资作为补偿。钱某觉得找工作不容易，当时也就同意了。2014年5月，因个人原因，钱某提出辞职，提前一个月向人力资源部递交了辞职申请，并要求结清拖欠数月的工资。公司以人手不足、入职之初有约定为由拒绝，并称如果钱某坚持辞职，就要扣掉一个月工资作为补偿。“我给老板打工，又不是当包身工，可老板却不让我辞职，还扣我的工资”，钱某如果坚持辞职，公司能否扣一个月工资作为辞职的补偿？

以案说法

本案是因用人单位强行“挽留”劳动者而导致的劳动争议，争议焦点在于，“劳动者提前离职，扣发一个月工资作为补偿”的事先约定是否合法有效？

1. 劳动者怎样才能合法地行使任意解除权？

依照《劳动合同法》《就业促进法》等法规，企业有招工用人的权利，员工也有自主择业的权利；企业可以炒员工的鱿鱼，员工也可以炒企业的鱿鱼。职工因故提出辞职，只要依法履行法定的程序，就拥有自由辞职的权利和自由。

“劳动者提前三十日以书面形式通知用人单位，可以解除劳动合同”，这是《劳动合同法》第37条赋予劳动者的任意解除权，也是市场经济条件下劳动者

自主选择职业的法律保证。劳动者在行使任意解除权时，《劳动合同法》特别设置了两个法律要件：一是“提前三十日通知用人单位”；二是“以书面形式通知”。同时具备了这两个要件，在没有约定服务期和竞业限制义务的情形下，劳动者只要书面作出辞职的意思表示（提前30日以书面形式通知用人单位），第30日之后，劳动合同就可以自然解除，既无须用人单位批准同意，也不需要劳动者承担提前解除合同的违约责任。

2. 哪些情形属于劳动者违法解除劳动合同?

根据《劳动合同法》规定，劳动者违法解除劳动合同一般可分为以下两类情形：

一是违反提前30日（试用期3日）通知义务提前离职。实践中，不少劳动者为了尽早改换门庭，或新的用人单位迫切希望劳动者早日到岗，劳动者未提前30日（试用期3日）通知用人单位便解除劳动合同。这里包括：（1）劳动者在辞职前虽然通知了用人单位，但提前通知期未满30日（试用期3日）；（2）劳动者向用人单位提出辞职后立即离职，没有提前通知用人单位。（3）劳动者到新的用人单位上班后，再通知用人单位辞职；（4）劳动者不辞而别。

二是违反服务期的约定提前离职。依据《劳动合同法》第22条规定，用人单位为劳动者提供专项培训费用，对其进行专业技术培训的，可以与该劳动者订立协议，约定服务期。服务期是指劳动者与用人单位约定的必须为用人单位提供服务的期限。在用人单位没有出现《劳动合同法》第38条所列举的“未按照劳动合同约定提供劳动保护或者劳动条件的”“未及时足额支付劳动报酬的”“未依法为劳动者缴纳社会保险费的”等违法情形的情况下，劳动者违反服务期约定提前离职，即使提前30日书面通知用人单位，这种情形下的离职仍属于违法解除劳动合同。

3. 劳动者提前离职， 需要补偿单位一个月工资吗?

劳动者违法解除劳动合同所需承担的法律责任主要表现为违法损害赔偿和违约金，《劳动合同法》对违法损害赔偿和违约金的约定都有着严格限定。

一是劳动者违反提前30日（试用期3日）通知解除义务的违法损害赔偿。根据《劳动合同法》第90条的规定，如果因劳动者违法解除劳动合同造成用人单位经济损失的，劳动者应当承担赔偿责任。

这里的关键，是用人单位的经济损失如何确定？首先，用人单位必须存在实际损失。根据“谁主张，谁举证”的原则，劳动者违法离职对应的是用人单位的赔偿请求权。用人单位主张劳动者的离职造成了单位损失，需要承担举证责任。其次，用人单位的损失应与劳动者解除劳动合同未提前30日（试用期3

日）通知的违法行为存在因果关系。上述两项条件不具备，用人单位不能要求劳动者赔偿经济损失。

二是违反服务期约定提前离职的违约金赔偿。劳动者违反服务期约定的，应当按照约定向用人单位支付违约金。违约金数额与培训费用相对应，数额不得超过用人单位提供的培训费用；同时，用人单位要求劳动者支付的违约金不得超过服务期尚未履行部分所应分摊的培训费用。

那么，用人单位与劳动者在劳动合同中或口头约定："劳动者提前离职，扣发一个月工资作为补偿"，此项约定是否合法呢？

从前面的分析，我们可以看出，用人单位事先对劳动者违法解除劳动合同的赔偿金额进行明确规定，相当于与劳动者约定了"违约金"。依据《劳动合同法》第25条规定，除劳动者违反服务期约定、违反竞业限制约定的情形外，用人单位不得与劳动者约定由劳动者承担违约金。因此，用人单位与没有签订服务期协议、竞业限制协议的劳动者，事先约定"提前离职，需扣发一个月工资作为补偿"是不合法的。

根据《劳动合同法》规定，劳动者违法解除劳动合同给用人单位造成损失的，应承担赔偿责任；但如果用人单位不存在经济损失，那劳动者自然无须赔偿。

本案中，钱某履行了提前30日书面通知企业的法定程序，并且没有与企业约定服务期和竞业限制的义务，30日后就完全拥有自由辞职的权利。企业以克扣1个月工资的方式来强行"挽留"钱某的方式不仅是错误的，而且是违法的。同时，该企业还存在着超过一个月未与钱某签订书面劳动合同的违法行为，钱某可以保留索要双倍工资赔偿的权利。

特别提醒

用人单位与劳动者在劳动合同中或口头约定："劳动者提前离职，需扣发一个月工资作为补偿"，这就相当于用人单位无论有无损失、损失多少，劳动者只要提前离职（不管是否属于违法解除），都必须赔偿一个月工资，这显然与《劳动合同法》的规定不符。

法条链接

《就业促进法》第3条

《劳动合同法》第22条、第23条、第25条、第37条、第90条

案例28

用人单位未缴纳社会保险，劳动者能以此为由提出离职吗？

案情实录

职工小吴与某计算机公司签订了三年期劳动合同，合同约定，小吴月工资为3500元，双方按国家规定参加各项社会保险。3个月过去后，小吴发现公司并未给他办理社会保险手续，询问后，人力资源部承诺尽快办理，并会把欠缴的社会保险一并补上。又过了3个月，公司仍然没有办理。后来的半年时间里，小吴多次催问，公司都是一拖再拖，每次都说，正在办理中。小吴感到很郁闷。这时，另一家计算机公司邀请小吴加盟，承诺月工资6000元，并从进入公司时起，就立即为小吴缴纳各项社会保险。经过慎重考虑，小吴向公司递交了辞职报告，申明正式离职，明天就到另一家电脑公司上班。人力资源经理对小吴的做法提出质疑，说辞职可以，但要提前30日通知公司，不能今天提出明天就走。如果不提前通知，对公司造成的一切损失，都要由小吴承担。小吴则坚持，自己离职，是因为公司没按劳动合同的约定为自己缴纳社会保险。公司违约在先，自己没有任何责任，因此也就没有必要提前30日通知公司。双方争执不下。小吴在单位不缴纳社会保险的情况下解除劳动合同，是否还需要提前30日通知企业？自己还有哪些权益可以维护？

以案说法

本案是因用人单位没有依法为职工缴纳社会保险而引发的劳动争议。

1. 用人单位是否有义务为劳动者缴纳社会保险？

在履行劳动合同期间，用人单位和劳动者应当参加社会保险，这是用人单位和劳动者共同的法定义务。《劳动法》第72条规定，用人单位和劳动者必须依法参加社会保险，缴纳社会保险费。《社会保险法》第4条规定，用人单位和个人依法缴纳社会保险费，有权查询缴费记录、个人权益记录，要求社会保险经办机构提供社会保险咨询等相关服务。

如果用人单位没有依法为劳动者缴纳社会保险费，就属于严重侵犯劳动者合法权益的行为。因此，案例中的小吴与计算机公司，在劳动合同中关于参加社会保险的约定，是合法有效的。计算机公司不管以何种理由或借口拖延缴纳社会保险的做法，既违法，也违反合同的约定。

2. 用人单位未缴社会保险，劳动者能以此为由立即离职吗?

根据《劳动合同法》规定，一般情况下，劳动者单方解除劳动合同，需要提前30日以书面形式通知用人单位。提前通知用人单位解除合同，既保障了劳动者自由选择职业和工作的权利，也保障了用人单位正常的生产和经营秩序，让用人单位有足够的时间找到接替人员。

但在一些法定情形下，《劳动合同法》规定劳动者享有无条件单方解除劳动合同的特殊解除权。即如果用人单位在履行劳动合同的过程中，严重侵害了劳动者的权利或严重违反法律规定，则劳动者可以随时解除劳动合同，不必履行事先通知的程序。根据这一原则，《劳动合同法》第38条第（3）项规定，用人单位未依法为劳动者缴纳社会保险费的，劳动者可以解除劳动合同。此时的劳动合同解除，法律不要求劳动者提前通知企业，即劳动者可以随时通知用人单位解除劳动合同。案例中的小吴，以公司未缴社会保险为理由，要求即时解除劳动合同，是符合《劳动合同法》规定的，属于行使特殊解除权的合法行为。

3. 因单位未缴纳社会保险而离职，劳动者有哪些权益可以主张?

用人单位没给劳动者办理社会保险，违法在先，劳动者除可以提前解除劳动合同，还有哪些权益可以维护？对此，《劳动合同法》也作了明确规定，用人单位未依法为劳动者缴纳社会保险费的，劳动者不仅可以随时解除劳动合同，还拥有要求用人单位补缴社会保险费以及支付经济补偿金的权利。

综上所述，小吴不仅可以依法随时和用人单位解除劳动关系，不需要提前通知用人单位，只需告知用人单位；而且，可以要求单位补缴从入职以来的社会保险费，并依法支付经济补偿金。如果用人单位执意不肯为自己缴纳社会保险费，小吴可以到人力资源和社会保障部门举报，也可以通过申请劳动争议仲裁的方法维护自己的合法权益。

特别提醒

对用人单位来说，不为职工缴纳社会保险费，或将其作为工资发放给职工的做法，风险极大，即使是职工主动要求不缴纳社会保险的也不可以，一旦职工单方面解除劳动合同，用人单位既要补缴社会保险，还要支付经济补偿金，到最后常常得不偿失。

（法条链接）

《社会保险法》第4条

《劳动法》第72条

《劳动合同法》第38条

第三节　经济性裁员争议

案例29

实施经济性裁员，能否说裁就裁？

（案情实录）

2011年1月，职工王某与某商场签订了三年期劳动合同。2013年5月，该商场突然以经营亏损为由，宣布批量辞退王某等32名职工。市总工会接到王某等人的集访后，迅速与市劳动监察部门联合执法，查明该商场不具备经济性裁员的实体性条件，同时违反了裁员的法定程序，裁定商场单方解除王某等32名职工的劳动合同属违法解除行为，责令该商场限期改正。在规定的期限内，该商场恢复了王某等人的工作，并补发王某等人的工资、补缴了社会保险费。

（以案说法）

这是一起因用人单位违反经济性裁员的法律规定，擅自批量裁员而引发的劳动争议。

1. 何为经济性裁员？

经济性裁员，是指用人单位一次性辞退部分劳动者，以此作为改善生产经营状况的一种手段，其目的是保护自己在市场经济中的竞争和生存能力，渡过暂时的难关。经济性裁员是用人单位无过错性解除合同的一种特殊形式，因为其解除原因在于经济方面，即用人单位由于生产经营状况发生变化而出现劳动力过剩现象，因而被称为经济性裁员。

经济性裁员的表现形式是批量解除（或称集体辞退），而非单个辞退。虽然经济性裁员也是用人单位单方预告解除劳动合同，但与用人单位其他预告解除在适用条件、范围、解除程序等方面，存在着较大区别。

2. 实施经济性裁员的法定条件有哪些?

从广义上讲，经济性裁员属于用人单位单方解除劳动合同的一种情形，但又不同于通常意义上的用人单位单方解除劳动合同。《劳动合同法》规定，实施经济性裁员必须符合法定条件，这些法定条件包括实体性条件和程序性条件。只有同时具备实体性条件和程序性条件，才是合法有效的经济性裁员。

经济性裁员的实体性条件,《劳动合同法》第41条规定了四种可依法实施经济性裁员的条件，分别是:(1)依照企业破产法规定进行重整的;(2)生产经营发生严重困难的;(3)企业转产、重大技术革新或者经营方式调整，经变更劳动合同后，仍需裁减人员的;(4)其他因劳动合同订立时所依据的客观经济情况发生重大变化，致使劳动合同无法履行的。这四种条件都有严格的限制，不能随意使用。比如法律规定企业在生产经营遇到困难时可以采取经济性裁员的措施，但同时要求企业慎用这个条件，在“困难”前面加了“严重”的限制。再如“客观经济情况”，主要是指发生不可抗力或出现致使劳动合同全部或部分条款无法履行的其他情况，如企业搬迁、被兼并、企业资产转移等情况，与《合同法》中的情势变更原则类似。

对符合经济性裁员实体性条件的企业，必须同时符合法定程序，而且，这些程序是有顺序的，必须全部履行。主要包括:(1)提前30日向工会或者全体职工说明情况，并提供有关生产经营状况的资料;(2)提出裁减人员方案，包括被裁减人员名单、裁减时间及实施步骤，符合法律、法规规定和集体合同约定的被裁减人员经济补偿办法;(3)将裁减人员方案征求工会或者全体职工的意见，并对方案进行修改和完善;(4)向当地劳动行政部门报告裁减人员方案以及工会或者全体职工的意见，并听取劳动行政部门的意见;(5)由用人单位正式公布裁减人员方案，与被裁减人员办理解除劳动合同手续，按照有关规定向被裁减人员支付经济补偿金，出具裁减人员证明书。

3. 哪些人属于经济性裁员的优先留用对象以及保护对象?

按照《劳动合同法》第41条的规定，裁减人员时，以下三类对象属于优先留用人员:(1)与本单位订立较长期限的固定期限劳动合同的;(2)与本单位订立无固定期限劳动合同的;(3)家庭无其他就业人员，有需要扶养的老人或者未成年人的。

关于裁员的保护对象,《劳动合同法》第42条规定，劳动者出现以下六种情形，不得纳入经济性裁员范围，主要包括:“(一)从事接触职业病危害作业的劳动者未进行离岗前职业健康检查，或者疑似职业病病人在诊断或者医学观察期间的；（二）在本单位患职业病或者因工负伤并被确认丧失或者部分丧失劳动能力的；（三）患病或者非因工负伤，在规定的医疗期内的；（四）女职工在孕期、产期、哺乳期的；（五）在本单位连续工作满十五年，且距法定退休年龄不足五年的；（六）法律、行政法规规定的其他情形”。

特别提醒

经济性裁员作为企业渡过难关的最后手段，不宜轻易动用。当经济性裁员不可避免的时候，企业必须按照法定程序和要求进行，对特定对象加强特别保护，严格程序、规范操作，否则很容易引发群体性事件。

法条链接

《劳动合同法》第41条、第42条

案例30 原单位招工，被裁减人员可以要求优先录用吗？

案情实录

2009年5月，职工李某被一家电子企业以生产经营状况非常困难为由解除了劳动合同。与李某一起被裁减的人员有20多人。当时，李某等人对企业的做法也表示理解。2009年8月，企业面向社会招收了一批新职工，但没有通知李某等人。李某得知情况后，找到企业，希望能重新回到单位上班。企业人力资源部以人员已招满为由不予理会。

以案说法

经济性裁员，是指用人单位一次性批量辞退部分劳动者，以此作为改善生产经营状况的一种手段，其目的是保护自己在市场经济中的竞争和生存能力，渡过暂时的难关。

经济性裁员是用人单位行使解除劳动合同权的方式之一，《劳动合同法》对用人单位实施经济性裁员的条件有所放宽，除了《劳动法》规定的“依照企业破产法规定进行重整的”“生产经营发生严重困难的”这两种情形可以实施经济性裁员，增加了“企业转产、重大技术革新或者经营方式调整，经变更劳动合同后，仍需裁减人员的”“其他因劳动合同订立时所依据的客观经济情况发生重大变化，致使劳动合同无法履行的”两种裁员情形。

进行经济性裁员的主要原因是经济性原因，而不是劳动者个人原因。为保障劳动者的合法权益，平衡用人单位与劳动者的权利义务，《劳动合同法》第41条规定，用人单位裁员必须优先留用下列三类人员：（1）与本单位订立较长期限的固定期限劳动合同的；（2）与本单位订立无固定期限劳动合同的；（3）家庭无其他就业人员，有需要扶养的老人或者未成年人的。

在经济性裁员后，被裁人员享有优先录用权，这是企业经济性裁员必须遵循的保护法则。根据《劳动合同法》第41条规定，用人单位依法进行经济性裁减人员后，在6个月内重新招用人员的，应当先通知此前被裁减的人员，并在同等条件下优先招用被裁减的人员。因此，对于被裁减人员来说，在用人单位裁员后6个月内重新对外招聘时，有权首先获得单位通知，并在同等条件下优先被录用。

之所以赋予被裁减人员优先录用权，主要出于三方面考虑：一是被裁减人员并不是因为个人有违法违纪违规的行为而被解除劳动合同的，而是因为用人单位经营出现严重困难等情况服从大局而被解除劳动合同的；二是被裁减人员对用人单位比较熟悉，技术也熟练，对用人单位而言并不完全是负担；三是可以有效防止用人单位以经济性裁员为借口，随意裁减劳动者。

本案中，李某等人当时出于对企业经营发展状况的理解和支持，与单位解除了劳动关系。但《劳动合同法》同时明确规定，企业实施经济性裁员，被裁人员有优先录用权，用人单位从裁减人员之日起，6个月内需要新招人员的，应该优先从本单位裁减的人员中录用。这是企业经济性裁员必须遵循的法律规范。单位裁员后的社会责任也应该得到切实履行。

特别提醒

为了更好地平衡被裁减人员、未就业者及用人单位的合法权益，劳动合同法对被裁减人员的优先就业权作了限制，即强调在同等条件下的优先权。如果被裁减人员各方面条件与其他劳动者的条件没有明显差距的，用人单位应当优先招用被裁减的人员。

法条链接

《劳动合同法》第41条

第四章

劳动合同的终止

第一节　合同终止条件争议

案例31
劳动合同的终止条件可以另行约定吗?

案情实录

2012年6月，职工李某被一家药品公司招用，签订了三年期劳动合同，工作岗位为后勤辅助人员。劳动合同除了约定法定的终止条件外，公司还增加了这么一条约定：一旦药品销售不好造成库存大量积压，公司有权选择和李某终止劳动合同。市场形势瞬息万变，2013年年底，公司遭遇严峻的销售形势，药品库存积压严重。公司向李某发出终止合同通知书，要求与李某终止劳动合同。在与公司理论时，李某认为，当初迫于就业压力，签订劳动合同时根本没有细看，也没有选择余地；自己三年期劳动合同才履行一半，公司单方面终止劳动合同没有道理。公司则认为，与李某签订合同时就有约在先，现在公司遇到经营困难，裁减后勤辅助人员实属无奈，李某要理解公司难处并信守约定。那么，用人单位是否有权约定劳动合同的终止条件呢?

以案说法

本案争议的焦点在于，用人单位与劳动者签订的劳动合同中，双方约定了劳动合同终止的各种情形，是否都合法有效?

现实生活中，一些用人单位假借“协商一致”的名义，与劳动者另行约定劳动合同终止条件，故意混淆劳动合同解除和劳动合同终止的概念，主要是想逃避支付经济补偿金。更有少数不良企业想通过这种办法，逃避非法解雇的赔偿责任或规避裁员的程序，以达到随意解雇的目的。

《劳动法》第23条规定："劳动合同期满或者当事人约定的劳动合同终止条件出现，劳动合同即行终止。"通过该规定可以看出，在《劳动法》调整下，劳动合同终止分为法定终止和约定终止，即用人单位可以和劳动者在劳动合同中另行约定劳动合同的终止条件。只要约定的终止条件不违背法律法规的规定，该约定就有效，就可以依据约定来终止双方的劳动合同。

2008年1月1日正式实施的《劳动合同法》，对劳动合同终止条件作了颠覆性的修改，删去了"当事人约定的劳动合同终止条件出现"这一条，不允许用人单位在劳动合同中随便约定合同终止条件，明确只有法定情形出现，劳动关系双方才能终止合同。说得更直白些，在《劳动合同法》调整下，劳动合同终止只有法定情形，没有约定情形。

《劳动合同法》第44条对劳动合同终止的6种法定情形作了列举，主要包括：（1）劳动合同期满的；（2）劳动者开始依法享受基本养老保险待遇的；（3）劳动者死亡，或者被人民法院宣告死亡或者宣告失踪的；（4）用人单位被依法宣告破产的；（5）用人单位被吊销营业执照、责令关闭、撤销或者用人单位决定提前解散的；（6）法律、行政法规规定的其他情形。

《劳动合同法实施条例》第13条作了更进一步的细化和强调："用人单位与劳动者不得在劳动合同法第四十四条规定的劳动合同终止情形之外约定其他的劳动合同终止条件。"

本案中，李某所在公司在劳动合同中约定药品销售不好造成库存积压时，就可以终止劳动合同，这条约定因违反《劳动合同法》的规定而无效。如果公司强行按照此条约定与李某终止劳动合同，就属于非法终止劳动合同。依照法律相关规定，公司首先应该恢复与李某的劳动关系，如李某本人不愿意，公司应该按照经济补偿金的二倍标准向李某支付赔偿金。

特别提醒

在《劳动合同法》实施以后，只有在法定情形下劳动合同才能终止，用人单位与劳动者不能再自行约定劳动合同的终止条件。即便用人单位与劳动者对终止条件的约定系各自真实的意思表达，也因违反了法律的强制性规定而归于无效。

法条链接

《劳动合同法实施条例》第 13 条

《劳动合同法》第 26 条、第 44 条、第 87 条

案例32

劳动合同到期终止，需要提前30日通知劳动者吗？

案情实录

2012 年 3 月，职工张某进入某建筑公司工作，签订了三年期劳动合同，合同到期日是 2015 年 3 月 30 日。2015 年 3 月 29 日，在合同即将到期的前一天，公司突然通知张某，明天合同到期，公司决定不再续签，让张某下班前办理工作交接手续。这一决定让张某觉得很突然，难以接受眨眼间就失去了工作。交接工作前，张某提出，公司突然通知终止劳动合同的做法是错误的，没有履行提前 30 日通知的义务，需要多支付一个月工资作为代通知金，还应该支付经济补偿金。公司人事部门答复说，合同期满终止合同，属于自然到期终止，并不是公司提前解除合同，因此，用不着提前通知，也无须支付代通知金和经济补偿金。双方为此发生争议。那么，劳动合同到期终止，用人单位有没有义务提前通知劳动者？没有提前通知，是否应该承担相关的法律责任呢？

以案说法

本案争议的焦点在于，劳动合同到期终止，用人单位是否需要提前 30 日通知劳动者？

1. 用人单位提前通知解除合同， 一般适用哪些情形？

提前通知解除，对劳动关系双方来说，常常互为权利和义务。当它对用人单位来说是一种义务时，对劳动者就是一种权利；当它对劳动者是一种义务时，对用人单位来说就是一种权利。

依据《劳动合同法》第 40 条规定，用人单位需要提前 30 日以书面形式通知劳动者本人解除劳动合同的情形主要包括：（1）劳动者患病或者非因工负伤，在规定的医疗期满后不能从事原工作，也不能从事由用人单位另行安排的工作的；（2）劳动者不能胜任工作，经过培训或者调整工作岗位后，仍不能胜任工作的；（3）劳动合同订立时所依据的客观情况发生重大变化，致使劳动合

同无法履行，经用人单位与劳动者协商，未能就变更劳动合同内容达成协议的。

代通知金，是指用人单位在提出解除劳动合同时应该提前30日书面通知的情况下，如果用人单位没有依法履行这一法定义务，可以选择额外支付一个月工资来代替这个提前通知期。设计这个代通知金制度，主要出于对劳动者的保护，即在劳动者无过错，且无法预见用人单位行使单方解除权的情况下，给予其寻找新工作提供必要的时间保障和经济保障。

2. 劳动合同到期终止，需要提前通知劳动者吗?

劳动合同期满是劳动合同终止的最主要形式，适用于固定期限的劳动合同和以完成一定工作任务为期限的劳动合同。一旦约定的期限届满或工作任务完成，劳动合同通常自然终止。

现实生活中，之所以很多人有“合同终止，用人单位需提前通知劳动者”的误会，常常是混淆了劳动合同解除和劳动合同终止这一组概念。《劳动合同法》规定需要提前30日通知劳动者，仅限于上文提到的《劳动合同法》第40条所规定的三种情形下提前解除劳动合同的情形。对劳动合同终止，《劳动合同法》只要求用人单位告知劳动者、出具终止劳动合同证明即可，并不要求用人单位提前30日通知劳动者，或额外支付劳动者一个月工资作为替代。

3. 合同到期终止，有没有需要提前通知劳动者的特别情形?

合同期满劳动合同终止，《劳动合同法》没有对用人单位提出提前30日通知劳动者的强制要求。但有几种情形，需要引起特别关注：

一是法律虽然没有规定，但如果劳动者与用人单位在劳动合同中有合同期满需提前通知劳动者的约定条款，从其约定；用人单位如果没有遵守约定，需要承担相应的违约责任。

二是劳动合同到期终止，劳动者存有《劳动合同法》第42条规定情形之一的，劳动合同应当续延至相应的情形消失时终止，主要包括：（1）从事接触职业病危害作业的劳动者未进行离岗前职业健康检查，或者疑似职业病病人在诊断或者医学观察期间的；（2）在本单位患职业病或者因工负伤并被确认丧失或者部分丧失劳动能力的；（3）患病或者非因工负伤，在规定的医疗期内的；（4）女职工在孕期、产期、哺乳期的；（5）在本单位连续工作满十五年，且距法定退休年龄不足五年的；（6）法律、行政法规规定的其他情形。

三是如果合同终止时，劳动者符合签订无固定期限劳动合同的情形，单位应当与劳动者签订无固定期限劳动合同，如江苏省就有用人单位应履行签订无固定期限劳动合同告知义务的规定。《江苏省劳动合同条例》第18条规定，

2008年1月1日后，双方已订立二次固定期限劳动合同，或者劳动者在用人单位连续工作满10年的，用人单位应当在合同期满30日前，书面告知劳动者可以订立无固定期限劳动合同。

对于合同终止后的经济补偿金问题，《劳动合同法》第46条、第47条规定，劳动合同期满，除用人单位维持或者提高劳动合同约定条件续订劳动合同，劳动者不同意续订的情形外，用人单位终止劳动合同应当向劳动者支付经济补偿。经济补偿按劳动者在本单位工作的年限，每满一年支付一个月工资的标准向劳动者支付。六个月以上不满一年的，按一年计算；不满六个月的，向劳动者支付半个月工资的经济补偿。

本案中，张某与公司签订的三年期劳动合同期满终止，张某本人不存在《劳动合同法》第42条需要延续终止的情形，与公司也没有特别约定，公司没有提前通知张某终止劳动合同，虽不近人情，却并不违法。但公司拒绝支付经济补偿金的做法是错误的，《劳动合同法》实施之后，除用人单位维持或者提高劳动合同条件续订劳动合同，劳动者不同意续订的情形外，劳动合同到期终止，用人单位也需支付经济补偿金。本案中，张某依法可以获得三个月工资的经济补偿金。

特别提醒

根据我国现行的法律法规，用人单位到期终止合同并没有提前通知义务。但是，用人单位直到最后一日突然通知走人的做法，的确让劳动者很受伤。出于人性化操作，建议用人单位最好还是给员工一个提前通知，防止员工突然面临失业可能会产生的过激情绪。终止合同前提前通知劳动者，对单位来说，是一种新陈代谢，也是一种工作过渡；对员工来说，既是一种人文关爱，也是一种心理过渡，可以减少很多纠纷，避免不必要的麻烦。

法条链接

《劳动合同法》第40条、第44条、第46条

案例33

企业破产重组，工伤职工的劳动合同如何依法终止？

案情实录

职工沈某是某铸造企业的老职工，与企业签订了无固定期限劳动合同。

2009年3月，沈某在工作中受伤，被劳动保障部门认定为工伤，经鉴定为伤残五级。当年，沈某领取了一次性伤残补助金。伤愈上班后，企业安排沈某在后勤岗位打杂。2012年11月，沈某听闻企业即将破产重组，很是担忧、焦虑。自己身体不好，孩子正在读高中，如果单位就这样没了，自己今后的生活怎么办？他很关心，对他这样的工伤职工，单位除了按规定支付经济补偿金，还有没有其他补偿？

以案说法

本案是特殊情形下用人单位依法终止工伤职工劳动合同的案例。

工伤员工，本属于《劳动合同法》重点保护不得解除劳动合同的特殊群体。根据《劳动合同法》第42条规定，劳动者在本单位患职业病或者因工负伤被确认丧失或者部分丧失劳动能力的，用人单位不得依照本法第40条、第41条的规定解除劳动合同，即不能对劳动者使用提前通知解除和裁减人员的方式解除劳动合同。

根据《职工工伤与职业病致残程度鉴定国家标准》规定：评残标准分为十级，符合评残标准一级至四级为完全丧失劳动能力；五级至六级为大部分丧失劳动能力；七级至十级为部分丧失劳动能力。本案中，沈某的伤残等级为五级，完全符合《劳动合同法》重点保护的条件。

但本案又有特别之处。如沈某所在企业没有实施破产重组，沈某本可以一直风平浪静地被法律法规重点保护着。依据《劳动合同法》第44条规定，用人单位被依法宣告破产的，劳动合同终止。从法律上讲，劳动合同的终止，是指劳动合同的法律效力依法被消灭，即劳动合同所确立的劳动关系由于一定法律事实的出现而终结，劳动者与用人单位之间原有的权利和义务不复存在。根据《企业破产法》的规定，用人单位一旦被依法宣告破产，就进入破产清算程序，用人单位的主体资格即将归于消灭。因此，用人单位一旦进入被依法宣告破产的阶段，意味着劳动合同一方主体资格消灭，劳动合同归于终止。

如何终止工伤职工的劳动合同，《劳动合同法》仅作了原则性的规定，《劳动合同法》第45条规定，劳动合同期满，丧失或者部分丧失劳动能力的劳动者劳动合同的终止，按照国家有关工伤保险的规定执行。根据2010年12月修订、2011年1月1日开始施行的《工伤保险条例》规定：工伤职工与用人单位解除或者终止劳动关系的，根据伤残级别可以得到一次性工伤医疗补助金和一次性伤残就业补助金两项补偿，其中一次性工伤医疗补助金由社保经办机构从工伤保险基金支付，一次性伤残就业补助金由用人单位支付。一次性工伤医疗补助金和一次性伤残就业补助金的具体标准由省、自治区、直辖市人民政府规定。

以本案为例，沈某的伤残等级为五级，除了依法获得经济补偿金外，按照当地的标准，还应由工伤保险基金支付沈某一次性工伤医疗补助金，由用人单位支付一次性伤残就业补助金。

特别提醒

劳动合同终止，原有的权利义务不再存在，并不是说劳动合同终止之前发生的权利义务关系消灭，而是说合同终止之后，双方不再执行原劳动合同中约定的事项，如用人单位在合同终止前拖欠劳动者工资的，劳动合同终止后劳动者仍可依法请求法律救济。

法条链接

《劳动合同法》第 44 条

《劳动合同法实施条例》第 23 条

《工伤保险条例》第 36 条

案例34

职工患病期间合同到期，用人单位能终止劳动合同吗？

案情实录

2008 年 8 月，职工唐某入职某外资控股的船舶电器公司，担任一线装配工，双方签订三年期劳动合同。时光荏苒，转眼五年多时间过去了。至 2014 年 8 月 31 日，唐某又一个三年期劳动合同即将到期。2014 年 7 月 31 日，公司人事部口头通知唐某，因公司生产经营形势不太好，到 8 月 31 日，唐某与公司的三年期合同期满，公司不再与其续签劳动合同。2014 年 8 月 5 日晚，唐某参加朋友聚会骑电动车回家，在靠近自己居住小区的十字路口，与一辆突然转向的轿车发生碰擦，唐某摔倒，经医院确诊为小腿腓骨断裂。轿车司机认领了全部责任。俗话说，伤筋动骨一百天。唐某住院治疗半个月后出院，遵照医嘱卧床休养。出事当天，唐某就电话向部门领导汇报自己摔伤的情况。第二天，唐某让家人把病假申请单送到了公司。2014 年 9 月 1 日，在家休养的唐某突然收到了公司的退工单，告知唐某，从即日起合同期满，双方终止劳动关系，公司要求唐某尽快来公司办理离职手续。唐某收到退工通知后，当即与公司人事部电话联系，表示自己尚在病休之中，公司不能与其终止劳动关系。公司则告诉唐某，按照法律规定，劳动合同期满，劳动关系自然终止，双方权利义务结束；公司已经提前一个月通知唐某，因此合同到期后不再续订，公司有权如期终止劳动关系。唐某则认为，自己虽然不是因工负伤，但仍应当享受职工患病期间的医疗待遇，公司不但不能解除劳动合同，还应当继续支付医疗费用，并发放病假工资。唐某多次打电话给公司部门经理、人事经理以及分管副总，公司一直不肯让步。那么，职工患病期间劳动合同到期，用人单位能如期终止劳动合同吗？

以案说法

这是一起劳动者处在医疗期中，用人单位仍按劳动合同期限如期终止劳动关系而引发的劳动争议。本案争议的焦点在于，职工在医疗期内，遇到劳动合同期满时，用人单位是否可以与职工终止劳动关系？

1. 何为医疗期？ 如何计算医疗期？

根据原劳动部 1994 年颁布的《企业职工患病或非因工负伤医疗期规定》(劳部发〔1994〕479 号）第 2 条、第 3 条的规定，所谓医疗期，是指企业职工因患病或非因工负伤停止工作治病休息不得解除劳动合同的时限。

医疗期一般为 3 个月到 24 个月，以劳动者本人实际参加工作年限和在本单位工作年限为标准进行计算，实际工作年限 10 年以下的，在本单位工作年限 5 年以下的为 3 个月，5 年以上的为 6 个月；实际工作年限 10 年以上的，在本单位工作年限 5 年以下的为 6 个月，5 年以上 10 年以下的为 9 个月，10 年以上 15 年以下的为 12 个月，15 年以上 20 年以下的为 18 个月，20 年以上的为 24 个月。企业职工在医疗期内，其病假工资、疾病救济费和医疗待遇按照有关规定执行。

2. 劳动合同法定顺延的情形有哪些？

一般情况下，劳动合同期满，劳动关系即将终止。但在某些特定的情形下，双方的劳动合同必须再履行一定时间，也就是我们常说的劳动合同法定顺延。劳动合同法定顺延的情形，散见于《劳动法》《劳动合同法》《工会法》等法律法规，概括起来，主要包括以下几种情形：

(1) 从事接触职业病危害作业的劳动者未进行离岗前职业健康检查，或者疑似职业病病人在诊断或者医学观察期间的。

（2）在本单位患职业病或者因工负伤并被确认丧失或者部分丧失劳动能力的，但可按照国家有关工伤保险的规定执行。

（3）患病或者非因工负伤，在规定的医疗期内的。

（4）女职工在孕期、产期、哺乳期的。

（5）在本单位连续工作满十五年，且距法定退休年龄不足五年的。

（6）用人单位与劳动者依照《劳动合同法》第22条的规定约定的服务期尚未到期的，劳动合同应当续延至服务期满。

（7）基层工会专职主席、副主席或者委员自任职之日起，其劳动合同期限自动延长，延长期限相当于其任职期间；非专职主席、副主席或者委员自任职之日起，其尚未履行的劳动合同期限短于任期的，劳动合同期限自动延长至任期期满。但是，任职期间个人严重过失或者达到法定退休年龄的除外。

（8）职工协商代表在任期内劳动合同期满的，企业原则上应当与其续签劳动合同至任期届满。职工代表的任期与当期集体合同的期限相同。

（9）法律、行政法规规定的其他情形。

劳动合同法定顺延，应当理解为劳动合同期限的自动变更，即事实形成而不需要通过双方再续签劳动合同予以确认，不是续签劳动合同的行为。同时，劳动合同的法定顺延期间，应当理解为在原劳动合同期限之内。

3. 在医疗期内，劳动者享有哪些合法权益?

医疗期即是对患病的劳动者进行一定时期的解雇保护期间，其主要目的在于保障劳动者不因伤病接受治疗导致失去工作。《劳动合同法》关于医疗期的保护性规定，主要体现在第40条、第42条和第45条的规定，其核心精神主要包括：

（1）在医疗期内，用人单位不得解除劳动合同。劳动者患病或者非因工负伤，有权享受法定的医疗期，在医疗期内进行治疗和休息；除非员工有第39条规定的严重违反用人单位的规章制度等情形，用人单位不得单方解除劳动合同；在医疗期间，用人单位应根据本单位内部规定，向职工支付病假工资和疾病救治费。

（2）劳动者患病或者非因工负伤，劳动合同虽未到期，但在规定的医疗期满后不能从事原工作，也不能从事由用人单位另行安排的工作的，用人单位可以解除劳动合同，但需提前30日以书面形式通知其本人或额外支付劳动者一个月工资，并按照法律的规定支付经济补偿金。

(3) 劳动者患病或者非因工负伤，在规定的医疗期内，虽遇到劳动合同期满，用人单位不得与劳动者终止合同，用人单位应顺延至其医疗期满。在规定的医疗期内，用人单位以劳动合同期满为由终止劳动合同的，劳动者有权要求用人单位继续履行劳动合同至医疗期满。

本案中，唐某实际工作10年以下，在公司工作5年以上，根据法律规定，应当享有6个月的医疗期。虽然公司与唐某的3年期劳动合同期满，但在唐某的法定医疗期内，公司不能与其终止劳动关系，应当顺延至唐某6个月的医疗期满。这属于劳动合同法定顺延的情形。公司作出的终止劳动合同决定无效，应予撤销。

特别提醒

根据《企业职工患病或非因工负伤医疗期规定》第7条的规定，企业职工非因工致残和经医生或医疗机构认定患有难以治疗的疾病，医疗期满，应当由劳动鉴定委员会参照工伤与职业病致残程度鉴定标准进行劳动能力的鉴定。被鉴定为一级至四级的，应当退出劳动岗位，解除劳动关系，并办理退休、退职手续，享受退休、退职待遇。被鉴定为五级至十级的，医疗期内不得解除劳动合同。

法条链接

《工会法》第18条

《劳动合同法》第42条、第45条

《劳动合同法实施条例》第17条

第二节　退工手续办理争议

案例35

职工辞职后，用人单位扣留档案怎么办？

案情实录

2012年8月，职工李某大学毕业后进入一家大型民营企业工作，与公司签订了5年期劳动合同。由于种种原因，李某在企业干得并不开心。2013年6月，李某向公司提出要提前解除劳动合同。公司虽同意与他解除劳动合同，但却一直以种种借口拖延，没有为他办理档案转接手续。事情已经拖了三个多月，公司的这种做法是否合法？李某下一步该怎么办？

以案说法

在现实生活中，一些用人单位以员工不补交培训费、不退住房、未缴纳违约金等各种借口扣留劳动者的档案，并且不给劳动者办理退工手续，由此常常引发劳动争议。

依据《劳动合同法》第50条的规定，劳动合同依法解除或者终止，劳动合同中约定的权利义务结束，但是原劳动合同双方当事人仍应履行有关法定义务。双方需要履行的法定义务主要包括五个方面：

（1）用人单位有出具解除或者终止劳动合同证明的义务。这条规定，主要方便劳动者重新就业，以及办理失业登记。

（2）用人单位有在15日内为劳动者办理档案和社会保险关系转移手续的义务。

（3）劳动者有办理工作交接的义务，主要包括公司财产物品资料的返还、工作的交接等。

（4）用人单位有在办理交接手续时向劳动者支付经济补偿的义务。

（5）用人单位有对已经解除或者终止的劳动合同文本保存二年以上备查的义务。

从上面的分析可以看出，用人单位为劳动者办理档案转移手续是用人单位的一项法定义务，用人单位必须依法履行。不管劳动者以哪种方式离开用人单位，用人单位均应及时将其个人档案转出，用人单位以双方争议未解决为由扣押个人档案的做法不仅是错误的，而且是违法的。

因此，本案中用人单位扣押李某档案属于违法行为，个人档案须随李某的辞职流动而转移。

特别提醒

《劳动合同法》为有关退工手续办理规定了时间限制，要求用人单位必须在依法解除或者终止劳动合同之日起15内办理完毕。用人单位违法扣留劳动者档案的，依据《劳动合同法》的规定，由劳动行政部门责令限期改正，并处以罚款；给劳动者造成损害的，应当承担赔偿责任。

法条链接

《劳动合同法》第50条、第84条

案例36 用人单位迟迟不肯办理退工手续怎么办?

案情实录

2011 年 12 月，职工秦某与某物流公司签订了三年期劳动合同。寒来暑往，秦某转眼就在公司干了两年多。2014 年 1 月，一次偶然的机会，秦某遇到了多年未见的大学同学陈某。陈某自己创办了一家公司，正缺人手，盛情邀请秦某加盟，秦某一口答应。回到公司，秦某立即向人力资源部递交了书面辞职申请，可单位迟迟没有同意。转眼过了一个多月，同学陈某一直催促秦某去上班。2014 年 3 月，秦某在物流公司依然没有批准同意其辞职的情况下，毅然决定到同学陈某的公司正式上班。麻烦由此出现了，由于物流公司一直不同意秦某的辞职，因此拒绝给他办理档案和社会保险关系转移手续，致使秦某的社会保险在新单位无法缴纳。

以案说法

在实际工作中，受劳动用工稳定性的影响，用人单位对一些技术员工或骨干员工提出的离职申请，多采用拒绝办理人事档案及社会保险转移手续的方式，限制员工自由离职，由此常常引发劳动争议。

1. 劳动者辞职的法定程序是什么?

辞职是指劳动者单方解除劳动合同的行为。根据《劳动合同法》第 37 条规定，劳动者提前 30 日以书面形式通知用人单位，可以解除劳动合同。

从这条规定可以看出，预告通知是劳动者单方解除劳动合同的必经程序和法定程序，至少包含以下三方面的内容：（1）预告通知辞职是劳动者享有的法定权利，是劳动者享有单方解除权的意思表示；（2）预告通知辞职必须履行预告义务，即必须提前 30 日以书面形式通知用人单位，这是绕不过去，也是不能省的辞职必备程序；（3）预告通知辞职是不受用人单位制约的，无须征得用人单位的同意，除预告通知外，不得附加任何条件限制劳动者行使此权利。

《劳动合同法》赋予劳动者无条件的单方预告解除权，即劳动者拥有不受用人单位制约的辞职权，这给予了劳动者解除劳动合同的极大自由。

2. 用人单位办理退工手续的主要内容有哪些?

合同法学理论一般将当事人在执行合同义务的准备阶段和具体合同义务的

执行阶段所承担的义务分别称为“先合同义务”和“合同义务”，而将当事人在义务执行的善后阶段所承担的义务称为“后合同义务”。

当劳动者依法履行“提前三十日以书面形式通知用人单位”的必经程序后，第31日，无须单位同意，辞职行为自然生效。这时，用人单位为劳动者办理退工手续，就属于用人单位对劳动者的“后合同义务”，主要包括以下内容：

（1）出具解除或终止劳动合同证明。用人单位为劳动者出具双方劳动关系已经解除或终止的证明义务，一方面使离职劳动者易于获得工作，另一方面使新的用人单位决定是否雇用时，有可以参考的资料。

（2）办理档案和社会保险转移手续。当劳动者与原用人单位办妥离职手续后，原用人单位应该为劳动者转出人事档案和已缴纳社会保险费账户。

（3）支付经济补偿。用人单位因解除或终止劳动合同而支付给劳动者的经济补偿金，是对劳动者在劳动关系存续期间为用人单位已作贡献的积累所给予的经济补偿，其数额一般与劳动者为用人单位的服务年限挂钩。

（4）保存合同文本备查。《劳动合同法》规定，用人单位对已经解除或者终止的劳动合同文本，至少保存两年备查。

3. 用人单位迟迟不办退工手续要承担怎样的法律责任?

《劳动合同法》为有关手续办理规定了时间限制，即必须在依法解除或者终止劳动合同之日起15日内办理完毕，对故意扣押劳动者档案或者其他物品的，规定了罚款和相关赔偿责任。

本案中，秦某所在的物流公司既无权限制秦某行使辞职权，更无理由拒不履行按时办理退工手续的法定义务。

特别提醒

俗话说：“好聚好散。”为了防止用人单位滥用权利，用扣押档案和社会保险关系刁难职工，《劳动合同法》将用人单位为劳动者限期办理档案和社会保险关系转移手续作为用人单位的一项法定义务予以明确，用人单位必须依法履行。

法条链接

《劳动合同法》第37条、第50条、第84条

《劳动合同法实施条例》第24条

第三节　经济补偿争议

案例37

经济补偿金的计算基数是否应当包括加班费？

案情实录

职工蔡某是某乳制品公司的老员工，公司产品销量一直很好，工资待遇也不错，蔡某工作起来很舒心。2014年8月，公司产品因举报被质监部门查处，产生了不良的社会反响，经济效益一路下滑。2014年9月，公司采取危机公关、调整经营方向等一系列举措，力求渡过难关、突破困境。为减少人力成本，公司主动和蔡某等一批职工协商，希望能提前解除劳动合同。经过协商，蔡某同意提前解除劳动合同，公司按照蔡某在公司的工作年限给予一次性经济补偿。在计算经济补偿金时，双方产生了分歧。公司按蔡某2014年8月的实发工资作为补偿基数，不包含次月发放的加班费。蔡某不同意这个方案，认为以前公司效益好的时候，经常安排自己加班，并支付了加班费，加班费理应纳入补偿金的计算基数之中。公司的理由是，以前每月的加班情况或多或少，与当月生产进度、市场行情等因素密切相关，没有定数；按照蔡某最近一个月的实发工资作为补偿基数比较合情合理。该公司的这种处理办法真的合法吗？

以案说法

本案是一起因劳资双方对经济补偿金计算基数不同判断而引发的劳动争议。

1. 经济补偿金的计算方法是什么？

经济补偿是劳动合同制度的重要内容之一，指用人单位依法解除或终止劳动者的劳动合同后，一次性支付给劳动者一定数额的货币补偿。我国法律一般称为“经济补偿”，法国《劳动法典》称为“辞退补偿金”，俄罗斯《劳动法典》则称为“解职金”。

依据《劳动合同法》第47条的规定，经济补偿按劳动者在本单位工作的年限，每满一年支付一个月工资的标准向劳动者支付。六个月以上不满一年的，按一年计算；不满六个月的，向劳动者支付半个月工资的经济补偿。

2. 如何计算劳动者的月工资?

在实际生活中，职工月工资收入构成的名目比较繁多，如基本工资、职务工资、岗位工资、计件工资、计时工资、奖金、津贴、加班费等，在计算补偿金时，哪些该纳入，哪些不该纳入，企业和职工各执一词。用人单位在工资计算方式上大做文章，利用“基本工资”“基础工资”“实发工资”“应发工资”等几种不同的工资概念，侵害劳动者的利益。

关于经济补偿中月工资的计算方法，《劳动合同法》第47条明确规定，本条所称月工资是指劳动者在劳动合同解除或者终止前12个月的平均工资。《劳动合同法实施条例》第27条对此又作了进一步的细化，明确了月工资按照劳动者应得工资计算，包括计时工资或者计件工资以及奖金、津贴和补贴等货币性收入。

《劳动部关于贯彻执行〈中华人民共和国劳动法〉若干问题的意见》（劳部发〔1995〕309号）第53条规定，劳动法中的“工资”是指用人单位依据国家有关规定或劳动合同的约定，以货币形式直接支付给本单位劳动者的劳动报酬，一般包括计时工资、计件工资、奖金、津贴和补贴、延长工作时间的工资报酬以及特殊情况下支付的工资等。“工资”是劳动者劳动收入的主要组成部分。

国家统计局《关于工资总额组成的规定》明确规定，工资总额是指各单位在一定时期内直接支付给本单位全部职工的劳动报酬总额，工资总额的计算应以直接支付给职工的全部劳动报酬为根据，工资总额主要由六个部分组成：（1）计时工资；（2）计件工资；（3）奖金；（4）津贴和补贴；（5）加班加点工资；（6）特殊情况下支付的工资。六个组成部分中，加班加点工资明确被列入其中。

3. 月工资是指实发工资还是应发工资?

在日常信访接待中，还有职工询问月工资是实发工资还是应发工资。实发工资是指劳动者每月实际拿到的工资，通常会被扣减一些费用，比如，代扣代缴社会保险费、所得税，扣伙食费、房租费，劳动者实际到手的金额通常会比应发工资少。

按照《劳动合同法实施条例》第27条的规定，经济补偿的月工资标准是应得工资而不是实得工资，也就是说，补偿金的月平均工资指税前工资，就是在扣除职工个人承担的所得税和五险一金之前的应付工资数额。个人承担的五险一金部分，在计算经济补偿金的月平均工资标准时，应该计算在内，但公司承担的那部分金额不在其内。

本案中，乳制品公司计算蔡某的经济补偿金时，其计算方法是错误的。其一，公司以蔡某2014年8月的实发工资作为计算基数，既不合理，又不合法；

正确的做法应该是将蔡某2014年8月之前12个月的平均工资作为计算基数。其二，加班费属于工资的组成部分，计算蔡某的经济补偿金时，不应将蔡某的加班费排除在平均工资的计算范围之外。

特别提醒

经济补偿是用人单位承担社会责任的主要方式之一，在我国失业保险制度建立健全过程中，可以有效缓解失业者的焦虑情绪和生活实际困难，维护社会稳定。同时，经济补偿也是国家调节劳动关系的一种经济手段，引导用人单位谨慎行使解除和终止权利，从而达到稳定劳动关系的目的。

法条链接

《劳动合同法》第47条

《劳动合同法实施条例》第27条

《关于工资总额组成的规定》第3条、第4条

案例38

合同正常到期，用人单位需要支付经济补偿金吗？

案情实录

2008年5月，职工李某入职某机械企业，与企业签订了五年期劳动合同。2013年4月30日，单位向李某发出终止劳动关系通知书，上面有“您与企业签订的劳动合同将于2013年5月30日期满，经研究决定，合同到期后不再与您续签劳动合同”等内容。人力资源部告诉李某，由于合同是正常到期，单位和李某互不相欠，没有其他经济补偿，请李某提前做好离职准备。李某很是困惑，不是自己不想干，是单位不让自己干，这种情况下，单位难道不应该给予相应的经济补偿吗？

以案说法

经济补偿是与劳动者密切相关的经济利益问题，也是极易引发劳动争议的热点问题。

劳动合同期满终止劳动关系，用人单位是否需要支付经济补偿金，有一个历史演变、发展的过程。《劳动合同法》实施之前，根据《劳动法》的规定，

劳动合同正常到期终止，不需要向劳动者支付经济补偿；只有当用人单位违法解除劳动关系、劳动者非过失性解除以及经济性裁员时，才需要向劳动者支付经济补偿金。那段时期，劳动合同短期化现象普遍存在，特别是餐饮、服务等行业的用人单位，与劳动者每次只签订一年甚至半年期的劳动合同，通过频繁使用短期合同，来规避解除劳动合同应支付经济补偿的法律责任。

2008年正式施行的《劳动合同法》第46条第（5）项明确规定，除用人单位维持或者提高劳动合同约定条件续订劳动合同，劳动者不同意续订的情形外，依照本法第44条第（1）项规定终止固定期限劳动合同的，需支付经济补偿。适用这条规定，在实际生活中，一般有以下三种情形：

（1）劳动合同期满时，用人单位同意续订劳动合同，且维持或者提高劳动合同约定条件，劳动者不同意续订的，劳动合同终止，用人单位不支付经济补偿。

这里的关键，是如何理解什么是"维持和提高"。劳动合同约定的具体条件，一般是指工资待遇、工作时间、工作地点、劳动安全和劳动保护等；而"维持和提高"，应认为是用人单位维持原来的约定条件，或比原有的约定条件对劳动者更有利，而不是低于原来的条件或是更不利于劳动者的条件。此法条的适用情境，是用人单位主观上希望促成合同的续订，而最终没有续订合同是因为劳动者不愿意，责任在劳动者，所以法律规定，这种情况下，用人单位不需要支付经济补偿金。

（2）用人单位同意续订劳动合同，但降低劳动合同约定条件，劳动者不同意续订的，劳动合同终止，用人单位应当支付经济补偿。

用人单位同意续订劳动合同，同时却降低劳动合同约定条件，这种情形下，其实暴露了用人单位的真实想法：主观上并没有续订合同之意。因单位过错在先，最终导致劳动者不愿意续订合同，此时，用人单位应当支付经济补偿金。

（3）用人单位不同意续订，无论劳动者是否同意续订，劳动合同终止，用人单位应当支付经济补偿。

可以这么归纳一下，只要固定期限的劳动合同因期限届满而终止时，用人单位没有主观意愿与劳动者订立劳动合同的，就应当依法向劳动者支付经济补偿金。

本案中，李某五年期劳动合同到期，由于是单位不同意续订劳动合同，而李某则希望续订。按照《劳动合同法》规定，这种情形下，李某所在单位应该支付经济补偿金。补偿金的起算点从2008年1月1日起，每满一年支付一个月工资标准的经济补偿金，不满半年按半个月计算。李某的合法权益最终得到有效维护，企业依法支付了李某五个月工资标准的经济补偿金。

特别提醒

劳动合同期满，用人单位终止劳动关系，应支付劳动者经济补偿金，这是《劳动合同法》较《劳动法》新增的亮点和特色，通过倾斜立法的方式，鼓励用人单位长期使用劳动者，与劳动者建立长期、稳定、和谐的劳动关系，对消除劳动合同短期化这一弊端有着重要的意义。

法条链接

《劳动合同法》第 46 条、第 47 条、第 97 条

案例39

员工因企业搬迁辞职能否获得经济补偿?

案情实录

2009 年 11 月，职工姜某经人介绍进入某铸造公司工作，试用期转正后，签订了五年期劳动合同。姜某来自农村，吃苦耐劳，兢兢业业，二年后被任命为班组长，每月工资也从刚进厂的 2000 多元调整到 4000 多元。2012 年年初，姜某在公司附近的小区贷款买了一套房子，也算过上了“老婆孩子热炕头”的安稳日子。2012 年年底，姜某听到很多职工议论，说根据市委、市政府退城进区的要求，像铸造公司这样的企业近期可能要搬迁到开发区去。听到这样的消息，姜某心里惴惴不安。2013 年 3 月，传闻终于变成了现实，公司人力资源部发出正式通知，说为积极配合城市建设，并结合公司规划，公司准备整体搬迁到安徽淮北市发展；新厂区已经破土动工，下半年就能正式投产，愿意去新厂区工作的职工，现在就可以报名；现有厂区到下个月底就停止生产，进入搬迁前的休整期。姜某听到这个消息，真正是大失所望，现实比传闻更让人难以接受，公司不仅要搬迁，而且是要搬迁到外省去发展。自己上有老下有小的，要自己跟着公司去外省打工，实在是下不了这个决心。如果不跟着公司去，听公司人力资源部的口气，自己提出辞职的，将按自动离职处理，没有经济补偿金。那么如果姜某不愿随公司搬迁，是否有权要求公司支付经济补偿金呢?

以案说法

本案的核心问题是企业搬迁，职工因不愿到新址上班而离职，企业是否需要支付经济补偿金？回答这个问题，先要弄明白以下三个问题。

1. 企业搬迁属于法律规定的哪种情形？

由于企业发展战略调整、经营状况变化、产业结构调整、城市退城进区改造、人力成本提高等各种原因，企业搬迁在实际生活中时有发生，由此也常常引发劳动争议。

企业搬迁，必然涉及工作地点的调整，《劳动合同法》规定，工作地点是劳动合同的必备条款之一，说明工作地点是职工签订劳动合同时的一个重要判断条件。假设用人单位事先告知工作地点将发生重大变化，显然会影响职工签订劳动合同时的决定。

我们再来看，法律是如何判断和界定企业搬迁的？《劳动法》第 26 条、《劳动合同法》第 40 条规定，当劳动合同订立时所依据的客观情况发生重大变化，致使劳动合同无法履行，经用人单位与劳动者协商，未能就变更劳动合同内容达成协议的，用人单位可以与劳动者解除劳动合同。这里的“客观情况发生重大变化”是否包括企业搬迁，《劳动部关于〈中华人民共和国劳动法〉若干条文的说明》给出了答案：“本条中的‘客观情况’指：发生不可抗力或出现致使劳动合同全部或部分条款无法履行的其他情况，如企业迁移、被兼并、企业资产转移等”，但不包括导致经济性裁员的客观条件。通过分析，我们首先可以明确，企业搬迁属于法律规定的“劳动合同订立时所依据的客观情况发生重大变化”的情形。

2. 企业搬迁与履行劳动合同之间有啥关系？

从前面的分析，我们可以看出，“劳动合同订立时所依据的客观情况发生重大变化”，特别是导致劳动合同无法履行时，用人单位与劳动者协商不一致，法律赋予了用人单位对劳动关系的处置权利。值得注意的是，适用《劳动法》第 26 条、《劳动合同法》第 40 条的规定，关键在于客观情况发生重大变化“导致劳动合同无法履行”。如果客观情况发生了重大变化，但并没有达到无法履行的程度，则应继续履行劳动合同，而不能适用本条的规定。例如，用人单位出现变更名称或法定代表人、企业内部承包、企业分立或被兼并等情况，虽然也属于“客观情况发生了重大变化”，但不必然导致劳动合同的无法履行。因此，企业搬迁是否导致劳动合同无法履行就成为一个重要的判断基点。

企业搬迁，肯定会对劳动合同履行带来影响，但是否必然导致劳动合同无法履行呢？现实生活中，有的企业从市区搬到了市郊，为了保证正常的生产经营，企业专门派班车接送职工上下班，增发交通补贴、安排夜班职工住宿等，客观情况虽发生了重大变化，但未实质性增加劳动者履行劳动合同的成本，也就不属于劳动合同无法履行的情形。《深圳市中级人民法院关于审理劳动争议案件程序性问题的指导性意见》第 85 条规定："用人单位在深圳市行政区域内搬迁的，劳动者因此提出解除劳动合同并要求用人单位支付经济补偿金没有法律依据，不予支持。用人单位由深圳市行政区域内向深圳市行政区域外搬迁的，可以依据《劳动合同法》第 40 条第 1 款第（3）项的规定，对劳动者要求支付经济补偿金的请求，予以支持。"深圳中院把市内市外作为判定搬迁是否导致合同无法履行的分界点，这有助于我们理解和判断企业搬迁对劳动合同履行的影响。

3. 员工因企业搬迁辞职索要经济补偿能否得到法律支持?

依据《劳动法》《劳动合同法》，职工不愿随厂搬迁而提出辞职，此时判断用人单位是否需要支付经济补偿金，主要看是否同时具备两个条件：搬迁是否导致原劳动合同无法履行；用人单位与劳动者就变更劳动合同内容进行协商，但未达成一致。此种情况下，如果是用人单位提出解除劳动合同，需提前 30 日以书面形式通知劳动者本人或额外支付劳动者一个月工资，并按规定支付经济补偿。

说得更具体一些，企业搬迁如未对劳动者造成不便，或者企业采取措施将搬迁对员工的影响降低至合理范围内乃至消失，就不属于劳动合同无法继续履行的情形，劳动者此时以企业搬迁为由提出辞职，用人单位可以不支付经济补偿金；如企业搬迁对劳动者造成很大不便，工作地点发生重大变化，如搬到外省，致使原劳动合同无法继续履行，双方协商未达成一致，用人单位应该支付经济补偿金。当然，也有这样一种情形，企业搬迁导致原劳动合同无法履行，经协商，职工同意变更劳动合同内容，愿意随厂搬迁，这种情况下，劳动者可以继续履行作出变更后的劳动合同，用人单位不需要支付经济补偿金。

本案中，姜某所在的铸造公司因城市建设，将经营地址搬迁到外省，属于劳动合同订立时所依据的客观情况发生重大变化，致使原劳动合同无法履行情形；公司希望职工随厂搬迁，但姜某本人不愿意，属于经当事人协商不能就变更劳动合同达成协议的情况，按照《劳动合同法》第 46 条规定，应当向姜某支付经济补偿。

特别提醒

企业搬迁，表面上看仅仅是工作地点的变化，但对劳动者来说，绝不仅限于此。对劳动者来说，工作地点不仅仅是工作所在地，还是工作与生活的中心地；工作地点一旦发生变化，不仅个人交通出行发生了变化，也会带来交通成本和时间的增加，同时会带来诸如子女就学、家属就业等方面的影响。企业搬迁，对职工的工作和生活来说，肯定是一件大事。因此，企业一定要高度重视搬迁过程中劳动关系的调整和劳动者的心理调适，实现平稳过渡。

法条链接

《劳动合同法》第 40 条

《劳动部关于〈中华人民共和国劳动法〉若干条文的说明》第 26 条

第五章

试用期

第一节 试用期约定争议

案例40

签订正式合同前，能否签订单独的试用合同？

案情实录

2012年9月，女职工曹某到苏南人力资源市场求职，经过面试，被一家电子公司录用为操作工。在办理录用手续时，曹某提出签订劳动合同，公司人力资源经理却对曹某说，按照公司规定，凡是新招用的职工要先签订三个月的试用合同，试用合格者，才能签订正式的劳动合同。为了获得这份工作，曹某签订了这份试用合同。但曹某对公司的做法很疑惑，也很不放心。难道签订正式劳动合同前必须还要先签订一份单独的试用合同吗？

以案说法

本案争议的焦点在于，签订正式劳动合同前，用人单位能否与劳动者签订一份单独的试用合同？

根据《劳动合同法》第19条第4款的规定，试用期包含在劳动合同期限内，劳动合同仅约定试用期的，试用期不成立，该期限为劳动合同期限。也就是说，对于新上岗的劳动者，用人单位与劳动者可以约定试用期，也可以不约定试用期。如果用人单位与劳动者约定试用期，试用期就应该包括在劳动合同期限里。

说得专业一些，试用期约定具有“从契约”的属性，其从属于主契约（劳动合同）而存在，劳动合同的存在是确定试用期限的前提条件。说得更直白一点，就是先有劳动合同，然后才有试用期，没有一种独立于劳动合同之外的试用期合同；签订正式合同之前，签订单独的试用期合同不仅违法、无效，而且这个短期的试用期合同，应该视为一个短期的劳动合同。

再从用人单位方面来分析。不管是有意为之还是无意为之，用人单位先签试用期合同再签劳动合同的做法，正好作茧自缚。因为根据《劳动合同法》的规定，单独签订的试用期合同不成立，那个短期的试用期合同即为劳动合同。此种情形下，法律视为用人单位放弃试用期。用人单位本想通过将试用期与劳动合同分隔的方法逃避法定义务，却很可能给自己带来很多不必要的麻烦。如果要解除这个貌似试用合同，实则为劳动合同的劳动关系，就不能适用“在试用期间被证明不符合录用条件的”这一条款随时解除劳动合同。更为严重的是，解除这个短期的劳动合同，还需要提前30日通知劳动者，并要支付经济补偿金。

本案中，公司与曹某签订的是一个单独的试用期合同，按照法律规定，该试用期是不成立的，视为公司与曹某签订了一份期限为三个月的劳动合同。更为严重的是，签订单独的试用期合同，不仅仅需承担违法约定试用期的风险，还白白“浪费”了一次固定期限合同，因为根据法律规定，连续订立两次以上固定期限劳动合同的，需订立无固定期限劳动合同。

特别提醒

招聘新员工时，很多用人单位为了占据主动，利用自己的强势地位，先和职工签订几个月的试用期合同，待试用期满后再决定是否签订正式劳动合同。用人单位这样做往往是为了规避法律，在试用期使用廉价劳动力，方便解除劳动合同。但实际上，用人单位本来是想防止被套牢，却常常聪明反被聪明误，恰好被套牢。

法条链接

《劳动合同法》第19条、第21条、第83条

案例41

第一次试用不满意，可以延长试用期吗？

案情实录

2012年8月，应届毕业生小张到开发区一家公司应聘，与公司签订三年期

劳动合同，试用期为 3 个月，试用期月工资 1000 元。试用期到期前 10 天，公司人力资源部找小张谈话，表示公司对他不是很满意，最终是否录用，需要延长试用期。小张为了今后能留在该公司工作，同意再签 3 个月的试用期合同。第二次试用到期前，公司以小张在试用期内达不到录用条件为由，与小张解除劳动关系。小张很委屈，自己在试用期埋头苦干，可公司既没有具体说出自己哪里不符合录用条件，又再次试用自己这么长时间。那么，经劳动者同意，用人单位可以延长试用期吗？

以案说法

《劳动合同法》实施前，企业滥用试用期侵犯职工合法权益的现象比较普遍。不少单位为节约成本，利用试用期工资较低、劳动合同便于解除的特点，不断批量“试用”职工，然后不断批量解雇，甚至把“试用期”变成了“白用期”。

《劳动合同法》实施后，对试用期进行了限制性规定，明确劳动合同期限三个月以上不满一年的，试用期不得超过一个月；劳动合同期限一年以上不满三年的，试用期不得超过二个月；三年以上固定期限和无固定期限的劳动合同，试用期不得超过六个月。同时还明确规定：同一用人单位与同一劳动者只能约定一次试用期。

也就是说，同一劳动者在同一用人单位，经过试用期的考察，在试用期结束前，用人单位必须决定是否录用，而不能以任何理由或借口延长或重新约定试用期。即使经劳动者同意，延长试用期的做法仍属于违法情形。如果用人单位违反规定与劳动者约定试用期的，由劳动行政部门责令改正；违法约定的试用期已经履行的，由用人单位以劳动者试用期满月工资为标准，按已经履行的超过法定试用期的期限向劳动者支付赔偿金。

本案中，公司与小张约定的第二次试用期在法律上是不成立的，属于一次短期的劳动合同。如果公司要解除与小张的劳动关系，必须有法定的理由，否则，就属于违法解除。另外，小张在试用期和试用期后的工资也存在违法现象，低于当地最低工资标准 1140 元，需要按照法律规定予以纠正。

特别提醒

不少用人单位精心谋划做加法，试用期不够，就想方设法延长试用期，却不知将自己也置于险境。如果用人单位转换思维，将加法变为减法，一开始就按照法律许可的最长期限约定试用期，如本案中，用人单位和小张签订3年期劳动合同，法律允许最长可以约定6个月试用期，而不是3个月试用期不够，再单方或和劳动者协商延长3个月。约定了最长期限的试用期后，用人单位可以进退自如，对于表现优秀的员工，用人单位可以通过提前转正的方式来缩短试用期；对于不适合提前转正的员工，正好通过最长6个月的试用期进行全面、充分的考察，试用期结束前，再决定是否正式录用。

法条链接

《劳动合同法》第19条、第20条、第83条

案例42 试用期满再签劳动合同是否合法？

案情实录

2012年1月，职工谭某跳槽到某汽车配件公司。之前在人力资源招聘现场，公司人力资源部负责人承诺，谭某进公司后马上与他签订正式的劳动合同，办理录用手续。上班后，谭某提出签订劳动合同，公司却告诉谭某，能否留下，关键取决于谭某的表现，干脆等3个月试用期满，再签订正式的劳动合同。谭某对此做法很是迷惑。那么，以试用期为由不签劳动合同的做法是否合法？

以案说法

很多企业特别是一些非公企业，利用劳动者对劳动法律法规不了解，想方设法不签订劳动合同，一方面想达到随时解聘劳动者的目的，另一方面错打算盘，认为劳动者手无“凭据”，自己就会占据主动。

《劳动合同法》规定，用人单位自用工之日起即与职工建立了劳动关系，并规定，建立劳动关系应当订立书面劳动合同；已建立劳动关系，未同时订立书面劳动合同的，应当自用工之日起一个月内订立书面劳动合同。这不仅否定了口头劳动合同的法律效力，而且明确了书面劳动合同是劳动合同唯一合法形式。

试用期是劳动者和用人单位劳动关系的一种表现形式，所以同样应当签订劳动合同。劳动者和用人单位双方同意建立劳动关系，用人单位应当在劳动者

开始工作之前或同时就与其签订劳动合同，最迟签订时间为自用工之日起一个月内。

因此，用人单位与劳动者签订劳动合同的最佳时间应在试用期之前，试用期之后再签订劳动合同属于违法行为。《劳动合同法》第19条作了更为细致的规定，试用期包含在劳动合同期限内。劳动合同仅约定试用期的，试用期不成立，该期限为劳动合同期限。

对于职工而言，签订了劳动合同，等于签订了保护自身合法权益的“护身符”，一旦发生劳动争议，书面劳动合同是证明双方存在劳动关系的法律文书，也能有力地证明双方约定的工资待遇、劳动岗位、工作职责、劳动条件等内容，有利于维护自身的合法权益。对企业而言，用书面形式订立劳动合同，具有直观、明确、具体等特性，发生劳动争议时，便于查清事实，分清是非。因此，用人单位应当按照法律法规的要求，最迟在劳动者为用人单位工作一个月以内，就与劳动者签订正式的劳动合同，而不是在试用期满后再签订劳动合同。

对于企业想通过不签劳动合同逃避法律责任的错误想法，依据劳动和社会保障部《关于确立劳动关系有关事项的通知》（劳社部发〔2005〕12号）规定，用人单位未与劳动者签订劳动合同，认定双方存在劳动关系时可参照下列凭证：(1) 工资支付凭证或记录（职工工资发放花名册）、缴纳各项社会保险费的记录；(2) 用人单位向劳动者发放的“工作证”“服务证”等能够证明身份的证件；(3) 劳动者填写的用人单位招工招聘“登记表”“报名表”等招用记录；(4) 考勤记录；(5) 其他劳动者的证言等。其中，(1)(3)(4) 项的有关凭证由用人单位负举证责任。

本案中，谭某所在公司将试用期与劳动合同分隔开来，这种做法是错误的，往往是弄巧成拙、得不偿失。

特别提醒

试用期过后再与劳动者签订劳动合同，不仅是违法的，而且常常会将用人单位自己“套牢”。更为严重的是，依据《劳动合同法》第82条规定，一旦认定双方劳动关系成立，而用人单位未与职工签订书面劳动合同超过一个月以上，用人单位将面临向劳动者每月支付二倍工资的处罚，并要与职工补签劳动合同。最终，用人单位真是“聪明反被聪明误”，搬起石头砸自己的脚。

法条链接

《劳动合同法》第 7 条、第 10 条、第 19 条、第 82 条

案例43

工作岗位调整，单位能否与职工重新约定试用期？

案情实录

职工小黄是某化工公司生产部的一线职工，一直喜爱舞文弄墨，经常在报纸杂志上发表文章，并担任厂报“心灵之约”专栏的特约编辑。2014 年 2 月，在小黄第一个三年期劳动合同到期前的一个月，公司人力资源部通知小黄：“由于你文采出众，公司决定与你续签劳动合同，并升任你为总裁办助理；由于岗位变化较大，你必须通过六个月的试用期。”小黄虽然觉得续约还要重新约定试用期有些不妥，但听到自己升职的消息，还是很高兴。于是，小黄与公司重新签订了一份三年期劳动合同，并约定了半年的试用期。未曾想，文笔流畅的小黄在公文写作方面却没有多少灵性，总经理对他写的讲话稿很不满意，加之小黄书生气重，不太会协调人际关系，导致总经理与几个副总之间产生了不少误会。调到总裁办工作两个多月，人力资源部就以小黄在试用期内表现不符合录用条件为由要解除与他的劳动合同。对此，小黄很不服气，和公司据理力争：自己刚进公司的时候，就经历过一次试用期；与公司重新签订的合同是续签，不应该存在试用期，也就不存在“试用期不符合录用条件”一说。公司方面的理由是：公司早有明文规定，工作岗位发生变化的可以再次约定试用期；并且，总裁办助理岗位重要、要求严格，不设置试用期，如何能筛选出胜任岗位需要的人选？那么，调整工作岗位，单位能否与职工重新约定试用期呢？

以案说法

不少人都听说过，劳动者在同一岗位上只能约定一次试用期。但现实生活中，我们会遇到各种各样的新问题，比如，职工被调整工作岗位能否另行约定试用期？职工职务晋升能否另行约定试用期？职工离职后又回到原公司工作能否另行约定试用期？等等。这些另行约定的试用期，是否符合法律规定？

1. 何为试用期?

试用期是用人单位和劳动者双方约定的互相考察以决定是否正式建立劳动关系的重要期限，是双方增进了解的特殊阶段。试用期条款虽然并非劳动合同的必备条款，但大部分用人单位都会选择在劳动合同中与劳动者约定试用期条款。

2. 工作岗位调整能否重新约定试用期?

工作岗位调整或改变工种时，用人单位能否与劳动者重新约定试用期？回答这个问题，要以2008年1月1日《劳动合同法》正式实施为分水岭。

《劳动合同法》实施前，判断工作岗位调整或改变工种时能否重新约定试用期，主要依据以下三方面的规定：

一是参考《劳动部关于〈中华人民共和国劳动法〉若干条文的说明》的规定："试用期"适用于初次就业或再次就业时改变劳动岗位或工种的劳动者。二是根据《劳动部关于实行劳动合同制度若干问题的通知》（劳部发〔1996〕354号）的规定：用人单位对工作岗位没有发生变化的同一劳动者只能试用一次。三是依据1991年7月23日《劳动部办公厅关于续订劳动合同是否要规定试用期的复函》的答复：企业与劳动合同制工人续订劳动合同时，工人改变工种的，重新订明试用期；不改变工种的，不再规定试用期。

依据上述三个规定，用人单位对工作岗位没有发生变化的同一劳动者只能试用一次。但如果续订劳动合同时，工作岗位调整或改变工种的，单位可以与劳动者重新约定试用期。久而久之，这三个规定也就成为很多用人单位调岗时的操作指南。

《劳动合同法》实施后，法律对用人单位重复约定试用期的行为进行了严格限制。《劳动合同法》第19条规定，同一用人单位与同一劳动者只能约定一次试用期。这与原先的规定相比更为严格。

对"同一用人单位与同一劳动者只能约定一次试用期"的规定，我们从以下三层递进的阐释中，可以更加完全、透彻地理解立法者对劳动者的保护：

（1）在试用期内解除劳动合同的，不管是用人单位解除还是劳动者解除，该用人单位再次招用该劳动者时，不得再约定试用期；

（2）试用期结束后，劳动者无论是在劳动合同存续期限内变换工作岗位，还是合同期满后续订合同时变换工作岗位，用人单位均不得再约定试用期；

（3）劳动合同解除后，劳动者离开用人单位一段时间后，用人单位又再次招用该劳动者的，也不得再约定试用期。

3. 岗位晋升的试用期是否等同于劳动合同约定的试用期?

用人单位在职工岗位晋升时，常常会设置一段时间的试用期，以考察职工能否胜任新岗位的要求。从管理学角度来说，这种考验或考核无可厚非，是企业内部的一种管理行为，由用人单位和劳动者双方自由约定。

但从劳动法律法规的角度来看，用人单位因转岗或晋岗而设立的“试用期”，与劳动者订立劳动合同时所约定的试用期，虽然可能都叫试用期，但差别很大，法律依据、法律后果也截然不同。

因转岗或晋岗而设立的“试用期”，是用人单位为考核职工能否胜任新职位而设定的考察期，主要依照用人单位规章制度来执行，不适用法律法规关于试用期的规定。更为重要的是，劳动合同约定的试用期届满前，用人单位如证明劳动者不符合录用条件，可直接解除与劳动者的劳动合同；而转岗或晋岗的“试用期”届满前，用人单位如证明劳动者不胜任新职务的岗位要求，只能撤销其任命，并对其进行培训或调整其工作岗位，不可以直接解除劳动合同；只有再次证明劳动者不胜任工作，用人单位提前30日以书面形式通知劳动者本人或者额外支付劳动者一个月工资后，才可以解除劳动合同。

综上所述，按照《劳动合同法》的规定，同一用人单位与同一劳动者，不论是否调岗，有且只有一次机会可以约定试用期。本案中，小黄在调岗前，已通过试用期的考核，公司已没有再次约定试用期的权利。公司将小黄从生产部调整到总裁办任职，对其约定的半年试用期，只能认定是对其聘任职务的考察期，而不是《劳动合同法》规定的试用期。因此，当小黄因写作能力、协调能力不能胜任总裁办助理职务时，公司可以撤销对小黄的任命，对其进行培训或调整工作岗位，但不能以试用期内不符合录用条件为由解除劳动合同。在与公司反复协调后，公司收回对小黄的解除劳动合同决定，小黄重新回到了曾经工作过三年的公司生产部。

特别提醒

不论是否调整工作岗位，不论劳动者是否同意，试用期一旦结束，同一用人单位就不能再以任何理由对同一劳动者另行约定试用期。

法条链接

《劳动合同法》第17条、第19条、第40条

案例44
续订劳动合同，能否再次约定试用期？

案情实录

2009年1月，职工王某与某化工企业签订了3年期劳动合同，经过6个月的试用后，王某成为一名正式员工。2012年1月，合同期满，经与企业行政协商，双方愿意再续订3年期劳动合同，但企业要求重新试用6个月。由于工作岗位、工资待遇都没有变化，王某当时也就没有提出反对意见。2012年7月，公司以王某在试用期内表现不符合录用条件为由，解除与他的劳动合同。对此，王某很不服气，经多次协调不成后，申请劳动仲裁。劳动仲裁委经审理裁决，企业和王某再次约定的试用期因违反《劳动合同法》的规定而无效，企业不得以“试用期内表现不符合录用条件”为由解除与王某的劳动合同，双方继续履行未到期的3年期劳动合同。

以案说法

本案争议的焦点在于，续订劳动合同是否可以再次约定试用期？

试用期是指用人单位对新招收的职工进行思想品德、劳动态度、实际工作能力、身体情况等考察的时间期限。

在实际工作中，之所以会对续订劳动合同能否约定试用期产生疑惑，主要源于2008年之前原劳动部的三个规定：（1）原劳动部办公厅发布的《关于续订劳动合同是否要规定试用期的复函》，将续订劳动合同能否约定试用期分为两种情况，规定：企业与劳动合同制工人续订劳动合同时，工人改变工种的，重新订明试用期；不改变工种的，不再约定试用期。（2）原劳动部1994年颁布的《关于〈中华人民共和国劳动法〉若干条文的说明》中对试用期的解释：本条中规定的“试用期”适用于初次就业或再次就业时改变劳动岗位或工种的劳动者。（3）原劳动部发布的《关于实行劳动合同制度若干问题的通知》（劳部发〔1996〕354号）第4条规定，用人单位对工作岗位没有发生变化的同一劳动者只能试用一次。这些规定背后的意思是：工作岗位发生变化，用人单位就可再次试用。

《劳动合同法》正式实施后，根据“新法优于旧法”“上位法优于下位法”的适用原则，关于试用期的规定，2008年1月1日以后，我们主要依据《劳动合同法》的相关规定作出判断。所有之前与《劳动合同法》相抵触的规定，都不再适用。

《劳动合同法》第19条第2款规定：“同一用人单位与同一劳动者只能约

定一次试用期。”此款规定，不仅排除了用人单位改变劳动者工作岗位可以重复试用的情形，也排除了改变工种可以重新约定试用期的情形，将试用期的适用对象限定为初次与用人单位建立劳动关系的劳动者。

续订劳动合同是指合同期限届满，双方当事人均有继续保持劳动关系的意愿，经协商一致，延续签订劳动合同的法律行为。法律允许试用期的存在，其本意就是基于用人单位和劳动者在建立劳动关系初期互相不了解、不熟悉，让彼此了解是否合适作出更为理性的判断；如果双方尤其是用人单位对劳动者各方面情况都十分熟悉，试用期也就失去了存在的价值。

因此，法律规定，劳动合同续订时，没有再次设定试用期的必要。也就是说，续订劳动合同不得约定试用期。

以本案为例，王某所在的企业因续订劳动合同约定试用期违法，企业以“试用期内表现不符合录用条件”为由解除与王某的劳动合同就属于违法解除，要么恢复劳动关系，要么就要承担违法解除劳动关系的法律责任。

特别提醒

对劳动者来说，如果所在企业存在本案所列举的这种情况，可以理直气壮地拒绝，因为这是违法行为，约定的试用期也无效。企业如有确凿证据证明劳动者不胜任工作，可以对劳动者进行调岗或培训，如果调岗或培训后有充足的证据证明劳动者依然不胜任工作，企业可以依法解除劳动合同。对用人单位来说，续订劳动合同，无论劳动者的岗位或工种是否变更，都不能再次约定试用期，否则，就属于违法行为，要承担相应的法律责任。

法条链接

《劳动合同法》第19条、第83条、第87条

第二节　试用期解除争议

案例45

用人单位可以随时解除试用期员工吗？

案情实录

2014年5月4日，张某和某化工企业签订了3年期劳动合同，约定试用期

为6个月，试用期考核合格后予以转正，合同中没有特别约定录用条件。试用期间，张某勤勤恳恳、兢兢业业，为了完成工作任务，经常主动加班加点。2014年9月28日，企业人力资源部忽然通知张某不符合录用条件，决定不予录用，即日办理交接手续。张某既感到突然，更觉得郁闷，企业事先没有进行考核，也没有任何事实依据证明自己不符合录用条件，就以“不符合录用条件”为由将自己辞退，实在是太随意了。那么，用人单位能随意解除试用期员工吗？

以案说法

本案争议的焦点在于，用人单位解除试用期职工是否有条件限制？

1. “试用期”是劳资双方可以随时解除合同的“随意期”吗？

试用期是指劳动关系双方当事人互相考察、了解，并据此决定是否继续保持劳动关系的特定时期。试用期间，劳动关系一方发现对方不符合录用条件或当初预期，均可以按照法定条件和程序解除劳动合同。

用工实践中，不少用人单位和劳动者常常认为，所谓试用期，就是相互试用、双向选择的观察期、过渡期，因此，双方在试用期内均可以随时解除劳动合同。其实，这是一个认识误区。

依据《劳动合同法》第37条规定，在试用期内，劳动者须遵循预先通知解除的相关要求，即提前三天通知用人单位才可以解除劳动合同，这是对劳动者的解除权的限制和约束。

依据《劳动合同法》第39条、第40条规定，用人单位在试用期间证明劳动者不符合录用条件，或试用期间劳动者存在过失性或非过失性解除条件，如严重违反单位规章制度、医疗期满不能继续从事工作等，才可以解除劳动合同，这是对用人单位的解除权的限制和约束。用人单位在试用期解除劳动合同的，还应当向劳动者说明理由。

也就是说，用人单位解除试用期员工，前提是用人单位有证据证明劳动者不符合录用条件。如果用人单位处理得很随意、草率，则隐患重重。

2. 以不符合录用条件为由解除的法律要件有哪些？

现实生活中，有的用人单位利用试用期解除职工相对容易的特点，随意解除职工，走马灯一样更换试用人员。为了遏制这种侵犯职工合法权益的现象，《劳动合同法》对试用期内解除职工作了证据和程序两方面的限制性规定。

用人单位以“不符合录用条件”为由解除试用期员工，一般要满足五个法律要件：一是事先书面约定或规定录用条件；二是有充分的证据证明员工在试用期不符合录用条件；三是在试用期届满前完成对员工的考核；四是事先通知并征求工会意见；五是解除劳动合同通知书要在试用期届满前书面送达员工。这五个法律要件同时符合，单位才能以不符合录用条件为由解除劳动合同。

有的单位认为，试用期考核应当是对员工整个试用期表现的考核，只有在试用期满之后，才能得出符合实际的考核结论。在这样的思维主导下，结果就是用人单位在作出试用期员工不符合录用条件的考核结论，并决定辞退该员工时，往往员工的试用期已过。一旦过了试用期，即使用人单位有充分的证据证明该员工不符合当初约定的录用条件，对照上面所列的五个法律要件，缺少了第三、第五两个法律要件，此时，用人单位已不能依据“不符合录用条件”的条款来解除员工了。

3. 如何才能约定合法、有效的录用条件?

制定清晰、翔实、合法、有效的录用条件，是判断用人单位解除试用期员工是否合法的关键环节。

在制定录用条件时，一定要明确、具体、细致，尽可能量化、细化，避免诸如“工作积极主动”等模糊性的表述。模糊性的表述作为对劳动者提出的基本要求没有问题，但由于缺少量化标准，后期考核就容易引起争议。如果一定要把“工作积极主动”写进录用条件，那就要详细界定哪些情形属于工作不积极主动，便于后期操作。

例如，可以在合同中约定，以下情形属于试用期内不符合录用条件：（1）员工在应聘时提供的资料和信息与实际情况不符的；（2）个人简历、入职登记表所载内容与真实情况不符的；（3）隐瞒病史或以欺骗方法取得体检合格证明的；（4）患有精神病、传染病或任何其他不适合从事企业所在行业的疾病；（5）不能提供原单位离职证明的；（6）与原服务单位签有竞业限制协议，不能在本企业服务的；（7）在试用期内有较重违纪行为的；（8）试用期考核指标无法完成的；（9）入职后不同意缴纳社会保险或不同意签订劳动合同的；等等。

另外，录用条件的事先告知也十分重要。约定录用条件，可以通过以下方式：招聘公告、岗位说明书、入职登记表、劳动合同、规章制度、特别约定等。但不管通过什么方式进行约定，都最好采用书面形式，并事先告知劳动者。

本案中，张某所在的企业不仅没有事先约定录用条件，也没有有效的证据证明张某在试用期间不符合录用条件，就以“不符合录用条件”为由解除张某的劳动合同，违反了《劳动合同法》的相关规定，属于违法解除。

特别提醒

对不符合录用条件的，用人单位必须提供有效的证据，而不是任由用人单位随意解释、认定。所谓有效的证据，从实践上来看，主要包括两个方面情况：一是用人单位有没有对录用岗位的工作职责、所需技能作详细而具体的描述；二是用人单位有没有对试用期员工作出客观、公正的记录和评价。从证据的角度来看，试用期间劳动者被证明不符合录用条件，用人单位负有举证责任；如举证不能，则要承担不利后果。

法条链接

《劳动合同法》第 21 条、第 37 条、第 39 条

案例46
试用期已过，能否以不符合录用条件为由解除劳动合同？

案情实录

2013 年 1 月，经老乡介绍，职工张某和某机械制造公司签订了五年期劳动合同，试用期约定为 6 个月。根据公司安排，张某从事的工作岗位是车工，按件计酬。对于职业技术学院数控维修专业毕业的张某来说，车工岗位真正是大材小用。在工作中，张某确实也是得心应手，不仅每月完成的工时总数在车间里数一数二，整个车间十几台车床上出现的大大小小问题，他一个人就能搞定，倒是省了公司维修工很多事情。但张某有个不大不小的坏毛病，就是说话不知道拐弯，口无遮拦，大家都碍于面子，没有与他闹翻。2013 年 9 月，张某因琐事和车间经理发生了激烈的冲突。公司听信了车间经理的一面之词，第二天就以张某人际协调能力差、不符合录用条件为由，宣布解除与张某的劳动合同。张某气愤难平，认为车间经理公报私仇，多次找到公司人力资源部、总经理室讨要说法。屡次理论不成，经人指点，张某找到市总工会，寻求“娘家人”的帮助。

以案说法

试用期，又叫适应期，在此期间内，用人单位和劳动者可以互相考察、双

向选择，在试用期结束前，双方都有权决定是否继续建立劳动关系。

在实际操作中，用人单位要以不符合录用条件为由单方解除劳动合同，必须在有证据证明劳动者不符合用人单位事先制定、并向劳动者公示过的录用条件的同时，解除劳动合同的决定，还必须在用人单位与劳动者约定的试用期为内作出。

对此，《劳动部办公厅对〈关于如何确定试用期内不符合录用条件可以解除劳动合同的请示〉的复函》说得更加明确、具体，其中明确规定，对试用期内不符合录用条件的劳动者，企业可以解除劳动合同；若超过试用期，则企业不能以试用期内不符合录用条件为由解除劳动合同。也就是说，一旦超过试用期限，不管劳动者是否符合录用条件，用人单位此时再以不符合录用条件为由作出解除劳动合同的决定，都不具有法律约束力。

在本案的协调中，市总工会发现，2013 年 7 月，张某与公司约定的 6 个月试用期已满；到劳动争议发生时，张某的试用期已经过了 1 个多月。此时再以不符合录用条件为由解除张某的劳动合同，公司的做法明显不妥。就张某的现实表现来说，张某的能力完全适应公司车工的岗位要求。同时，市总工会对张某作出了要尽快提高人际协调能力的告诫和提醒。在市总工会的多次协调下，机械制造公司撤销了解除张某劳动合同的决定。张某与车间经理也捐弃前嫌、握手言和。张某对市总工会的调解表示十分感激。

特别提醒

在现实生活中，很多用人单位对试用期存有模糊认识，认为试用期内用人单位和劳动者都可以无条件、随时解除劳动合同。在试用期，劳动者确实拥有自由离职权，《劳动合同法》规定，劳动者在试用期内提前三日通知用人单位，可以解除劳动合同。而为了遏制用人单位恶意利用试用期随意解除劳动合同，《劳动合同法》作了限制性规定：在试用期间，除了有证据证明劳动者不符合录用条件等明确规定的情形外，用人单位不得解除劳动合同。

法条链接

《劳动合同法》第 21 条、第 37 条、第 39 条

《劳动部办公厅对〈关于如何确定试用期内不符合录用条件可以解除劳动合同的请示〉的复函》

案例47
没有约定录用条件，是否可以解除试用期合同？

案情实录

2013年6月，某外贸公司想招聘一名英文翻译，在报纸上刊登招聘广告，应聘条件是：本市居民，女性，大学本科毕业，英语六级，25岁至30岁，3年以上工作经验。职工汤某看到广告后，觉得自己完全符合条件，于是向外贸公司人力资源部投递了自己的简历。经过面试选拔，汤某被顺利录用。公司与汤某签订了三年期劳动合同，试用期三个月，约定工资3500元，试用期工资3000元。合同是劳动部门提供的格式合同，公司没有与汤某另外约定具体的岗位录用条件。报到当天，汤某向公司人力资源部提交了英语六级证书。入职以后，公司渐渐发现汤某英语口语能力不足，无法流利地用英语与客户交流，同时，发现汤某工作比较散漫，对领导交代的工作漫不经心，经常出现不大不小的差错。由此，公司认定汤某无法胜任目前的工作岗位。2013年8月，在试用2个月后，公司以“不符合录用条件”为由与汤某解除劳动合同。接到解除劳动合同书，汤某很不服气，认为自己符合招聘广告上的全部条件，公司解除劳动合同于法无据，属于违法解除，要求恢复劳动关系。多次理论不成，汤某向电台行风热线求助，在电台主持人的指点下，汤某找到市总工会寻求帮助。那么，外贸公司在事先没有约定录用条件的情况下，能否以“不符合录用条件”为由解除汤某的劳动合同呢？

以案说法

“不符合录用条件”，是用人单位解除试用期劳动合同最为常见的一种情形。现实生活中，很多用人单位都知道，《劳动合同法》规定，当劳动者在试用期被证明不符合录用条件时，用人单位可以解除劳动合同，并且不需要支付经济补偿金。但不少用人单位图省事，在招聘员工时没有制定明确的录用条件，为后期的人事管理埋下了隐患。本案就是这方面的典型案例。

1. 招聘条件与录用条件有啥区别？

《劳动法》《劳动合同法》等法律法规中仅仅出现了“录用条件”这个名词，但如何界定“录用条件”，法律并没有作明确规定。一般而言，录用条件是用人单位针对不同岗位所要聘用的劳动者自行制定的素质条件，是用人单位在试用期内考核劳动者是否合格的参照标准。

作为试用期解除劳动合同的实体条件，“录用条件”的重要性举足轻重。对劳动者而言，录用条件是其开始工作的行为准则；对用人单位而言，对员工进行试用期考核，要围绕事先设定好的录用条件进行；对法律部门而言，录用条件则是判定用人单位与劳动者解除劳动合同是否合法的重要依据。

在实践中，不少用人单位混淆录用条件与招聘条件，认为招聘广告中的条件就是录用条件。其实不然，招聘条件与录用条件还是有着明显区别的。招聘条件是用人单位在招聘时选择劳动者的基本资格要求，是应聘者应当满足岗位需求的最低条件。而录用条件是用人单位确定所要聘用的劳动者的最终条件。再者，招聘条件可以相对简单，以吸引更多的求职者到用人单位面试。录用条件则应尽量严密、完善，并着重对应聘者的资质条件、工作能力进行考核，可以从“质和量”两个方面进行设定，要更具可操作性。

2. 试用期依法解除劳动合同的法律要件有哪些？

劳动者在试用期内被证明不符合录用条件的，单位可以解除劳动合同。这是法律赋予用人单位的用工自主权。在《劳动合同法》框架下，除了过失性解除和非过失性解除两种情形，用人单位在试用期合法解除劳动合同，要同时具备以下五个法律要件：

要件一：制定并向试用期职工告知录用条件。

设定录用条件，是使试用期具有实际意义的前提。用人单位一般会事先在员工手册等规章制度中针对岗位要求设定录用条件，或在劳动合同中对某一岗位的录用条件明确约定，或专门就试用期录用条件单独成文，这些都需要事先告知劳动者，最好有劳动者的签字确认。如果用人单位仅约定试用期期限，而未设定录用条件，那么试用期的约定就仅具有形式意义，而不具有实质意义。

要件二：有证据证明劳动者不符合录用条件。

运用《劳动合同法》第39条第1款解除试用期劳动合同，关键是劳动者要“被证明”不符合录用条件，因此，从证据的角度来看，用人单位负有举证责任，即用人单位要拿出证据证明员工不符合录用条件，而不能只凭自己的感觉来评判职工是否符合录用条件。而要证明职工不符合录用条件，要以考核结果为依据。最有力的证据就是比对当初向劳动者明示过的录用条件，证明劳动者不符合哪一条录用条件，只要能证明劳动者不符合录用条件中的任意一条，用人单位就可以依法行使单方解除劳动合同的权利。

要件三：解除合同通知应在试用期内作出。

以不符合录用条件解除劳动合同的时间节点，应该在试用期内。根据《劳动保障部办公厅对〈关于如何确定试用期内不符合录用条件可以解除劳动合同的请示〉的复函》的规定：对试用期内不符合录用条件的劳动者，企业可以解除劳动合同；若超过试用期，则企业不能以试用期内不符合录用条件为由解除劳动合同。

要件四：履行事先通知工会程序。

根据《劳动合同法》规定，用人单位单方解除劳动合同，应当事先将理由通知工会。用人单位以“不符合录用条件”解除合同，同样属于用人单位单方解除劳动合同，事先征求工会意见，属于法定程序，应该严格遵守。

要件五：解除通知书要说明理由，并在试用期内交由员工签收。

《劳动合同法》规定，用人单位在试用期解除劳动合同的，应当向劳动者说明理由。为了减少劳动争议，用人单位应该让劳动者在解除劳动合同通知书上签字确认。

以上五个法律要件要同时具备，缺乏任何一个，都会影响试用期解除劳动合同的法律效力。

本案是一起用人单位只简单设计了招聘条件，而未详细设定录用条件而导致争议的典型案例。在协调时，市总工会向汤某所在公司明确指出，由于公司的疏忽，没有事先设定明确的录用条件，只仅仅提供了简单的招聘广告，因此，公司提交的招聘条件，在劳动仲裁或诉讼环节，将被视为录用条件。外贸公司认为汤某不符合录用条件，却没有证明汤某不符合录用条件的证据，相反，根据公司招聘广告，汤某是完全符合录用条件的。因此，不管这场官司打到哪，公司败诉将在所难免。在市总工会的协调下，外贸公司反复权衡利弊，同意与汤某恢复劳动关系。

特别提醒

用人单位在招聘录用员工的过程中，不能图省事，只明确招聘条件，而不设定录用条件。这种情况下，当试用期解雇职工发生纠纷时，法律部门将把招聘条件视同录用条件，这样，对用人单位将更为不利。因为一般情况下，用人单位录用的员工肯定符合当初设定的招聘条件，否则，用人单位不可能让该职工进入试用期。此时，用人单位将面临悔之晚矣的境地。

法条链接

《劳动合同法》第21条、第39条、第43条

案例48
试用期考试不合格，用人单位可以解除合同吗？

案情实录

2013 年 11 月，职工魏某与某线缆公司签订了三年期劳动合同，岗位是电工维修，约定试用期为 6 个月，从 2013 年 11 月 15 日至 2014 年 5 月 14 日。作为职场新人，魏某积极表现，主动加班加点，即便回到家，公司用电遇到故障，魏某也是随叫随到，赢得了大家的认可。2014 年 4 月 28 日，为了“五一”期间值班问题，魏某与车间主任发生了口角。俗话说，骂人无好话。两人在争执中，都说了一些过头话。在大家劝解下，魏某向车间主任低头认错，事情就算过去了。但这件事过后，魏某总感觉车间主任对自己冷淡了很多。2014 年“五一”过后，公司人力资源部突然通知魏某，下周参加转正考试，考试内容为电工安全操作规程。人力资源部特别强调，鉴于电工岗位的重要性，考试必须达到 90 分以上，才能认定为合格。从工作之初到现在，公司从没说过有转正考试一说，人力资源部这个通知，让魏某措手不及。魏某十分珍惜这份工作，没办法，每天下班以后，认真苦读、积极迎考。因为没有划定复习范围，加上复习时间太短，尽管魏某使出了浑身的劲，转正考试也只考了 85 分。考试结果出来后，公司人力资源部很快就给魏某下达了解除劳动合同书，解除理由就是试用期考核不合格，不符合公司录用条件。魏某十分委屈，自己工作上兢兢业业，不存在公司先前约定的不符合录用条件情形；就因为临时增加的转正考试，自己没达到 90 分，就认定自己试用期考核不合格，魏某认为公司解除理由不成立。魏某向人力资源部提出质疑，是不是由于自己先前与车间主任的矛盾，导致了今天这样的结果。人力资源部矢口否认，告诉魏某，公司是依照惯例在操作，魏某考试不合格，只能怪自己努力不够。双方争执了半天，也没辨出个是非。那么，职工试用期考试不合格，用人单位是否可以解除试用期合同呢？

以案说法

本案争议的焦点在于，用人单位以试用期考试不合格为由，解除劳动者劳动合同是否于法有据。

1. 试用期内如何依法解除劳动合同？

依据《劳动合同法》规定，用人单位解除试用期职工一般有三种情形：一是被证明不符合录用条件，二是过失性解除，三是非过失性解除。其中，第一种和第二种情形可以随时解除，并不需要支付经济补偿金；第三种情形需要提前30天通知，而且需要支付经济补偿金。在现实生活中，用人单位通常使用第一种情形，以不符合录用条件解除试用期职工。因为这种情形的解除，既可以随时进行，不需要提前通知，也不要支付经济补偿金。

从合法解除的角度来说，以“被证明不符合录用条件”为由解除试用期职工，至少要具备以下法律要件：(1) 用人单位有合法具体明确的录用条件并事先告知员工；(2) 不符合录用条件须有证据证明，包括科学有效的考核结果以及其他证据；(3) 解除行为须在试用期内作出；(4) 事先通知并征求工会意见；(5) 解除合同通知书在试用期内交由员工签收。

2. 哪些条件可以作为录用条件?

录用条件的确定往往因人而异，因单位而异，一般来说，可以将以下四类因素确定为录用条件：一是能力因素，如学历、经历、资质、绩效，包括试用期考核成绩等；二是态度因素，如遵章守纪、诚实守信、爱岗敬业、团队合作等；三是身体因素，有无特殊疾病等；四是法律因素，有无原单位的解除劳动合同证明等。

设定录用条件时，一定要做到合法、明确、具体、可操作。首先，切忌出现违反法律强制性规定的录用条件，如乙肝歧视、对女性婚育方面设定条件等。其次，切忌一刀切或者将录用条件空泛化、抽象化，比如，不能宽泛地说符合岗位要求，而应该把岗位要求是什么，怎么衡量是否符合岗位的具体要求固定下来。最后，“录用条件”应该是共性和个性相结合。所谓“共性”，就是大部分企业和岗位的职工都应该具备的基本条件。比如诚实守信，在应聘的时候如实告知自己与工作相关的信息，包括自己的教育背景、身体状况、工作经历等。所谓“个性”，就是每个企业、每个岗位或者职位自己的特殊要求。

值得注意的是，录用条件要事先告知劳动者。从法律的角度来说，就是用人单位要有证据证明劳动者事先知道本单位的录用条件。告知劳动者录用条件并留下有效证据的方式有很多种，如招聘劳动者时向其明示录用条件，并要求劳动者签字确认；在劳动合同中明确约定录用条件或不符合录用条件的情形；规章制度中对录用条件进行详细约定，并将该规章制度作为劳动合同的附件等。

3. 试用期考试不合格是否等同于不符合录用条件?

试用期结束前，用人单位一般都会对试用期职工进行考核，以决定是否正式录用。但很多用人单位会存在一个认识误区，认为试用期内只要对劳动者进行了考核，而劳动者考核结果是不合格，用人单位就有权利与其解除劳动合同。

从前面的分析中可以看出，以不符合录用条件解除试用期职工，至少要具备五个法律要件，首当其冲的，就是要有一个合法具体明确的录用条件。也就是说，用人单位在试用期解除劳动合同时，一定要有关于录用条件的前置性约定或说明。这种约定或说明，需要进行明确的书面约定，或在规章制度、劳动合同中明确，或在岗位说明、入职须知、特别约定等文本中体现。在确定录用条件时，将“试用期考试成绩不合格”作为不符合录用条件的情形之一并无不妥。但最关键的是，如果事先向劳动者告知的录用条件中没有包括考试成绩合格这一项，用人单位就无法仅仅依据考试成绩不合格辞退试用期职工。说得更直白一些，就是如果录用条件中包含了试用期考试不合格这一条，试用期考试不合格就等同于证明劳动者不符合录用条件；反之，劳动者试用期考试不合格，不能直接证明劳动者不符合录用条件。

本案中，在魏某试用期结束前，公司临时增加了转正考试，并设定了苛刻的认定条件。经调查举证，公司也承认，与魏某签约时，录用条件中没有包含“试用期考试合格”这一条，事先也没有告知魏某有转正考试这一环节。试用期解除作为劳动合同解除的一种形式，在证据和程序要求上都非常严格，需要有充分的证据证明职工不符合事先告知劳动者的录用条件，同时还需要符合法律上规定的各种程序要求。可以说，公司以试用期考试不合格为由解除魏某的劳动合同于法无据，必须予以纠正。

特别提醒

用人单位解除试用期合同绝不可随意为之，必须符合法律规定的要件。否则，一不小心，用人单位就成了违法解除劳动合同，给自己增添了不必要的麻烦。

法条链接

《劳动合同法》第 21 条、第 39 条、第 40 条

第三节　试用期工资争议

案例49

试用期工资能低于最低工资标准吗？

案情实录

2012 年 7 月，职工张某应聘到某商贸公司，担任公司的销售代表，与公司

签订了三年期劳动合同，约定转正后每月工资3000元加提成；试用期6个月，试用期工资1200元。2013年1月，张某如期转正后，别人提醒他，公司支付的试用期工资有问题，不应该低于政府公布的最低工资标准1320元。张某找来《劳动合同法》学习研究，也感觉不对劲，就找到公司人力资源部。人力资源部答复说，公司支付张某的试用期工资标准，主要依据公司规章制度和劳动合同约定。张某处于试用期，公司规章制度上明确规定，员工试用期间的工资待遇由公司自主确定；对试用期的工资，公司与张某签订的劳动合同事先有约定，张某本人事先也知晓；政府公布的最低工资标准，主要是针对正式员工而言的，不适用于试用期员工。公司的解释有法律依据吗？

以案说法

现实生活中，试用期劳动者工资待遇低的现象非常普遍，很多用人单位视试用人员为廉价劳动力，任意压低工资水平，甚至零工资试用。本案就是一起因试用期工资支付标准而引发的劳动争议。

1. 何为最低工资标准？

最低工资标准指劳动者在法定工作时间或依法签订的劳动合同约定的工作时间内提供了正常劳动的前提下，用人单位依法应支付的最低劳动报酬。所谓正常劳动，是指劳动者按依法签订的劳动合同约定，在法定工作时间或劳动合同约定的工作时间内从事的劳动。劳动者依法享受带薪年休假、探亲假、婚丧假、生育（产）假、节育手术假等国家规定的假期期间，以及法定工作时间内依法参加社会活动期间，视为提供了正常劳动。

最低工资标准的概念至少包含以下三层含义：（1）获得最低工资的前提是劳动者在法定工作时间内提供了正常劳动；（2）最低工资标准是由政府通过立法确定的；（3）只要劳动者提供了法定工作时间的正常劳动，用人单位支付的劳动报酬不得低于政府规定的最低工资标准。

依据《最低工资规定》，确定和调整月最低工资标准，应参考当地就业者及其赡养人口的最低生活费用、城镇居民消费价格指数、职工个人缴纳的社会保险费和住房公积金、职工平均工资、经济发展水平、就业状况等因素。

2. 哪些收入不列入最低工资标准的统计范畴？

依据《最低工资规定》以及《劳动部关于贯彻执行〈中华人民共和国劳动法〉若干问题的意见》的通知精神，在劳动者提供正常劳动的情况下，用人单位应支付给劳动者的工资在剔除下列各项以后，不得低于当地最低工资标准：

（1）延长工作时间工资；（2）中班、夜班、高温、低温、井下、有毒有害等特殊工作环境、条件下的津贴；（3）法律、法规和国家规定的劳动者福利待遇等；（4）以货币形式支付的住房和用人单位支付的伙食补贴。

根据《最低工资规定》，最低工资制度适用于在中华人民共和国境内的企业、民办非企业单位、有雇工的个体工商户（统称用人单位）和与之形成劳动关系的劳动者。国家机关、事业单位、社会团体和与之建立劳动合同关系的劳动者，也要依照相关规定执行。

3. 劳动者试用期工资可以低于最低工资标准吗?

最低工资确定的标准是“劳动者在法定工作时间或依法签订的劳动合同约定的工作时间内提供了正常劳动的前提下，用人单位依法应支付的最低劳动报酬”。因此，最低工资支付的条件即为劳动者法定或约定工作时间内提供了正常劳动。

依据《劳动部关于贯彻执行〈中华人民共和国劳动法〉若干问题的意见》的规定，劳动关系形成后，凡是在法定工作时间内提供了正常劳动，即使劳动者处于“试用阶段”，其所在的用人单位也应当支付其不低于最低工资标准的工资。所以，试用期员工也是受最低工资标准保护的。

《劳动合同法》及《劳动合同法实施条例》明确规定了试用期工资支付的标准，可以概括为“两个不低于”：一是不得低于本单位相同岗位最低档工资的 80%，或者不得低于劳动合同约定工资的 80%；二是不得低于用人单位所在地的最低工资标准。

劳动者向用人单位提供了正常劳动，用人单位拒不执行最低工资规定的怎么办？依据《劳动合同法》的规定，用人单位低于当地最低工资标准支付劳动者工资的，由劳动行政部门责令用人单位向劳动者限期支付其差额部分；逾期不支付的，责令用人单位按应付金额 50% 以上 100% 以下的标准向劳动者加付赔偿金。

以本案为例，公司支付给张某的试用期工资，至少存在两个方面的问题。其一，公司以每月 1200 元的标准支付张某的试用期工资，低于政府公布的最低工资标准 1320 元。最低工资属于法定工资标准，虽然公司与张某在劳动合同对试用期工资有约定，由于这一约定违反了国家法律法规的规定，这一约定从一开始就不具有法律效力。其二，假如公司以最低工资标准支付张某的试用期工资，需要举证本单位相同岗位最低档工资的 80%，或者劳动合同约定工资的 80%，就是最低工资标准 1320 元。若公司无法举证支付张某的试用期工资同时符合“两个不低于”，很有可能会构成克扣工资的违法情形。

特别提醒

试用期内劳动者的工资水平在一定程度上低于正式员工，这属于正常现象。但如果过度低于，则属于滥用试用期侵犯劳动者合法权益。在判断试用期工资标准是否合法时，“两个不低于”的条件需要同时满足。

法条链接

《劳动法》第 48 条

《劳动合同法》第 20 条、第 85 条

《劳动合同法实施条例》第 15 条

《最低工资规定》第 2 条、第 3 条

第六章
劳动报酬

第一节　加班工资争议

案例50
加班工资基数，用人单位可以自行确定吗？

案情实录

王某是刚毕业的外地大学生，2013 年 10 月，经人介绍，到某机械有限公司工作，工作岗位是机床操作，约定转正后每月工资 2000 元。这是王某好不容易找到的第一份工作，他十分珍惜，主动加班加点，车间里的苦活、累活，都抢着干，王某的师傅、车间主任包括分厂领导都很喜欢他。试用期满后，加上加班费，王某每月能拿到 3500 元，他倒也知足常乐。2014 年 8 月，一次大学同学小聚，王某见到了同在一个城市工作的铁哥们杨某。回忆大学生活之余，比比两人的工资收入是免不了的。与杨某比，王某每月的工资收入高了不少。但一细论，王某就发现了问题，杨某每月虽然只有 2500 元左右，但他每周双休，平时加班也不多；王某每月能拿到 3500 元，但自己的双休日经常是在加班中度过，平时加班也是常事，如果除去加班工资，自己还没有杨某拿得多。经其他同学指点，王某发现，公司给自己发的加班费好像也有问题。小聚后，王某上网搜索，再对照自己的劳动合同、工资单，王某发现了问题所在，自己劳动合同上约定工资 2000 元，由基本工资 1200 元、绩效工资 300 元、岗位工资 300 元、津贴 200 元四部分构成，但公司在计算加班工资时，是以基本工资 1200 元作基数，这样，每加一次班，由于基数少了 800 元，加班费自然少了不少。王某想不明白，劳动合同上没有约定，事先也没有和他说，公司为什么就自行决定将基本工资作为加班工资基数呢？王某找到车间主任、分厂负责人，一直找到人力资源部。可给他的解释基本都一样，法律对加班工资基数并无明文规定，公司自行决定并无不妥；公司一直以来都是这么操作的，已经成为约定俗成的规矩，怎么可以轻易改变？王某知道，自己这份工作来之不易，真和公司翻脸，自己还真下不了决心，可让他忍气吞声，却又心有不甘。那么，加班工资基数，用人单位可以自己说了算吗？如果不可以，那究竟是谁说了算？

以案说法

加班工资争议一直是劳动争议案件中主要的案件类型。在涉及加班费的劳动争议中，如何确定加班工资基数，是个既容易被忽视又存在大量侵权现象的领域。在协调处理中，如何依法、准确地确定加班工资基数，是处理此类劳动争议案件的关键。

综合各种维权实践，用人单位确定职工加班费计算基数的常见问题主要包括：（1）在劳动合同中双方约定加班工资基数，但这个基数常常低于当地最低工资标准；（2）职工工资分很多细项，没有约定加班工资基数，但计算加班费时仅以“基本工资”作为基数；（3）不管职工每月工资收入多少，都以当地最低工资标准为计算基数；（4）职工无论加班多少，每月固定可得一笔“加班费”，不考虑加班工资计算基数。

依据《劳动法》《劳动合同法》等法律法规，确定法定节假日以及平时工作日、休息日的加班工资基数，主要依据以下四方面原则：

第一，如果劳动合同对加班工资基数已作出明确约定的，应按照双方的约定计算加班工资。按照契约必守的原则，只要不存在劳动者被欺诈或者胁迫的情形，即使劳动者每月实际工资收入高于合同约定，也应当按照合同约定的加班工资基数来计算，但最少不得低于最低工资标准。

第二，如果劳动合同明确约定工资数额，但没有约定加班工资基数的，应按双方约定的正常工作时间的月工资标准作为加班工资基数。这里，需要注意两点：一是劳动合同上约定的工资数额要与职工正常工作时间所得的劳动报酬基本一致，这一点，在实际生活中容易引发分歧和争议；二是如果劳动合同上工资项目分为“基本工资”“岗位工资”“职务工资”等，应当以各个工资项目的总和作为基数计发放加班费，而不能以其中单独一项作为计算基数。比如，劳动合同没有约定加班工资基数，用人单位仅仅以“基本工资”一项作为加班工资基数计算加班费，就属于不依法支付加班费的违法行为。

第三，如果劳动合同对劳动报酬没有明确，或者约定不明确，引发劳动争议的，依照《劳动合同法》第18条的规定，最好的解决方法是劳动者与用人单位重新协商；协商不成的，可由用人单位与职工代表通过集体协商确定，协商结果应签订集体合同或工资协商协议。

第四，如果集体合同（工资协商协议）、劳动合同均没有约定工资数额以及加班工资基数的，应当以劳动者本人月实际工资收入作为加班工资基数。依据国家统计局《关于工资总额组成的规定》，工资总额的计算应以直接支付给职工的全部劳动报酬为根据。因此，在计算劳动者本人月实际收入时，只要是劳动者在正常劳动时间内，在提供正常劳动的情况下取得的收入，均应当纳入加班工资基数的计算范畴。但用人单位已经支付的加班工资应当扣除，不能列入计算范围。

本案中，机械有限公司与王某在劳动合同中约定了工资数额，但没有约定加班工资基数，属于前述确定加班工资基数四方面原则的第二种情形，应该以合同约定的工资总额为加班工资基数。机械有限公司以法律没有明文规定、公司约定俗成为由，自行决定以王某工资总额中的“基本工资”作为加班工资基数，是违反法律规定的无效行为。另外，即使机械公司与王某在合同中约定以基本工资为加班工资基数，由于王某的基本工资只有1200元，低于了当地最低工资标准，此项约定因违反法律法规，也属于无效约定。

特别提醒

最低工资标准是劳动者正常工作时间工资的底线，也是法律关于工资的强制性规定，劳动者正常工作时间工资不得低于最低工资标准。因此，用人单位与劳动者约定的加班费计算基数，不得低于最低工资标准，否则该约定将因违反法律的强制性规定而归于无效。

法条链接

《劳动合同法》第18条、第51条、第55条

《关于工资总额组成的规定》第3条、第4条

案例51
最低工资标准中是否包括加班工资？

案情实录

女职工肖某2011年12月进入某大酒店工作。2012年春节期间，该酒店正常营业，肖某一天都没有休息，天天上班。因为是新进员工，自到酒店上班以来，几乎每次加班，都有肖某。为了多挣点钱，肖某也就没有吭声。2012年2月初，肖某拿到1月份工资，一看只有1800多元，这其中还包括了大年三十晚上老板发的红包300元。肖某找到酒店老板，诉说自己1月份天天加班，春节期间也没有休息，除了老板发的300元红包，自己拿到手的工资仅仅比最低工资标准1320元多了一百多元，实在是太少了。酒店老板解释说，肖某还在试用期，基本工资800元，每加一个班50元，平时加班20元一次，肖某1月份工资一起加起来就是1500多元。酒店老板还说，酒店每个月发给员工的工资，肯定不会低于最低工资。等肖某正式转正后，基本工资调高了，整个工资就能高起来。肖某对老板的一席话感到很疑惑，酒店的做法是否有不合适的地方？

以案说法

加班加点工资是否计入最低工资标准，这是职工疑惑并经常为此和企业争议的一个问题。

实行最低工资保障制定，是世界通行的做法。《劳动法》《最低工资规定》等法律法规明确规定，劳动者在法定工作时间或依法签订的劳动合同约定的工作时间内提供了正常劳动，用人单位支付给劳动者的劳动报酬不得低于当地最低工资标准。

那么，核算工资时，加班加点工资能纳入最低工资计算范围吗？

依据《最低工资规定》第12条规定："在劳动者提供正常劳动的情况下，用人单位应支付给劳动者的工资在剔除下列各项以后，不得低于当地最低工资标准：（一）延长工作时间工资；（二）中班、夜班、高温、低温、井下、有毒有害等特殊工作环境、条件下的津贴；（三）法律、法规和国家规定的劳动者福利待遇等。"也就是说，用人单位支付给劳动者的工资，必须是在剔除以上各项的情况下，依然不低于当地的最低工资标准，否则就要承担法律责任。

《劳动部关于〈中华人民共和国劳动法〉若干条文的说明》说得更加明了、

直接，最低工资包括基本工资和奖金、津贴、补贴，但是不包括加班加点工资、特殊劳动条件下的津贴以及国家规定的劳动者福利待遇。

加班加点工资是在法定标准工作时间以外劳动者所从事的劳动而支付的报酬。上述法律法规很明确地告诉我们，计算最低工资时，要剔除掉职工加班加点工资。

依据《劳动法》第44条以及原劳动部发布的《工资支付暂行规定》（劳部发〔1994〕489号）第13条规定，用人单位在劳动者完成劳动定额或规定的工作任务后，根据实际需要安排劳动者在法定标准工作时间以外工作的，应分别按150%、200%、300%支付劳动者的工资。

需要注意的是，最低工资标准并未剔除每月发放的奖金，所以每月发放的奖金是可以包含在最低工资中的。因此，本案中，大年三十晚上老板发的红包300元，是可以纳入最低工资标准的计算范围。但是，不管工资奖金的比例如何规定，职工每月提供正常劳动的情况下，剔除加班费等应剔除项目，劳动报酬不能低于最低工资标准。否则，企业就是违法的。

本案中，酒店把肖某加班加点工资纳入最低工资标准计算范围，这不仅是错误的，而且还违反了国家法律法规，侵害了肖某的合法权益。肖某1月份工资虽然有1800多元，高于最低工资标准1320元，但剔除掉加班加点工资700多元，肖某1月份工资实际只有800元基础工资加上300元红包，低于当地最低工资标准220元。酒店应当补发肖某2011年12月、2012年1月的工资差额部分。

特别提醒

在实际维权中，不少职工工资从表面上看都高于当地最低工资标准，但细细分析后不难发现，很多企业长期执行12小时工作制，甚至一些企业常年没有什么休息日，职工所谓的高工资，很大一部分是由加班工资组成的。很多职工加班加点，就是为了多赚点钱，结果实际领到手的工资竟低于最低工资标准。这里，最重要的一个原因，就是职工对最低工资规定不是很清楚，被企业钻了空子。

法条链接

《劳动法》第48条

《最低工资规定》第3条、第12条

《劳动部关于〈中华人民共和国劳动法〉若干条文的说明》第48条

案例52

法定节假日加班，能否用补休冲抵加班费？

案情实录

职工周某所在单位是市区一家大型超市，到了节假日，超市里的人多得挤都挤不动。超市生意兴隆，给周某带来的最直接影响，就是节假日加班的机会和次数明显增多。2011 年国庆黄金周，单位只安排周某休息了一天。长假过后，周某满以为可以拿到不少加班费。10 月工资发下来，周某一看很失望，竟然和 9 月的没什么变化，国庆期间的加班工资一点都没有体现。周某立即找到人力资源部，答复是：最近领导开会研究，国庆期间的加班，单位将适时安排员工补休，不再发放加班费。周某当即提出疑问，国庆期间安排员工加班，根据法律规定，单位应当支付其加班费，他有权拒绝补休。超市没有理睬周某支付加班工资的要求，无奈之下，周某找到市总工会寻求帮助。

以案说法

每年法定节假日前后，加班工资问题都会引起社会各界的广泛关注。

平时，我们习惯将因生产经营的需要，职工在规定的工作时间之外继续工作统称为加班加点。其实，依照法律法规，加班加点可分为三种情况，一是安排职工在工作日法定标准工作时间以外延长工作时间的，这种情况属于延时加班，即加点；二是安排职工在休息日加班的；三是安排职工在法定节假日加班的。

之所以把加班加点如此细分，是因为依照《劳动法》《工资支付暂行规定》等法律法规的规定，这三种情况下的加班工资支付各不相同。安排职工延长工作时间的，支付不低于工资的百分之一百五十的工资报酬；安排职工休息日工作又不能安排补休的，支付不低于工资的百分之二百的工资报酬；安排职工法定节假日工作的，支付不低于工资的百分之三百的工资报酬。

在上述三种类型的加班中，法定节假日对劳动者来说，其休息有比正常工作日和休息日更为重要的意义。安排劳动者法定节假日加班，将直接影响到劳动者的精神文化生活和其他社会活动，这是事后补休所无法替代和弥补的，因此，法律规定要给予其他两种加班更高的工资报酬。

从上面的分析可以看出，用人单位法定节假日安排加班，应按不低于日或者小时工资基数的300%支付加班工资；休息日期间安排加班，应当安排同等时间补休，不能安排补休的，按照不低于日或者小时工资基数的200%支付加班工资；平时工作日安排延时加班，按照不低于日或者小时工资基数的150%支付加班工资。

本案中，周某所在单位全部以补休的方式代替支付国庆期间加班工资的做法存在违法情形。正确的做法是，国庆长假七天中，10月1日、2日和3日属于法定假期，只能按照不低于日或者小时工资基数的300%支付加班工资的方式对职工进行补偿；而10月4日至7日属于休息日的调整，由用人单位自主决定是安排补休还是支付加班工资。不能安排补休的，按照不低于工资基数的200%支付加班工资。

在市总工会的协调下，超市认识到自己做法的不妥之处，当即答应给包括周某在内的200多名国庆期间加班的职工，按照职工工资基数的300%补齐10月1日至3日的加班工资，10月4日至7日加班的，半年之内安排补休。对此处理，周某十分满意。

特别提醒

国庆、春节、中秋等法定节假日安排劳动者加班和一般工作日安排劳动者延时加班的，是不能用补休冲抵加班费的，必须支付劳动者加班工资。只有在休息日安排劳动者工作的，用人单位才有两种选择，可以以安排补休的方式代替支付加班工资。

法条链接

《劳动法》第44条

《工资支付暂行规定》第13条

案例53

实行计件工资制，还要支付加班费吗？

案情实录

2012年1月，吴某与某船舶制造公司签订了三年期劳动合同，工作岗位为模具加工。签订劳动合同时，人力资源部告诉吴某，公司实行计件工资制，每完成1个标准件支付30元，月基本定额为80件，在此基础上多劳多得。在征得吴某同意的基础上，公司把这一条约定写入了劳动合同。2013 年 3 月，公司签订大批来料加工业务，征得工会同意后，公司希望全体职工加班加点，确保按期交货。吴某等职工同意了公司的加班要求。2013 年 3 月至 6 月间，吴某几乎放弃了所有的休息日，平时的工作日也经常加班到半夜。四个月的时间，吴某每月都完成了比月基本定额多 1 倍以上的工作量，每月工资收入自然也是以往的一倍多。但让吴某很不舒服的是，公司一直是按正常计件单价乘以自己完成的标准件总量来支付自己的劳动报酬，即使是“五一”长假，公司也没有多发一分钱的加班费。吴某认为，自己在正常工作时间以外加班并且超额完成劳动定额，公司应该另外支付加班费。平时工作日按照计件多劳多得也就算了，双休日、“五一”节，总要支付加班工资吧?！吴某找到人力资源部理论，公司答复说，公司一直实行的是计件工资制，而且写入了劳动合同，吴某本人也是签字认可了，计件工资就是按件计酬，多劳多得，少劳少得，凭本事吃饭，《劳动法》关于支付加班工资的规定不适用于计件工资制，因此不存在另行支付加班工资的问题。吴某多次找车间主任、分管副总、人力资源经理理论，都没有得到满意的答复。那么，在实行计件工资制的情况下，吴某是否有权讨要加班费呢?

以案说法

这是一起关于劳动者完成劳动定额之外加班，用人单位拒付加班工资引发的劳动争议。本案的争议焦点在于吴某按计件工资制领取劳动报酬后，是否还可以要求公司支付加班工资?

1．何为计件工资制、计时工资制?

计时工资制是指按照职工的技术熟练程度、劳动繁重程度和工作时间长短给予劳动者报酬的一种工资形式。计时工资制下，劳动者劳动报酬的多少，直接由职工的工资标准和工作时间决定。

计件工资制是根据员工生产的合格产品或完成的作业量，按预先商定的计件单价给予劳动者报酬的一种工资形式。与计时工资制相比，计件工资制是用一定时间内的劳动成果——产品数量或作业量来计算，但仍然是间接用劳动时间来计算的。

根据《劳动法》和《国务院关于职工工作时间的规定》，我国现行的标准工时制度为每日工作 8 小时、每周工作 40 小时。有一点，我们必须十分清晰，不管是计件工资制，还是计时工资制，都是我国法定的工资制度，执行标准工时制度是基础，也是前提。

2. 在计件工资制下如何界定加班情形?

加班是指在法定工作时间之外，用人单位安排劳动者参加劳动的情形。在计时工资制下，应用人单位要求，如果劳动者每日工作超过 8 小时以上，或每周工作累计超过 40 小时以上，都应该属于加班，用人单位应支付加班工资。

那么，在计件工资制下，如何认定加班呢？

原劳动部颁布的《工资支付暂行规定》中规定：实行计件工资的劳动者，在完成计件定额任务后，由用人单位安排延长工作时间的，应分别按照不低于其本人法定工作时间计件单价的 150%、200%、300% 支付其工资。计件工资制下对加班情形的认定，除了要遵守法定工作时间规定外，还要遵守计件定额的规定。在实际工作中，我们把计件工资制下判定加班的标准称为“双超”，即既超额完成“计件定额”，又超过“法定工作时间”，劳动者继续工作的，视为存在加班行为。

现实生活中，很多用人单位认为，计件工资制就是劳动者根据自己的工作量多劳多得，不存在加班情形。这种说法，其实是混淆了工资发放形式（计件工资制、计时工资制）和工时制度（标准工时制度、不定时工时制、综合计算工时工作制），将计件工资制想当然地认为是不定时工作制，这是错误的。按照法律规定，计件工资制只是工资报酬计算的一种方式，它并不能改变工作时间的法定标准。因此，实行计件工资制的单位，在劳动者完成计件定额后，在标准工时之外安排劳动者加班的，也应当依法支付加班费。

在实际工作中，除了“双超”，还有超“法定工作时间”或超“劳动定额”这两种“单超”情况，前者指劳动者在法定工作时间内无法完成定额数量，而不得不在法定工作时间之外去完成未完成部分，如果制定的劳动定额科学合理，这种情形不属于加班。后者指劳动者在法定工作时间内超额完成劳动定额，这种“单超”也不属于加班情形，但建议用人单位确定一个高于普通计价单价的“超额计件单价”，专门用于奖励在法定工作时间内超额完成的那部分定额，这样能更加有效地调动劳动者的积极性。

3. 计件工资制下如何计算加班工资?

在计件工资制下确认“双超”情形属于加班后，接下来就是如何计算加班工资的问题。

根据《劳动法》第 44 条和《工资支付暂行规定》第 13 条规定，实行计件工资的劳动者，在完成计件定额任务后，由用人单位安排延长工作时间的，应分别根据延时加班、休息日加班、法定节假日加班三种情形，按照不低于其本人法定工作时间计件单价的 150%、200%、300% 支付其工资。举例来讲，如果在法定工作时间内完成一个产品可以获得10元的话，那么劳动者在完成既定定额的基础上，平时延时加班的计件单价就是15元/件，休息日加班就是20元/件，法定节假日加班就是30元/件。

本案中，船舶制造公司为了按期交货，明确要求吴某等职工加班加点，并且事先征得了公司工会的同意，无论从形式上和出发点上看，都是明确要求吴某加班。虽然公司实行的是计件工资制，但吴某在四个月的时间内，一方面平时延时加班，双休日也没怎么休息，明显超过法定的标准工时；另一方面，超额完成每月的劳动定额，工作量几乎是以往的一倍多，这两个方面，符合计件工资制下认定加班的“双超”标准，可以认定吴某加班行为的存在。在本案中，公司以实行计件工资制拒付加班工资的行为是错误的。在协商沟通过程中，公司最终答应按照相关法律规定进行加班工资的测算，支付吴某等公司职工四个月的加班工资，同时，公司决定以此为鉴，修改完善公司关于劳动定额的相关规章制度提交职代会讨论，更有效地调动公司职工的积极性。

特别提醒

需要引起劳动者注意的是，在实行计件工资制下，企业制定的劳动定额标准应当科学、合理并合法。《劳动法》第37条规定：“实行计件工作的劳动者，用人单位应当根据本法第36条规定的工时制度，合理确定其劳动定额和计件报酬标准。”《劳动合同法》第4条规定，用人单位在制定涉及劳动者切身利益的劳动定额管理等规章制度或重大事项时，应当经职工代表大会或全体职工讨论，与工会或职工代表平等协商确定。

法条链接

《劳动法》第37条、第44条

《工资支付暂行规定》第13条

《国务院关于职工工作时间的规定》第3条

案例54
安排职工节假日值班，单位要支付加班费吗？

案情实录

2013年6月，职工戴某职业技术学院毕业后，入职某电子有限公司，与公司签订了一年期劳动合同，工作岗位为一线装配工。转眼，戴某迎来了工作后的第一个国庆黄金周。本想与闺蜜结伴旅游，好好放松一下。可放假前两天，戴某接到公司通知，全厂人员轮流值班，安排自己10月1日至3日去公司值班。自己是新进员工，理应好好表现，戴某只好取消了原来的旅游计划。说是值班，其实和平时上班没有两样，工作内容、工作标准都与平时一样，唯一的变化就是全厂只有一半人在上班。2013年11月，10月工资发下来了，戴某发现只比上个月增加了150元，远远低于法定节假日300%的支付标准。问了公司财务部，答复说，值班历来都不发加班工资，发给戴某的150元，是3天的值班津贴。戴某提出异议，公司说是值班，其实和平时上班没有任何区别，又在法定节假日期间，理应算加班。公司对戴某的异议不予理睬。难道法定假日到公司值班，公司可以不发加班工资吗？

以案说法

实际生活中，很多单位都有“值班”的说法和做法，但在《劳动法》《劳动合同法》等相关法律法规中，却没有“值班”的概念，由此经常导致劳动争议的发生。那么，安排职工节假日值班，究竟算不算加班？值班是否能等同于加班？

值班、加班，都是法定标准工作时间的延长，都是按照用人单位的统一安排进行工作，都体现了单位的意志，因此，劳动者很容易混淆两者之间的概念。在司法实践中，加班、值班虽只有一字之差，但两者却存在着很大的区别，主要体现在以下三个方面：

1. 工作内容不同。

值班是指用人单位因安全、消防、假日等需要，或为处理突发事件、紧急公务处理等原因，安排本单位有关人员在夜间、公休日、法定休假日等非工作时间从事的非本职工作的活动，一般为非生产性的责任，如看门、接听电话等。而加班是指用人单位因生产经营需要，安排劳动者在法定标准工作时间之外，继续从事本职工作。从工作内容上看，加班是劳动者本职工作的延续，而值班一般与本职工作有较大区别，不具有工作的延续性。

2. 工作强度不同。

加班一般由于工作量大或者时间紧迫，劳动者无法在正常时间内完成生产任务，不得不通过延长劳动时间的方法，来弥补时间的不足，所以，加班一般都有一定的工作强度或紧迫性，劳动者也没有时间休息。而值班则不同，一般没有紧迫性，也没有太大的工作量，有事则忙，无事则闲，在值班过程中，一般都有较多的时间休息。另外，值班没有严格的时间限制，而加班则必须受《劳动法》规定的每日不得超过一小时；因特殊原因需要延长工作时间的，在保障劳动者身体健康的条件下每日不得超过三小时，每月不得超过三十六小时的限制。

3. 法律后果不同。

关于值班，目前尚无专门法律对其进行规范。如何值班，值班一次要值多长时间，需要支付多少钱，安排值班是否应予协商，劳动者能否拒绝值班等，这些问题，往往由单位内部制定的规章制度予以调整。而加班却受《劳动法》《劳动合同法》《工资支付暂行规定》等诸多法律法规的调整，对加班程序、加班报酬，都作出了明确具体的规定。如加班报酬，根据法律规定，超时加班应当支付平时工资150%的加班费，双休日加班要支付200%的加班费，法定节假日加班要支付300%的加班费。

综上所述，认定劳动者法定标准工作时间之外的工作是否属于加班，主要看两个方面：一是劳动者是否继续在原来的岗位上工作，或者是否有具体的生产或经营任务；二是劳动者的工作强度是否等于或高于日常工作。

为了避免劳动争议的发生，上海、北京等地的高级人民法院及劳动部门，先后在其系统内的会议纪要中对“值班”作出了界定，明确了值班只需支付“值班津贴”，而不需要支付加班工资。如《北京市高级人民法院、北京市劳动争议仲裁委员会关于劳动争议案件法律适用问题研讨会会议纪要（2009）》第22条规定：“下列情形中，劳动者要求用人单位支付加班工资的，一般不予支持：（1）用人单位因安全、消防、节假日等需要，安排劳动者从事与本职工作无关的值班任务；（2）用人单位安排劳动者从事与其本职工作有关的值班任务，但值班期间可以休息的。在上述情况下，劳动者可以要求用人单位按照劳动合同、规章制度、集体合同或惯例等支付相应待遇。”

应该说，以上界定，对有效区分值班与加班，具有积极的现实意义。从科学管理的角度来说，为避免发生关于值班的劳动争议，用人单位在节假日安排职工值班时，不妨将“加班”和“值班”的区别以及待遇标准事先作出说明，或者在企业规章制度中作出详细的界定和解释，从而避免事后发生不必要的误会。

本案中，按照公司的统一安排，戴某国庆期间到公司去“值班”，其实是在原有的工作岗位上从事原来的工作内容，工作强度也等同于日常上班。因此，公司所说的值班，其实就是加班，公司用支付值班津贴的方式替代支付加班工资，存在明显的违法之处。

特别提醒

少数用人单位，为了逃避支付加班工资，安排职工在节假日到单位“值班”，而值班的内容则是劳动者本职工作的延续，或者安排具体的生产经营任务给劳动者，这样，即使称之为“值班”，也应当认定为加班，必须按照法律规定支付加班工资。

法条链接

《劳动法》第 41 条、第 44 条

《上海市高级人民法院关于审理劳动争议案件若干问题的解答》第 3 条

案例55

职工拒绝加班，单位是否有权扣发工资？

案情实录

徐某是某职业服装有限公司的职工。2013 年 11 月 3 日，公司承接了一家大型企业加工工作服的订单，数量很大，交货期也很紧。公司立即召开中层以上干部会议，并专门下发通知：为完成订单，全体员工每天至少加班 3 小时；双休日不休息，工作 9 小时。为调动大家的积极性，公司在按规定支付加班工资的基础上，每天增发 50 元补助；对不服从大局、不按要求加班的，每天扣发 50 元工资。2013 年 11 月 20 日，由于连日加班，徐某得了重感冒，头昏脑涨，感觉正常上班都困难，于是向车间主任提出不加班的请求。车间主任不仅拒绝了徐某的申请，还批评她不顾全大局。徐某很生气，说自己带病上班已属不易，继续加班，真的吃不消。车间主任阴沉着脸，没理她。接下来的一周时间，徐某虽然每天坚持上班，但到了正常下班时间，她不管车间主任脸拉得多长，都是打声招呼，就自行离厂。到 12 月发工资的时候，徐某发现 11 月工资总额虽然比 10 月多，但在扣款栏中，赫然写着扣款 400 元。找到人力资源部，答复说，徐某前后有 8 天没按要求加班，按规定每天扣 50 元。徐某当即和人力资源部经理争辩起来，加不加班是职工个人的事，况且自己确实是身体不适无法加班，公司扣款没有道理。但人力资源部认为，加班是为了全公司的大局，徐某未经允许就擅自离开，属于旷工行为，扣发工资，是对她这种行为的惩罚和告诫。人力资源部还说，看在她是老员工的分上，只是扣发工资，已经很照顾她了，让她不要再无理取闹。徐某听闻此言，更是气不过，专程找到市总工会咨询，难道职工拒绝加班要求，单位有权扣发工资吗？

以案说法

这是一起因职工拒绝加班而引起的劳动争议，主要涉及三方面的问题。

1. 职工有没有拒绝加班的权利？

对于加班的法律条文，我们引用最多的就是《劳动法》。《劳动法》第41条规定：“用人单位由于生产经营需要，经与工会和劳动者协商后可以延长工作时间，一般每日不超过1小时；因特殊原因需要延长工作时间的，在保障劳动者身体健康的条件下延长工作时间每日不超过三个小时，但是每月不超过36小时。”

《劳动部关于贯彻执行〈中华人民共和国劳动法〉若干问题的意见》（劳部发〔1995〕309号）第71条对加班的程序规定说得更加清晰：“协商是企业决定延长工作时间的程序（《劳动法》第42条和《劳动部贯彻〈国务院关于职工工作时间的规定〉的实施办法》第7条规定除外），企业确因生产经营需要，必须延长工作时间的，应与工会和劳动者协商。协商后，企业可以在《劳动法》限定的延长工作时数内决定延长工作时间，对企业违反法律、法规强迫劳动者延长工作时间的，劳动者有权拒绝。若由此发生劳动争议，可以提请劳动争议处理机构予以处理。”

《国务院关于职工工作时间的规定》第6条规定，任何单位和个人不得擅自延长职工工作时间。因特殊情况和紧急任务确需延长工作时间的，按照国家有关规定执行。

对照这些法律规定，我们可以清楚地看到，用人单位没有权利单方面强行要求职工加班，只有和工会和劳动者协商一致的情况下，才可以延长劳动者工作时间。说得更直白一点，协商是用人单位让员工加班的必经程序，未经协商一致，用人单位不能强迫劳动者加班，劳动者有权拒绝加班。

2. 职工不得拒绝加班的情形有哪些？

依据相关法律规定，对一些特殊情形，用人单位要求职工加班，劳动者不得拒绝，并不受《劳动法》第41条规定的加班程序、加班时长的限制。

综合《劳动法》以及《劳动部贯彻〈国务院关于职工工作时间的规定〉的实施办法》（劳部发〔1995〕143号）第7条的规定，用人单位延长工作时间不受《劳动法》第41条限制的特殊情形和紧急任务主要包括：（1）发生自然灾害、事故或者因其他原因，使人民的安全健康和国家资财遭到严重威胁，需要紧急处理的；（2）生产设备、交通运输线路、公共设施发生故障，影响生产和公众利益，必须及时抢修的；（3）必须利用法定节日或公休假日的停产期间进行设备检修、保养的；（4）为完成国防紧急任务，或者完成上级在国家计划外安排的其他紧急生产任务，以及商业、供销企业在旺季完成收购、运输、加工农副产品紧急任务的。发生以上四种情形之一的，用人单位要求加班的，劳动者不得拒绝。

需要提醒的是，虽然在上述四种情形下，劳动者不得拒绝用人单位的加班要求，但用人单位还是应该依照法律的规定支付加班工资。

3. 哪些情况下，用人单位可扣除职工工资？

职工的工资不得随意扣除。工资是劳动者付出劳动后应得的报酬，职工的工资获得权和使用权受法律的保护。在法律规定、合同约定以及依法制定的劳动纪律中有明确规定的情况下，用人单位可以扣除职工工资，主要有以下情况：

（1）依法代扣工资。主要包括：代扣代缴个人所得税；代扣代缴应由个人负担的各项社会保险费用；法院判决、裁定中要求代扣的抚养费、赡养费；法律、法规规定可以从员工工资中扣除的其他费用。

（2）因员工本人原因给用人单位造成经济损失，并需从工资中扣除赔偿费的，扣除部分不得超过员工当月实得工资的20%，且扣除后的工资部分不得低于当地最低工资标准。

（3）职工请病、事假的：请事假的，按照缺勤一天扣一天工资计算；请病假的，按照用人单位劳动规章制度支付病假工资，但最低不得低于最低工资标准的80%。

职工提供了正常劳动，用人单位就应当按劳动合同规定的标准支付全部劳动报酬。用人单位无正当理由不得扣减职工应得工资，更不得随意把扣发工资作为处罚职工的一种手段。

本案中，服装公司在处理徐某因病拒绝加班这件事上，至少存在三方面的问题：一是公司接到大批量订单需要加班，属于正常的生产经营需要，不属于职工不得拒绝加班的特殊情形；服装公司接到订单后，仅仅是召开中层以上干部会议，就宣布全厂进入加班状态，未事先征得公司工会和劳动者的同意，属于程序违法。二是延长劳动者工作时间，应当以保障劳动者身体健康为前提条件。徐某身体不适，坚持正常的劳动已属难能可贵，公司不仅不批准徐某不加班的申请，还以徐某不参加加班为由扣发其工资，侵犯了徐某的生命健康权和工资报酬权。三是按照公司的规定，每名职工正常工作日每天加班3小时，双休日加班9小时，一周加班时间就达33小时；一个月下来，每人至少加班132小时以上，大大超出《劳动法》规定的每月加班不超过36小时的限制，属于违法超时加班。

经过市总工会深入浅出的释法明理，服装公司很快意识到自己做法的不妥之处，赶紧承认错误，与徐某握手言和。公司负责人向市总工会承诺，一方面，立即退还徐某400元的扣款，并向徐某带病坚持工作表示歉意；另一方面，尽快修改加班制度，保证今后依法管理、依法经营。

特别提醒

用人单位在生产任务紧急需要加班时，须事先征得工会和劳动者的同意才可以进行。用人单位无权强迫劳动者加班加点，对于不愿加班加点的劳动者，不得作出任何处罚决定，更不得随意以此为由克扣劳动者工资。

法条链接

《劳动法》第41条、第42条

《工资支付暂行规定》第15条、第16条

案例56

劳动者签订了自愿加班协议书，用人单位还需要支付加班费吗？

案情实录

2013年2月，职工孔某入职开发区一家科技有限公司，主要负责程序开发工作。上班第一周，公司就对孔某等一批新进员工进行了入职培训，重点培训公司劳动规章制度。培训中，“追求卓越、尽善尽美”的企业精神、“今天再晚也是早，明天再早也是晚”“今日工作不努力，明日努力找工作”这样的励志话语被经常提及。正式上班以后，孔某就觉得很别扭，员工手册上明明规定公司实行的是每天8小时、每周40小时的标准工时制度，可事实上，每天下午下班时间到了，公司一切活动都还正常进行，没有一人离开，很多总结会、碰头会、研讨会还特意放在下班以后召开，每天延时一小时成了公司上下不成文但雷打不动的规定。而这样的加班，孔某没有领到过一分钱的加班工资。孔某一向活泼好动、交游甚广，这样的延时加班让他感到非常苦恼。好不容易坚持了一年时间，2014年3月，孔某向科技公司提出了辞职，同时要求公司补发一年来的加班工资，并提供了一年来的考勤记录。公司当即拒绝，并认为，所有的加班行为都出于职工自愿而非公司的安排，并拿出了一份孔某签字确认的自愿加班协议书，协议书上明确规定："由于本职工作没有完成，所以自愿加班，不要加班费。"直到看到协议书，孔某才想起，自愿加班协议书是当初与公司签订劳动合同时一同签下的，当时求职心切，并没有意识到这份协议书的重要性，而且公司几乎所有的同事都签了这种协议书。孔某对公司的解释表示异议，并对自愿加班协议书的法律效力表示怀疑。那么，职工签订了自愿加班协议书，还有没有索要加班工资的权利呢？

以案说法

在现实生活中，面对繁重的工作任务、浓烈的加班文化，或者根据上司的明确意愿，很多人会自觉或者被动地选择加班。在加班费上，在很多人固有的思维中，认为只要加了班，单位就会发加班费，但事实却并非如此简单。

1. 什么是自愿加班？

何为自愿加班，一般是指职工在没有经用人单位安排或同意的情况下自愿延长工作时间的行为。反之，如果职工是得到用人单位通知，或者经用人单位同意或批准而延长工作时间的行为，就属于用人单位安排的加班，用人单位应当依法支付加班费。

2. 劳动者确属自愿加班，用人单位需要支付加班费吗？

（1）《劳动法》第 41 条规定，用人单位由于生产经营需要，经与工会和劳动者协商后可以延长工作时间。从这个法律条文上，我们可以看到关于加班的两个关键节点：一是用人单位如安排劳动者加班，必须事先与劳动者和工会协商，协商是用人单位安排加班的必经程序。二是安排加班的主体是用人单位，而不是劳动者。

（2）与之相印证，《劳动合同法》第 31 条规定，用人单位应当严格执行劳动定额标准，不得强迫或者变相强迫劳动者加班。用人单位安排加班的，应当按照国家有关规定向劳动者支付加班费。《工资支付暂行规定》第 13 条规定，用人单位在劳动者完成劳动定额或规定的工作任务后，根据实际需要安排劳动者在法定标准工作时间以外工作的，应按法定标准支付加班工资。

（3）从《劳动法》等法律法规的立法意图上看，法律对用人单位安排加班在程序及时间上均作了限制性规定，就是为了限制用人单位安排劳动者加班的权利，有效保护劳动者的休息权。如果劳动者本人自愿加班，就是对自己休息权的主动放弃，而不是被动剥夺。

3. 职工属于"被自愿"，用人单位需要支付加班费吗？

职工"被自愿加班"，在实践中一般分为以下情形：

（1）少数用人单位通过制定不科学、不合理的劳动定额标准，致使单位内大部分劳动者在法定工作时间内不能完成定额任务。为获得劳动合同约定的劳动报酬，避免被扣罚工资、奖金，劳动者不得不在法定工作时间以外“自愿”延长工作时间。这种人为抬高定额标准，通过扣罚工资奖金的方式迫使劳动者不得不进行的“自愿加班”，属于变相强迫劳动者加班的违法行为。

（2）职工在入职时，用人单位与职工签订劳动合同的同时，要求职工签订自愿加班协议，并以此为由拒付加班工资。签订了一纸自愿加班协议，用人单位就真的可以不给加班费了吗？前面已经分析过，所有加班，用人单位都应事先与劳动者和工会协商，应该建立在自觉自愿的基础上。因此，自愿加班协议，既不能成为强迫职工加班的理由，更不能成为职工获得加班费的障碍。

（3）如果用人单位规章制度承认职工自愿延长工作时间的行为属于加班，或者用人单位事实上默认了职工自愿加班行为为加班并有支付加班工资的先例，或职工自愿加班前向用人单位提出申请，并得到用人单位的批准或同意的，职工就有权要求用人单位支付加班工资或安排补休。

本案中，科技公司的做法至少存在两方面的问题：首先，除法定的紧急情况外，其他所有的加班都应该建立在职工自愿的基础上，虽然公司与孔某签订了自愿加班协议书，但每天加班一小时，并由全体员工统一执行，这是公司的管理行为，而非孔某的个人自愿行为。其次，自愿加班协议书上关于“职工自愿加班、不要加班费”的约定，属于格式的强迫约定，违反《劳动法》《劳动合同法》等相关规定，属于无效约定，对劳动者没有法律约束力。

特别提醒

无论是《劳动法》，还是其他有关的法律法规，在提及延长劳动者工作时间时，均使用了“用人单位安排”的表述。因此，用人单位支付加班工资的前提，是“用人单位根据实际需要安排劳动者在法定标准工作时间以外工作”，即由用人单位安排加班的，用人单位才应支付加班工资。如果劳动者纯粹为获取更多的劳动报酬或因其他私人原因，未经用人单位同意而自愿延长工作时间的，用人单位有权不支付加班工资。

法条链接

《劳动法》第 41 条

《劳动合同法》第 31 条

《工资支付暂行规定》第 13 条

第二节　年终奖争议

案例57
离职员工能否拿到上一年度的年终奖?

案情实录

职工张某于2012年1月进入某机械公司工作，从事电焊工作。2013年1月初，张某嫌公司给的工资待遇低，主动离职。2013年2月，张某得知公司发放2012年年终奖，认为自己也应拿到公司上一年的年终奖。但公司予以拒绝，辩称发放年终奖时张某已经离职，根据公司规定，他无权获得年终奖。张某不服，说劳动合同、规章制度中，都没有关于年终奖的约定，能不能拿年终奖，不能由公司一方自说自话。张某多次找公司负责人理论、争取，都没有结果。那么，张某为公司辛苦了一年，是否有资格拿到上一年的年终奖呢?

以案说法

年终奖，是用人单位发给员工的年终奖励，是对员工一年来工作业绩的嘉奖及肯定，发放时间一般在年底或年初。而此时正好是劳动者跳槽最为频繁的时候。跳槽之后，原单位发放上年度年终奖，自己还能不能领到呢？这是很多职工都非常关注的问题，也是很容易发生劳动争议的问题。

根据国家统计局发布的《关于工资总额组成的规定》，工资总额是指各单位在一定时期内直接支付给本单位全部职工的劳动报酬总额，由计时工资、计件工资、奖金、津贴和补贴、加班加点工资、特殊情况下支付的工资六部分组成。其中，奖金一项是指支付给职工的超额劳动报酬和增收节支的劳动报酬，包括生产奖等。对于生产奖的范围，根据《国家统计局〈关于工资总额组成的规定〉若干具体范围的解释》的规定，主要包括超产奖、质量奖、年终奖（劳动分红）等。由此可见，年终奖是奖金的一种，它是工资的一部分，属于超额劳动报酬。

虽然相关法律规定了“年终奖”这个法律名词，但法律法规并没有规定年底支付员工年终奖是用人单位的法定义务，也没有明确规定年终奖的发放方式、数额和发放时间，而是将发放的自主权更多交给了企业。从这个角度来讲，用人单位掌握着年终奖发放的主动权。

实践中，年终奖是否发放、发放条件、发放数额等均与用人单位的效益相关，一般由用人单位通过规章制度决定，或者劳动合同约定。离职员工能否领取上年度年终奖的问题，可分两种情况判断：

1. 劳动合同有约定或单位规章制度有规定的情况。

年终奖发放，遵循的一个重要原则就是“约定优先”。“年终奖”发不发、怎么发，首先要看劳动合同的约定或者用人单位规章制度是如何规定的。如果劳动合同或者公司规章制度里约定了员工年终奖数额或者计算方式，并没有作出发放时是否在岗的限制性规定，那么，员工付出了劳动，就应该得到相应的年终奖金。反之，如果用人单位在规章制度等文件中明确规定年终奖属于公司特殊福利，是否发放以及发放额度需要考虑公司当年效益及个人表现，并规定离职员工不享受单位上年度年终奖，那么，离职员工追索年终奖胜诉的希望就比较渺茫。

2. 劳动合同没有约定或单位规章制度没有规定的情况。

在既没有劳动合同约定，也没有相关规章制度对年终奖作出规定的情况下，如果离职员工上年度工作满一年，根据《劳动法》规定的同工同酬原则，离职员工完全具备参与年终绩效考核、领取年终奖的条件。用人单位仅以年终奖发放时员工已离职而拒绝支付年终奖的，有违同工同酬的原则。在这种情况下，一旦发生劳动争议，劳动仲裁委和法院都将会支持职工的请求。如果离职员工上年度工作未满一年，时间上不具备年终考核的条件，员工胜诉的概率就会很低。

本案中，张某所在公司在既没有合同约定，也没有相关规章制度对年终奖作出规定的情况下，将张某排除在年终奖发放之外，既不合理也不合法。张某虽然离职，但过去一年他付出的辛勤劳动不可一笔勾销。在与公司的反复协商后，张某最终拿到了上一年度的年终奖。

特别提醒

劳动者想保护好自己的“年终奖”，就应该和用人单位签订周密的劳动合同，并对年终奖进行细致约定。此后，一旦与用人单位因年终奖发生争议，合同约定将是劳动者胜诉的“法宝”。

法条链接

《关于工资总额组成的规定》第 4 条、第 7 条

《劳动法》第46条、第47条

《国家统计局〈关于工资总额组成的规定〉若干具体范围的解释》第2条

案例58
新进员工当年能否领取年终奖?

案情实录

时间已进入2014年12月，2014年3月刚刚入职某医疗器械公司的王某，正盘算着用年终奖给自己买部手机。他把自己这个想法在部门刚一宣布，部门主管劈头就给他泼了一盆凉水，说公司总经理最近在会议上刚刚宣布了一个新决定，年中新进人员当年不享受年终奖；王某要想用年终奖买手机，那只有等明年了。对于公司这项规定，王某觉得很是诧异。当初投奔这家公司，就是冲着公司丰厚的年终奖来的，怎么能说取消就取消了。他回到家里，翻箱倒柜把自己与公司签订的那份劳动合同找了出来，发现合同上清清楚楚写了这么一条：经考核合格，年终奖按实际履行月份所应分摊的规定数额领取。想想自己为公司服务大半年时间，居然很有可能一分钱年终奖都没有，这也太不合理了啊！王某找到人力资源部理论，答复说，是否发放年终奖，是用人单位的经营管理自主权，既然公司决定刚入职的新进员工不得领取年终奖，作为个人，就得服从公司的决定；他们还劝王某眼光要放长远，不要斤斤计较，更不要无理取闹。作为新进员工，王某本想息事宁人，忍下这口气，可“无理取闹”这个词深深刺激了他，自己明明有理，劳动合同上白纸黑字，怎么到了公司这里，反倒成了无理取闹呢？王某找到市总工会，咨询自己有没有领取年终奖的资格，如果有，怎样才能争取到属于自己的年终奖？

以案说法

有着鼓励和激励双重性质的年终奖，正日益成为劳动争议增长的一个新领域。本案争议的焦点在于，新入职的王某究竟有没有领取当年年终奖的资格？

1. 是否发放年终奖，用人单位能否说了算？

年终奖是“全年一次性奖金”的简称，是指用人单位根据全年经济效益和对劳动者全年工作业绩的综合考核情况，向劳动者发放的一次性奖金。根据《关于工资总额组成的规定》第4条及《国家统计局〈关于工资总额组成的规定〉若干具体范围的解释》中对“工资总额”的界定，“年终奖”属于工资总额的范畴，属于劳动报酬。

年终奖虽属于工资总额范畴，但它是用人单位对劳动者的一种额外经济奖励，可以在工资之外另行发放。它不像最低工资标准、社会保险费缴纳等法律强制规定的内容，不是用人单位必须发放的法定项目。

根据《劳动法》第 47 条关于“用工单位根据本单位的生产经营特点和经济效益，依法自主确定本单位的工资分配方式和工资水平”的规定，用人单位对是否实行年终奖制度拥有自主权，也就是说，发放年终奖并非用人单位的法定义务。在单位没有建立年终奖制度，双方也没有就年终奖有过约定的情况下，劳动者主张用人单位支付或发放年终奖，是得不到法律支持的。

2. 新进人员是否具有领取当年年终奖的资格和条件？

具体而言，如果用人单位实行年终奖制度，新进人员能否领取，可分两种情况判断：

（1）劳动合同没有约定或单位规章制度没有规定的情况。在既没有合同约定，也没有制度规定的情况下，根据《劳动法》第 46 条“工资分配应当遵循按劳分配原则，实行同工同酬”的规定，新进人员具备领取年终奖的条件，用人单位仅以劳动者属于新进人员为由拒绝发放年终奖，有违同工同酬的法律规定。

（2）劳动合同有约定或单位规章制度有规定的情况。年终奖的发放属于用人单位自主管理范畴，用人单位有权自主决定年终奖发放的条件、数额、时间等具体事宜。这里要再分两种情况：一种情况是劳动合同约定或单位规章制度规定新进人员属于年终奖的发放范围，应当按照劳动合同或规章制度执行。如有的单位规定：职工在年度内中途到职的，按实际工作月数比例计算：凡未满半个月者以半个月计，半个月以上以一个月计。

另一种情况是如果单位规章制度和劳动合同明确规定新进员工不属于年终奖发放范围，不得享受年终奖，那么，新进员工成功追索年终奖的希望就十分渺茫了。

3. 劳动合同的约定和规章制度对年终奖的规定不一致怎么办？

有的用人单位在劳动合同中与劳动者约定之余，相关规章制度中对年终奖也有规定。实际生活中，劳动合同与劳动规章对年终奖的规定不一致时怎么办？《最高人民法院关于审理劳动争议案件适用法律若干问题的解释（二）》（以下简称《司法解释（二）》）第 16 条作了明确规定：“用人单位制定的内部规章制度与集体合同或者劳动合同约定的内容不一致，劳动者请求优先适用合同约定的，人民法院应予以支持。”也就是说，在年终奖这个问题上，劳动规章的规定与劳动合同的约定相抵触时，必须按照对劳动者有利的原则来处理。

本案中，王某与公司签订的劳动合同中，已经明确了对年终奖发放的约定。根据年终奖发放“约定优先”的原则，这一约定对公司和王某都具有相应的约束力，公司负有支付年终奖的义务。公司总经理在会上宣布年中新进人员当年不能领取年终奖，一是仅凭总经理个人口头宣布的决定并不能等于公司依法制定的规章制度，二是即使总经理宣布的新制度是依法制定的，但它与王某劳动合同上约定不一致，按照《司法解释（二）》的相关规定，应该优先适用合同约定，王某依然可以依法主张本该属于他的那部分年终奖。

在市总工会的调解下，公司人事部承认在处理王某年终奖这件事情上有些随意和不严谨，好在王某反映的情况，事实上还没有发生，目前仅仅是说说而已。公司承诺，一定按照合同的约定，发放年终奖时，肯定不会将王某排除在外。对王某找到市总工会求助，公司相关负责人也表示理解，并欢迎市总工会对公司执行劳动法律法规的情况经常予以提醒和帮助。

特别提醒

《劳动法》明确规定，用人单位可以依法自主确定本单位的工资分配方式和工资水平。就年终奖而言，新进人员能否领取当年的年终奖，总的原则是遵循“约定优先”。

法条链接

《劳动法》第 46 条、第 47 条

《关于工资总额组成的规定》第 4 条、第 7 条

案例59

女职工休产假是否影响年终奖？

案情实录

2008 年 7 月，女职工陈某大学毕业后进入某电子公司工作，担任公司文秘。2012 年 1 月，陈某经医生确诊怀孕了。2012 年 9 月中旬，陈某开始休产假。2012 年 1 月，陈某产假结束，回到公司继续工作。2013 年 2 月，公司发放 2013 年年终奖，陈某发现公司发给她的年终奖比别人少了三个多月。公司人力资源部解释说：《员工手册》上有明确规定，正式职工休产假期间，年终奖金按休假月数予以扣除。陈某 2012 年 9 月中旬开始休产假，因此计算年终奖时，

扣除了三个半月的年终奖。陈某不认可公司作出的解释，多次找人力资源部、分管副总争取，一直找到公司老总，答复都是：公司有制度，就应该按制度执行，对事不对人。陈某气不过，找到市总工会，咨询这样的年终奖分配办法是否合理，自己能否要回被扣的三个多月年终奖？

以案说法

本案的争议焦点在于，女职工休产假，能否享受到公司的全额年终奖？弄清楚这个问题，我们至少要明确以下三点。

1. 发放年终奖是用人单位自主给予员工的一种福利待遇，并非用人单位的强制性义务。

法律没有强制要求用人单位一定发放年终奖，也没有发放的具体规定，因此，劳动者不可以强求用人单位发放年终奖。用人单位可以通过规章制度或者劳动合同，对年终奖的具体发放方法作出约定。如果用人单位的规章制度或者劳动合同条款中明确约定发放年终奖，用人单位就应当根据约定履行自己承诺的义务。

2. 就其性质而言，年终奖也是劳动报酬的组成部分之一。

根据国家统计局《关于工资总额组成的规定》及若干具体范围的解释的规定：工资总额是指各单位在一定时期内直接支付给本单位全部职工的劳动报酬总额，包括奖金；奖金包括生产奖；生产奖包括年终奖（劳动分红）等。因此，年终奖从狭义讲是一种奖金，从广义讲属于工资性的劳动报酬。

3. 怀孕女职工在产假期间的工资待遇不得降低。

本案所涉年终奖的问题，归根结底是女职工在怀孕、生育期间的工资待遇问题。对此，国家相关法律对于女职工怀孕期间有着特殊的劳动保护规定。《妇女权益保障法》《女职工劳动保护特别规定》等法律法规都规定，任何单位不得因结婚、怀孕、产假、哺乳等情形，降低女职工的工资。

在本案的调解中，陈某所在公司认为，《员工手册》规定，只有当年工作“满勤”的员工才可以获得全部年终奖，并提交了陈某对《员工手册》的签订以及休产假的请假单。市总工会与公司负责人沟通时指出，女职工依法享受产假、看护假、节育手术假等假期，用人单位应该视为提供正常劳动并支付工资，员工工资奖金以及年终奖都不应该受到影响。“满勤”才能领取全额的年终奖，对休产假的女职工不适用，以陈某休产假为由扣发其奖金，于法无据，必须依法纠正。在市总工会的协调下，公司答应补发陈某三个半月的年终奖。

特别提醒

年终奖是职工工资中的组成部分。女职工休产假期间，依据法律法规，用人单位应当视同劳动者提供正常劳动，不得降低其工资待遇。用人单位不得以女职工休产假为由，扣减年终奖。

法条链接

《妇女权益保障法》第 27 条

《女职工劳动保护特别规定》第 5 条

第三节　高温津贴争议

案例60

劳务派遣工能享受高温津贴吗?

案情实录

2013 年 10 月，经朋友介绍，职工吴某入职某学校后勤集团，工作岗位为校园保洁。入职前，学校后勤集团就告诉吴某，《劳动合同法》实施后，学校对后勤集团用工情况进行了清理，后勤集团的大多数岗位，实行的是劳务派遣制，但待遇上与原来并没有发生很大的变化。后勤集团让吴某考虑清楚后，再决定是否和劳务派遣公司签约。吴某想，虽然自己是和劳务派遣公司签约，但工作地点依然是在学校，工资也不少，仅仅是名分不同而已；再说，现在找份工作不容易，容不得自己挑三拣四，就和劳动派遣公司签约了。2014 年 8 月 3 日，吴某听说后勤集团发放了四个月的高温津贴 800 元，但自己拿到手的工资，和上个月并没有任何变化。吴某去后勤集团人事部了解情况，人事部答复说，吴某是劳务派遣工，学校发放的高温津贴，仅限于后勤集团正式员工，吴某的高温津贴要找劳务派遣公司去要。吴某找到劳务派遣公司，公司答复，学校后勤集团支付给劳务派遣公司的总费用里，一直就没有高温津贴这个项目，要想享受高温津贴，需要后勤集团同意增加费用后才能发放。后勤集团和派遣公司两边推，吴某没了主意，不知道该找谁去要这高温津贴。巧的是，吴某在 8 月 5

日的晚报上看到了市总工会发布的维权预警信息，说劳务派遣工享有同工同酬分享权。拿着刊登着维权预警信息的这张晚报，吴某找到了市总工会，请求“娘家人”帮助协调解决。那么，劳务派遣工能享受“高温津贴”吗？

以案说法

每到盛夏时节，高温权益保障问题都会成为社会各界关注的热门话题。作为高温权益的核心——高温津贴的发放，则更会牵动众多职工的心。什么情况下能依法享受高温津贴？发放的具体时间、标准是什么？劳务派遣工能否享受高温津贴？本案就是这方面的典型案例。

1. 享受高温津贴的条件是什么？

高温津贴是针对高温条件下从事经济建设和企业生产经营活动的职工而发放的特殊工资性补偿。发放目的是保证炎夏季节高温条件下经济建设和企业生产经营活动的正常进行，保障企业职工在劳动生产过程中的安全和身体健康。

《防暑降温措施管理办法》第17条规定，劳动者从事高温作业的，依法享受岗位津贴；用人单位安排劳动者在35℃以上高温天气从事室外露天作业，以及不能采取有效措施将工作场所温度降低到33℃以下的，应当向劳动者发放高温津贴，并纳入工资总额。

依据《防暑降温措施管理办法》，高温津贴标准由省级人力资源社会保障行政部门会同有关部门制定，并根据社会经济发展状况适时调整。因此，各地高温月份及高温津贴发放标准不尽一致。以江苏为例：江苏省人力资源和社会保障厅规定，企业安排职工在室外露天工作以及不能采取有效措施将工作场所温度降低到33℃以下工作的（不含33℃），应当向职工支付夏季高温津贴，目前具体标准是每人每月200元，支付时间为4个月（6月、7月、8月、9月）。

也就是说，劳动者在用人单位的安排下在35℃以上高温天气从事室外露天作业，或者用人单位不能采取有效措施将工作场所温度降低到33℃以下的，都应当向劳动者发放高温津贴。

2. 如何理解同工同酬原则？ 劳务派遣工能否享受高温津贴？

《劳动法》第46条规定，工资分配应当遵循按劳分配原则，实行同工同酬。从法律意义上来说，同工同酬必须具备三个条件：一是劳动者的工作岗位、工作内容相同；二是在相同的工作岗位上付出了与别人同样的劳动工作量；三是同样的工作量取得了相同的工作业绩。具体而言，同工同酬的内容一般包括以下几个方面：第一，男女同工同酬。第二，不同种族、民族、身份的人同工同酬。第三，地区、行业、部门间的同工同酬。第四，企业内部的同工同酬。这也是同工同酬中最重要的内容，即在同一企业中从事相同工作，付出等量劳动且取得相同劳动业绩的劳动者，有权利获得同等的劳动报酬。

根据《劳动合同法》第63条的规定：“被派遣劳动者享有与用工单位的劳动者同工同酬的权利。”这个法条明确告诉我们，同工同酬是劳务派遣员工拥有的重要权利。因此，用人单位发放高温津贴，应坚持同工同酬原则，劳务派遣工只要在劳动过程中完整地接受用工单位的管理，符合国家规定的高温津贴发放条件，都应该要像用工单位的其他劳动者一样，享有享受高温津贴的权利。

3. 劳务派遣工的高温津贴一般应该由谁来支付?

《劳动合同法》第62条规定，实际用工单位应当履行的义务包括“提供相应的劳动条件和劳动保护”“提供与工作岗位相关的福利待遇”。《劳务派遣暂行规定》第9条规定，用工单位应当按照《劳动合同法》第62条规定，向被派遣劳动者提供与工作岗位相关的福利待遇，不得歧视被派遣劳动者。

从上述法律法规可以看出，实际用工单位负责提供相应的劳动条件和劳动保护以及与工作相关的福利待遇，劳务派遣工的高温津贴，由实际用工单位支付比较合理。当然，如果派遣单位和用工单位关于高温津贴的支付有约定的，从其约定。

本案中，接到吴某的求助后，市总工会工作人员随即联系了学校后勤集团的有关负责人。经过调查核实，后勤集团证实集团确实规定只有正式员工才能享受高温补贴，劳务派遣工一直不享受，这样的做法已经持续了好几年。在市总工会宣传解释《劳动合同法》和国家关于高温津贴的政策规定后，后勤集团意识到了自身规定的不妥。经过协调，后勤集团经请示学校后，同意向劳务派遣公司增加支付高温津贴的相关费用，并承诺今后按照同工同酬的原则，对所有劳务派遣工一视同仁。

特别提醒

现实生活中，有的单位发放高温津贴不与高温下的劳动强度挂钩，而是按照“身份”“编制”发放，高温津贴成为一种身份的标识，一些临时工、劳务派遣工等所谓“编外人员”，因身份不“正式”，在高温津贴发放中遭遇差别对待。这常常成为劳动争议的隐患，也成为劳动关系不和谐的源头，需要引起用人单位的警觉和重视。

法条链接

《劳动法》第 46 条

《劳动合同法》第 63 条

《劳务派遣暂行规定》第 9 条

《防暑降温措施管理办法》第 17 条

第七章

女职工特殊保护

第一节　劳动关系特殊保护争议

案例61

女职工怀孕期间，用人单位能解除劳动合同吗？

案情实录

2011 年 12 月，23 岁的唐某商务英语专业毕业，应聘市郊某电子公司办公室文员，与公司签订了三年期劳动合同。刚进公司的唐某做事认认真真，平时拖地、打水、复印等杂事抢着做，用唐某自己的话说："年轻人多做点事是应该的，不该喊累！"经过半年的试用期，唐某赢得了老板的肯定，成为公司的正式员工。2013 年夏天，唐某的工作岗位作了调整，公司把一名外籍女工程师工作、生活相关的辅助事情都交给了她。时间一天天过着，唐某一天天进步着。更让唐某感到幸福的是，2014 年"五一"节，经过三年的爱情旅途，唐某和男友步入了婚姻殿堂。2014 年 7 月，唐某被医院确认怀孕一个多月，兴奋地在公司里逢人便说。2014 年 8 月 29 日，公司人事经理、法律顾问突然通知她：根据研究决定，公司从 9 月起与她解除劳动合同；唐某个人有什么困难，公司可以适当考虑。唐某当时就傻了，自己工作得好好的，怎么无缘无故就失业了。公司的解释是，唐某原来负责的外籍女工程师已经熟悉和适应了中国的工作和生活，不再需要别人的辅助和照顾。唐某根本不相信这个理由，她只相信"欲加之罪，何患无辞"。唐某与人事经理据理力争，阐述劳动合同没有到期、自己刚刚怀孕再找工作很难、自己表现一直很努力等理由。人事经理告诉唐某，这是公司总经理办公会研究的决定，自己也无能为力，劝唐某配合服从。回到家里，唐某突然想明白，公司肯定是知道了自己怀孕的消息，考虑自己后面要休产假、哺乳假，干脆提前把自己辞退了。唐某满腹委屈，更心有不甘，唐某找到市总工会寻求帮助。那么，用人单位能解除怀孕女职工吗？

以案说法

女职工在怀孕期间，用人单位是否有权解除劳动关系，这是本案的争议焦点。

1. 用人单位能解除怀孕女职工吗？

法律法规一贯重视对女职工特殊权益的保护，对解除怀孕女职工，有很多限制性的规定。《妇女权益保障法》第27条规定，任何单位不得因结婚、怀孕、产假、哺乳等情形，降低女职工的工资，辞退女职工，单方解除劳动（聘用）合同或者服务协议。《女职工劳动保护特别规定》第5条规定，用人单位不得因女职工怀孕、生育、哺乳降低其工资、予以辞退、与其解除劳动或者聘用合同。

《劳动合同法》对女职工处于孕期、产期、哺乳期作了更加严格的特殊保护，明确用人单位不得依《劳动合同法》第40条、第41条的规定解除劳动合同。也就是说，即使女职工存在不胜任工作，经培训或重新调整工作仍不胜任工作；医疗期满不能从事原来的工作或单位另行安排的工作、客观情况发生重大变化致使原劳动合同无法履行并无法协议一致、经济性裁员等法定可以解除的情形，只要她处于“三期”内，用人单位均不得单方解除劳动合同。如果用人单位强行辞退处于“三期”的女职工，就属于违法解除。

2. 怀孕女职工是否一定不能解除？

依据《劳动合同法》第39条相关规定，处于“三期”的女职工有如下情形之一，用人单位有权依法解除：（1）在试用期被证明不符合录用条件的；（2）严重违反劳动纪律或者用人单位规章制度的；（3）严重失职、营私舞弊，对用人单位利益造成重大损害的；（4）劳动者同时与其他用人单位建立劳动关系，对完成本单位的工作任务造成严重影响，或者经用人单位提出，拒不改正的；（5）被依法追究刑事责任的。也就是说，怀孕女职工如果符合过错性解除的相关法定条件，用人单位有权依法解除。

3. 违法解除怀孕女职工，有什么法律后果？

依据《劳动合同法》的规定，用人单位违法解除或者终止劳动合同的，首先要保护劳动者的合法权益，使劳动关系“恢复原状”，不能让用人单位从违法行为中获益；同时，考虑到实际情况，应尊重劳动者是否继续劳动合同的选择。

因此，如果怀孕女职工权衡利弊，要求继续履行劳动合同的，用人单位应当继续履行；如果怀孕女职工不想或者不愿意继续履行劳动合同，劳动合同可以解除或者终止，但用人单位应依法支付赔偿金。关于赔偿金标准，《劳动合同法》第 87 条规定为经济补偿标准的两倍。

本案中，经调查了解，唐某被公司单方解除合同缺少法定理由。市总工会与唐某所在公司负责人和人力资源部多次沟通，严肃地向公司指出，根据《劳动合同法》等法律法规的规定，唐某在孕期、产期、哺乳期内的劳动权益受到法律的严格保护，用人单位不得与她解除劳动合同；即使劳动合同期满，公司也不得终止唐某的劳动合同，必须延续至唐某的孕期、产期、哺乳期满。唐某要求继续履行劳动合同的，公司应当继续履行；如唐某不要求履行的，经济补偿金要按两倍的标准支付。经过市总工会的多次调解，公司最终补偿了唐某 6 个月的工资。

特别提醒

女职工处于“孕期、产期、哺乳期”，并非万能的保护伞。对处于“三期”内的女职工，《劳动合同法》第 42 条严格限制用人单位适用非过失性解除或经济性裁员，但并未限制用人单位适用过错性解除。

法条链接

《劳动法》第 29 条

《劳动合同法》第 42 条

《妇女权益保障法》第 27 条

《女职工劳动保护特别规定》第 5 条

案例62

劳动合同终止后发现怀孕，劳动者可否要求与用人单位恢复劳动关系？

案情实录

2011 年 3 月 31 日，女职工梁某入职某机械公司，工作岗位为行政秘书。2014 年 3 月 31 日，双方签订的三年期劳动合同期满，公司表示不再与梁某续签劳动合同。梁某办理了工作移交，并领取了经济补偿金。2014 年 4 月 11 日，梁某去医院检查，医院出具了“怀孕 58 天”的诊断报告。梁某深知，怀孕之身再想找新工作谈何容易，于是赶紧回公司找领导，要求恢复劳动关系。公司不同意，认为公司依法支付了终止劳动合同的经济补偿金，梁某也接受了该经济补偿金，说明梁某对终止劳动合同的法律后果是知道的，公司在终止劳动合同上不存在任何过错，与梁某应该是人、账两清；再者，劳动关系已经终止，何来续签劳动合同一说。梁某则认为：自己是在劳动合同终止后才得知自己怀孕，如果自己事先知道，绝不会同意公司终止劳动合同的决定。双方互不相让，僵持不下。梁某向劳动争议仲裁机构提出申请，要求公司恢复劳动关系。那么，劳动合同终止后，女职工才发现自己怀孕，法律会支持职工恢复劳动关系的请求吗？

以案说法

本案特殊之处在于，劳动合同终止之后，女职工才发现自己怀孕，并且对终止劳动合同表示反悔。这时，女职工的特殊权益还有维护的空间吗？

现实生活丰富多彩。女职工与用人单位解除或终止劳动合同后才发现怀孕，回头要求与用人单位恢复劳动关系，存在多种情形，法律后果也各不相同。从司法实践来说，至少可以分为以下五种情形：

1. 劳动合同终止后发现怀孕的。

《劳动合同法》第 45 条规定，女职工在孕期、产期、哺乳期的，劳动合同期满时，用人单位应当将劳动合同延续至孕期、产期、哺乳期期满为止。依据该条规定，女职工怀孕是劳动合同延续的法定事由。劳动合同期满时，如发生女职工处于孕期的事实，用人单位不可终止劳动合同，而不在于何时发现。也就是说，只要女职工能够证明其怀孕的事实是发生在劳动合同终止前，用人单位就应与其恢复劳动关系，将其劳动合同期限顺延至孕期、产期、哺乳期期满为止。

2. 用人单位单方解除劳动合同后发现怀孕的。

《劳动合同法》第 42 条规定，女职工在孕期、产期、哺乳期的，用人单位不能依据《劳动合同法》第 40 条、第 41 条的规定解除劳动合同，即用人单位不得依据劳动者不胜任工作、医疗期满、客观情况发生重大变化或以经济性裁员为由，与处于“三期”内的女职工单方面解除劳动合同。也就是说，用人单位因上述原因单方面提出解除劳动合同，即便女职工离职手续已经办理完毕，只要女职工能充分证明是在解除前的合同期内怀孕，就可以适用《劳动合同法》第 42 条的规定，要求用人单位与其恢复劳动关系。

3. **协商一致解除劳动合同后发现怀孕的。**

《劳动合同法》第36条规定，用人单位与劳动者协商一致，可以解除劳动合同。上一种情形中分析过，法律禁止用人单位单方面解除“三期”女职工的劳动合同，其立法目的是保护女职工的特殊权益，但法律并不限制用人单位与“三期”女职工协商一致解除劳动合同。也就是说，如果用人单位依据《劳动合同法》第36条，与女职工经过协商达成一致，劳动关系可以协商解除。在这种情形下，女职工事后发现自己怀孕，再要求恢复劳动关系，一般得不到法律的支持。因为法律视协商一致解除为女职工真实意愿的表达，女职工应当知道协商解除合同的法律后果，对自己已经怀孕事实的不知情，仅是女职工对自身客观情况判断有误或重大疏忽，但不能因此推翻协商一致解除劳动合同的法律效力。

4. **职工主动提出辞职后发现怀孕的。**

根据《劳动合同法》第37条的规定，劳动者提前30日书面通知用人单位，可以解除劳动合同。劳动合同自职工提出辞职申请30日后解除。这种情况下，女职工因个人原因向单位提出辞职，即使是事后发现是在劳动关系存续期间怀孕的，劳动合同也自女职工提出辞职申请30天后解除。女职工主动辞职的行为，可以理解为放弃权利的行为，且不可撤销。除非有确切的证据证明女职工受到欺诈、胁迫等原因，可以认定非真实意愿表达外，否则，女职工要求与单位恢复劳动关系，很难得到法律支持。

5. **因严重违纪被解除后发现怀孕的。**

尽管《劳动合同法》等法律法规对“三期”女职工实行特殊保护，但这种保护并非绝对保护。如女职工发生《劳动合同法》第39条规定之情形，用人单位仍享有劳动合同单方解除权。也就是说，当女职工发生《劳动合同法》第39条规定的严重违反用人单位规章制度等情形时，不管其解除前后是否怀孕，用人单位都可以依法解除劳动合同。

本案中，从表面上看，梁某与机械公司的劳动合同已经终止，对合同终止梁某也是同意的。但终止合同时，梁某其实已处于孕期，符合延续劳动合同的法定条件，仅仅当时梁某不知情而已。梁某知道自己怀孕后，立即要求与单位恢复劳动关系，这表明梁某没有放弃其法定权利。梁某劳动合同终止后发现自己怀孕，与前面分析的第一种情形完全吻合。在后来的仲裁环节，仲裁委采信梁某提供的医院诊断报告，认定合同终止前，梁某已处于孕期。根据《劳动合同法》等法律规定，劳动合同期满时，女职工在孕期、产期、哺乳期的，劳动合同应当延续至该情形消失时终止。仲裁庭最后裁定，机械公司从即日起恢复与梁某的劳动关系，并补发相关工资待遇，梁某则退还之前从公司领取的经济补偿金。

特别提醒

法律虽对“三期”女职工作了多方保护，但女职工也应当提高自我保护的意识。在劳动合同解除或终止前，有必要对自己是否有处于孕期之可能进行确认，防止因为不知情而作出错误的决定或判断，尽可能避免在劳动关系结束后再进行事后维权。

法条链接

《劳动合同法》第36条、第37条、第39条、第42条、第45条

案例63

怀孕期间，单位能否对女职工调岗降薪？

案情实录

2008年3月，职工徐某大学毕业后，应聘某外贸公司，担任销售专员。2011年6月，经过三年多的打拼，徐某升职为销售主管。根据双方签订的劳动合同约定，徐某每月保底工资为5000元，外加销售提成、职务津贴和通信补贴。2012年10月，徐某结婚。2013年8月，徐某欣喜地发现自己怀上了小宝宝。上班后，徐某与公司同事分享了这一喜事。2013年11月，徐某的幸福感被公司的一纸调令搅得荡然无存。外贸公司突然决定，以徐某怀孕后无法适应当前工作为由，将徐某由销售主管调整为销售支持工作，每月工资从5000元降为3500元，销售提成、职务津贴和通信补贴也相应取消。徐某毫无思想准备，很意外也很生气，找到公司人力资源部理论。人力资源部经理拿出徐某与公司签订的劳动合同，说《劳动合同书》第6条明确规定：“甲方有权根据公司的经营效益、乙方的工作表现、岗位变化情况等，调整乙方劳动报酬，乙方应该无条件服从甲方的调整。”外贸公司认为，免去徐某销售主管职务，一是照顾徐某，减轻她的工作量；二是调岗调薪是依照劳动合同的约定进行的，岗变则薪变，没有不妥之处。徐某气不过，总感觉公司欺人太甚，但又说不出公司究竟错在哪里。那么，女职工怀孕后，用人单位能否单方面调整女职工工作岗位、

降低其劳动报酬呢？

以案说法

本案是由用人单位对孕期女职工调岗降薪而引发的劳动争议。现实生活中，少数单位为了刁难怀孕女职工，有意将她们调到级别比较低或者没有实际工作内容的岗位，通过调岗降薪的方式迫使女职工主动辞职，逃避社会责任。那么，用人单位究竟有没有对孕期女职工调岗降薪的权利呢？

1. 女职工享有特殊权益保护的权利吗？

女职工是法律与社会应当共同保护的群体，孕期、产期、哺乳期是她们需要特别关照的特殊时期。《妇女权益保障法》规定，妇女在经期、孕期、产期、哺乳期受特殊保护。《劳动法》《劳动合同法》规定，女职工处于孕期、产期、哺乳期的，不得依照非过失性解除、经济性裁员的相关规定解除劳动合同。《女职工劳动保护特别规定》规定，用人单位不得因女职工怀孕、生育、哺乳降低其工资、予以辞退、与其解除劳动或者聘用合同。对怀孕7个月以上的女职工，用人单位不得延长劳动时间或者安排夜班劳动，并应当在劳动时间内安排一定的休息时间。

对用人单位来说，雇用女职工的平均成本要高于男职工，这是客观存在的事实。女职工处于孕期、产期、哺乳期时，因定期检查、不能过于劳累、休产假、照顾孩子等，确实会在一定程度上影响工作。但是，用人单位不能只算眼前经济账，关爱女职工也是企业文化建设的重要组成部分。在特殊时期给予女职工更多的关怀与帮助，既能提升职工对企业的认同感和忠诚度，从长远利益来看，对树立企业形象、促进劳动关系的和谐也很有好处。

2. 女职工孕期可否被调整岗位？

工作岗位是劳动合同的必备条款。从法律角度来讲，调整工作岗位属于对劳动合同的变更。根据《劳动合同法》规定，变更劳动合同需要用人单位和劳动者协商一致，应当采用书面形式。一般情况下，不管女职工是否处于孕期，用人单位调整其工作岗位，都需要在协商一致的情况下进行；如果未经协商，用人单位随意调整工作岗位，将违反相关的法律规定。

在现实生活中，很多用人单位会在劳动合同中约定或在规章制度中规定，用人单位有权根据生产经营需要随时调整劳动者的工作内容或岗位。但司法实践中，用人单位以用工自主权为由作出的此项约定或规定，其合法性往往难以得到支持，除非用人单位有充分的证据证明其调岗的合理性，否则仍要按原劳动合同约定的内容履行。

3. 女职工孕期可否被降低工资?

《妇女权益保障法》规定，任何单位不得因结婚、怀孕、产假、哺乳等情形，降低女职工的工资，辞退女职工，单方解除劳动（聘用）合同或者服务协议。《女职工劳动保护特别规定》规定，用人单位不得因女职工怀孕、生育、哺乳降低其工资、予以辞退、与其解除劳动或者聘用合同。女职工在孕期不能适应原劳动的，用人单位应当根据医疗机构的证明，予以减轻劳动量或者安排其他能够适应的劳动。

本案中，徐某怀孕后，公司在未与其协商一致的情况下，单方变更其工作岗位、降低工资；在徐某提出异议后，公司对调岗降薪没有提供合理合法的依据。在劳动合同中，公司擅自规定拥有单方调岗调薪权，违反了法律法规的相关规定，因而自其约定之日起，就没有法律效力。公司对徐某的调岗降薪，缺少“充分的合理性”，既未事先与徐某协商一致，又没有有力的证据证明徐某不能胜任原工作岗位，就单方变更了徐某的工作岗位，而且大幅降低徐某的月工资，明显违反了法律法规。在与公司多次沟通下，外贸公司与徐某达成一致，出于减轻徐某工作压力、工作量的考虑，公司暂停徐某销售主管职务，继续从事销售支持工作，但恢复其每月5000元的保底工资，销售提成、职务津贴和通信补贴在暂停销售主管职务期间取消。待徐某哺乳期结束，如愿意回到销售主管岗位，再恢复原有的工资待遇。

特别提醒

女职工孕期，享有不被降低工资的权利。即使用人单位为了照顾女职工，减轻其劳动量或者安排女职工到其他能够适应的工作岗位，其工资待遇也不应该被降低。另外，不得降低女职工工资的这一特别规定，保护期限从女职工怀孕开始，一直持续到女职工哺乳期结束，在这期间，如果用人单位随意降低女职工工资，都涉嫌违法。

法条链接

《妇女权益保障法》第26条、第27条

《劳动合同法》第35条

《女职工劳动保护特别规定》第5条、第6条

案例64 休产假期间恰逢劳动合同到期，用人单位能终止劳动合同吗？

案情实录

2011年6月，女职工潘某与某公司签订了三年期劳动合同。2014年4月，潘某成为幸福的妈妈，在妇产科医院生育了一男孩。2014年6月，正在家里休产假的潘某接到公司书面通知，告知潘某三年期劳动合同即将到期，公司决定不再续签，让潘某尽快来公司办理劳动合同终止手续。潘某多次电话里与公司交涉，认为自己的生育符合国家计划生育政策，应当受到照顾，一旦终止劳动合同，将会造成家庭生活困难，要求公司延长劳动合同。公司则认为，与潘某签订的三年期劳动合同到期，公司有权不与潘某续签劳动合同，更没有必要延长劳动合同。2014年7月，公司停发了潘某的工资。对于公司的做法，潘某很是生气，她能通过法律的途径维护自己的权益吗？

以案说法

本案争议的焦点在于，女职工在休产假期间，用人单位是否能以劳动合同期满为由终止劳动合同。

1. 劳动合同期满终止的规定，不适用于处于“三期”的女职工。

处于“三期”（孕期、产期、哺乳期）的女职工，一直是法律法规特殊保护和照顾的对象。所谓孕期，是指妇女怀孕期间。产期，是指妇女生育期间。哺乳期，是指从妇女生育到婴儿满一周岁的期间。

《劳动法》《劳动合同法》《妇女权益保障法》等法律法规明确规定，任何单位不得因结婚、怀孕、产假、哺乳等情形，降低女职工的工资，辞退女职工，单方解除劳动（聘用）合同或者服务协议。女职工只要处在孕期、产期、哺乳期的，用人单位就不得根据《劳动合同法》第40条、第41条的规定单方解除劳动合同。劳动合同期满时，女职工正处于怀孕、生育、哺乳期的，必须等到孕期、产期、哺乳期满后，劳动合同才可以终止。

2. 劳动合同期满恰逢女职工处于“三期”时段，属于依法顺延劳动合同情形。

一般情况下，依据《劳动合同法》第44条规定，劳动合同期满，劳动合同终止，劳动者与用人单位之间原有的权利义务不再存在。

但处于“三期”的女职工劳动合同期满时，《劳动合同法》第42条、第45条予以特殊保护，明确规定用人单位不得解除、终止劳动合同，必须将劳动合同续延至相应情形消失时才能终止，即续延至孕期、产期、哺乳期满后。《劳动部关于贯彻执行〈中华人民共和国劳动法〉若干问题的意见》第34条也作了类似的规定：除《劳动法》第25条规定的情形外，劳动者在医疗期、孕期、产期和哺乳期内，劳动合同期限届满时，用人单位不得终止劳动合同。劳动合同的期限应自动延续至医疗期、孕期、产期和哺乳期期满为止。

值得一提的是，这种情形下，不是延长或者续签劳动合同，而是属于法定顺延劳动合同。

3. 即使女职工产假期满，用人单位仍不能终止劳动合同，因为随后就是哺乳期特殊保护时段。

依据《女职工劳动保护特别规定》第9条的规定，女职工享有1年的哺乳期。一般情况下，对哺乳期女职工，用人单位不能解除、终止劳动合同，要依法顺延劳动合同至哺乳期满。在此期间，用人单位不得延长劳动时间或者安排夜班劳动，在每天的劳动时间内，还应该为哺乳期女职工安排1小时哺乳时间。

本案中，潘某与公司签订的三年期劳动合同虽然到期，但潘某正在休产假，属于法律规定不得终止劳动合同的情形，其劳动合同应当依法顺延到潘某休完产假、哺乳期满后方可终止。潘某可以寻求法律援助，或申请劳动仲裁，依法维护自己的合法权益。

特别提醒

劳动合同法定自动延期，应理解为劳动合同期限的自动变更，即事实形成，而不需要双方再续签劳动合同予以确认。既然不是续签劳动合同的行为，自动顺延期间应当理解为仍在原劳动合同期限之内。

法条链接

《劳动合同法》第42条、第45条

《妇女权益保障法》第26条

《女职工劳动保护特别规定》第5条、第9条

《劳动部关于贯彻执行〈中华人民共和国劳动法〉若干问题的意见》第34条

第二节　产前产后休假争议

案例65

女职工产前产检，究竟应该是算病假，还是算事假？

案情实录

经市场招聘，女职工陆某入职市区某大型商场，工作岗位为金器柜台的营业员。2014 年 7 月，陆某迎来了人生中的一件大事，经医院检查确认怀孕，成为一名幸福的准妈妈。全家人为此都很开心。从知道怀孕之日起，陆某走路做事都格外小心。2014 年 8 月，陆某到离家最近的市妇产科医院做了第一次产前检查。医院为陆某专门建档，并要求她按规定时间，定期来医院产检。2014 年 9 月，陆某拿到 8 月工资时发现，商场把她请假去产检的半天算作事假。陆某当即找到财务部、人事部理论，人事部同意把陆某产检按照病假处理，但明确告诉陆某，根据商场员工管理制度，季度累计请假天数超过三天的，要扣发季度满勤奖。虽然商场把事假改成了病假，但陆某想到每月一到两次的产检不能不做，不仅每次算作病假，而且还要影响自己的季度奖金，很是苦恼。她把自己的苦恼和几个小姐妹一说，大家七嘴八舌给她出了不少主意。其中一个小姐妹告诉陆某，她所在的单位产检都是有假的，而且都是带薪的，是不应该扣钱的。那么，女职工孕期产检，究竟应该请什么假呢？

以案说法

本案争议的焦点在于，怀孕女职工在劳动时间内按规定进行产前检查，是否应该计入劳动时间？

1. 何为产前检查？ 产前检查的意义是什么？

产前检查是妊娠期对孕妇和胎儿所做的临床检查。根据中华医学会围产医学分会制定的指南推荐，无妊娠合并症者妊娠 10 周进行首次产检并登记信息后，孕期需进行 7 次规范化产检，分别是 16 周、18～20 周、28 周、34 周、36 周、38 周、41 周；既往未生育过者，还应在 25 周、31 周、40 周分别增加 1 次，共计 10 次。高危孕妇的检查次数还要相应增多，具体情况按照病情不同，个体差异比较大。

产前检查是为妊娠期妇女提供一系列的医疗和护理建议，并采取相应措施。怀孕后，由于胎儿的生长发育，孕妇身体各系统会出现一系列相应的变化。通过产前检查，能够及早发现并防治合并症和并发症，及时纠正异常胎位，发现胎儿异常，并确定分娩方式，对母婴健康有重要意义。

2. 法律规定的视同正常提供劳动的情形有哪些？

法律关于视同劳动者提供正常劳动的情形，散布在《劳动法》第51条、《工会法》第40条、《工伤保险条例》第33条、《工资支付暂行规定》第10条、《女职工劳动保护特别规定》第6条等法律法规中。《江苏省工资支付条例》为全国的法律工作者做了一件好事，其第28条至第31条，对视同劳动者提供正常劳动的情形进行了梳理、汇总，可以说是对散布在各种法律法规中关于视同提供正常劳动相关规定的一次系统规定。从梳理的情况来看，视同劳动者提供正常劳动，大致可以分为以下四类：

第一类：劳动者依法享有的法定节假日以及年休假、探亲假、婚丧假、晚婚晚育假、节育手术假、女职工孕期产前检查、产假、哺乳期内的哺乳时间、男方护理假、工伤职工停工留薪期等期间，用人单位应当视同劳动者提供正常劳动并支付其工资。

第二类：劳动者因依法参加下列社会活动占用工作时间的，用人单位应当视同劳动者提供正常劳动并支付其工资：（1）行使选举权或者被选举权；（2）人大代表、政协委员依法履行职责；（3）当选代表，出席政府、党派以及工会、青年团、妇联等召开的会议；（4）出任人民法院陪审员；（5）出席劳动模范、先进工作者大会；（6）基层工会非专职工作人员履行职责；（7）担任集体协商代表期间，参加集体协商、签订集体合同；（8）参加兵役登记等应征事宜和预备役人员参加军事训练；（9）法律、法规、规章规定的其他社会活动。

第三类：用人单位非因劳动者原因停工、停产、歇业，在劳动者一个工资支付周期内的，应当视同劳动者提供正常劳动支付其工资。

第四类：这也是江苏的一个特色规定，对依法被列为甲类传染病或者采取甲类传染病控制措施的疑似病人或者其密切接触者，经隔离观察排除是病人或者疑似病人的，其隔离观察期间，用人单位应当视同劳动者提供正常劳动并支付其工资。

3. 产前检查， 究竟算病假还是事假？

各类假期均有其不同的内涵及法律规定。

病假是劳动者因患病或非因工负伤，经医院诊断确认需要休息的期间。申请病假应持有具有资质的医院开具的诊断证明或病假单。病假期间的劳动者享受法律的特殊保护。例如，法律对劳动者病假期间享有的劳动报酬限制了最低标准，对用人单位解除处于规定的医疗一期内的劳动者予以特殊保护。

事假是劳动者因个人原因无法出勤或需要休息的期间。申请事假需要履行用人单位规定的申请审批流程，同时，对劳动者提出的事假申请，用人单位可以根据自身生产经营状况决定是否予以批准。事假期间可以不支付劳动报酬。

孕期主要指女性从受孕到产出胎儿的一段时间，通常为280天。为了保证女性的合法权益和母子健康，国家对孕期产前检查请假有明确的规定。《女职工劳动保护特别规定》第6条第3款明确规定：怀孕女职工在劳动时间内进行产前检查，所需时间计入劳动时间。为了加强对孕期女职工的保护，《女职工劳动保护特别规定》还明确要求对女职工在孕期不能适应原劳动的，用人单位应当根据医疗机构的证明，予以减轻劳动量或者安排其他能够适应的劳动。对怀孕7个月以上的女职工，用人单位不得延长劳动时间或者安排夜班劳动，并应当在劳动时间内安排一定的休息时间。也就是说，对女职工产前检查，用人单位应按劳动者正常出勤对待，所需时间计入劳动时间，不得按病假、事假处理。

本案中，商场把陆某产前检查时间算作病假于法无据，如此后以陆某请假去产检为由扣发季度全勤奖，也很不合适，应予以纠正。

特别提醒

为了保护孕妇和胎儿的健康，怀孕女职工应当按照卫生部门的要求做产前检查，怀孕女职工在劳动关系存续期间进行产前检查的，应当按照正常出勤待遇计算，不能按照病假、事假处理。对工作在生产第一线的怀孕女工，用人单位应该减少生产定额，以保证女职工产前检查时间。

法条链接

《劳动法》第51条

《工会法》第40条

《女职工劳动保护特别规定》第6条

《工资支付暂行规定》第10条

《工伤保险条例》第33条

案例66 怀孕女职工能拒绝单位的加班安排吗？

案情实录

女职工小张在一家超市当收银员。因为超市的生意比较好，所以职工经常被要求加班。2013 年 11 月，小张已经怀孕 8 个月，可超市依然经常安排她加班。小张觉得身体吃不消，经常向领导反映，自己已怀孕 8 个月，需要休息，实在不方便加班。对于小张的要求，超市领导没有同意，并要求小张顾全大局，考虑到超市工作忙、人手少，克服个人困难，体谅单位的苦衷。小张很烦恼，自己能否拒绝超市的加班安排呢？

以案说法

女职工小张所在超市强行要求她加班的做法是违法的。

《劳动法》第 61 规定，对怀孕 7 个月以上的女职工，不得安排其延长工作时间和夜班劳动。《女职工劳动保护特别规定》第 6 条规定，对怀孕七个月以上的女职工，用人单位不得延长劳动时间或者安排夜班劳动，并应当在劳动时间内安排一定的休息时间。《妇女权益保障法》第 26 条规定，妇女在经期、孕期、产期、哺乳期受特殊保护。

依据法律法规，对于怀孕 7 个月以上的女职工，用人单位不仅不应该安排加班，还应该在劳动时间内，为她们安排一定的休息时间。如果用人单位安排怀孕 7 个月以上的女职工加班或者夜班劳动，女职工可以拒绝。

更需要注意的是，用人单位安排劳动者加班，依据《劳动法》《劳动合同法》的规定，至少有三方面的前提条件需要同时满足。首先，必须是出于用人单位的生产经营需要，确需延长工作时间的。生产经营需要主要是指生产任务紧急，必须连续生产、运输或者经营的。其次，必须事先与工会协商，把安排加班的理由、涉及人数、时间长短等情况说明，争取工会同意。如果工会不同意，不可以强令劳动者加班。最后，必须事先与劳动者协商。加班需要占用劳动者的休息时间，只有在劳动者自愿的情况下才可以安排加班。

因此，女职工小张所在超市安排她加班，首先应事先征得小张本人的同意；小张已怀孕 8 个月，超市仍强行安排她加班，就属于错上加错。因此，小张可以拒绝超市的强行加班要求，也可以向市劳动保障行政部门举报，要求超市纠正违法行为。

特别提醒

怀孕是女职工一生中的一个特殊时期，怀孕女职工享有法律法规的诸多特殊关爱和保护。对怀孕7个月以上的女职工，用人单位不得延长劳动时间或者安排夜班劳动，就是女职工特殊权益保护的一个重要方面。

法条链接

《劳动法》第41条、第61条

《妇女权益保障法》第26条

《劳动合同法》第31条

《女职工劳动保护特别规定》第6条

案例67 女职工产假前提前休假，该请什么假?

案情实录

2009年9月，女职工张某入职某科技有限公司，从事会计工作。2012年国庆节，张某与相爱五年的大学同学步入婚姻殿堂。2013年1月，张某怀孕，全家人都十分开心，早早开始谋划，迎接小宝宝的到来。时光如水，转眼间，张某已怀孕7个多月了，身子也越发沉重。虽然张某每天工作量不大，但会计工作要求比较严谨，还要经常跑银行，加上上下班来回都要坐半小时的公交车，一天下来，张某常常感到累得够呛。张某很想提前请假休息，上网查了好多资料，看到有的地区满7个月后可以申请休“产前假”，工资按照80%支付，但她却一直没有找到相关的法律条文。问了周围同事，都说公司没有这个假。张某试着向人力资源部申请产前假，回答说，按照公司规定，女职工只有生了孩子才允许休产假，没有产前假一说，分娩前一律不准假。2013年9月，张某怀孕满8个月，到医院检查，由于胎位前置横位，医院开出了产前建休的证明。公司认为，张某的岗位属于后勤辅助岗位，劳动强度不大，不会对孕期职工构成任何威胁，希望张某克服困难，坚持到分娩前再休假。张某为了宝宝的安全，横下心来，坚持要休产前假，并向公司提交了医院的建休证明。公司最终批准了张某的休假申请，但在张某产前休假时期，停发了张某的工资。产假结束后，张某找到市总工会，咨询公司停发自己产前休假期间的工资有没有道理？自己有没有休产前假的权利？

以案说法

这是一起因产假计算及产前休假而引发的劳动争议。产假的计算问题直接关系到怀孕女职工的休息权，也关系到产假前后的福利和工资待遇问题。

1. 如何区分产假、产前假、保胎假、产前休假？

产假、产前假、保胎假、产前休假，即使一些生过孩子的人，也会被这些似是而非的假期搞糊涂。我们先一起来看看这些概念究竟是什么意思。

产假，是女职工根据法律规定依法享有的休假权利。《女职工劳动保护特别规定》规定，女职工生育享受98天产假，其中产前可以休假15天。（备注：2015年12月27日，第十二届全国人民代表大会常务委员会第十八次会议表决通过了《人口与计划生育法修正案》，新《人口与计划生育法》2016年1月1日起正式施行，全面放开二胎政策，并在第25条规定："符合法律、法规规定生育子女的夫妻，可以获得延长生育假的奖励或者其他福利待遇。"根据这一规定，全国各地新修订的《计生条例》中都对产假天数有所延长。）女职工在休产假期间，用人单位不得降低其工资、辞退或者以其他形式解除劳动合同。

产前假，属于地方法规规定必须给假的情况，不能在全国范围内适用。如上海市规定"女职工妊娠7个月以上（按二十八周计算），应给予每天工间休息一小时，不得安排夜班劳动。如工作许可，经本人申请，单位批准，可请产前假两个半月"。江苏省规定"上班确有困难者，经本人申请，单位批准，可休产前假六十天。休假期间，其工资不得低于百分之八十"。

保胎假，目前主要依据《国家劳动总局保险福利司关于女职工保胎休息和病假超过六个月后生育时的待遇问题给上海市劳动局的复函》（1982年）规定，女职工按计划生育怀孕，经过医师开具证明，需要保胎休息的，其保胎休息的时间，按照本单位实行的疾病待遇的规定办理。尽管当时出台的这个文件针对的是国有企业，但实践中很多企业都是参照这一文件精神执行的。

产前休假，是个泛指的概念，分娩前（不含产前15天休假）的各种休假，都可以包括在内。

归纳一下，这些假期大致分为三类，第一类是必须享受的假期，单位无权剥夺，如产假，即使有未婚生育、超生等违反计划生育相关法律法规的情形，也不能剥夺其享受产假的权利。第二类是本人申请、医院证明，职工可以请的假，如保胎假。第三类是属于地方法规规定的假期，如产前假，对未出台此项规定的地区，不具有适用性。需要注意的是，产前可以休假15天，这里的“生产前的假期”也属于产假的范畴，而非“产前假”。

2. 产前15天休假能否提前或推后?

2012年4月18日国务院颁布的《女职工劳动保护特别规定》规定，女职工生育享受98天产假，其中产前可以休假15天。实际生活中，有职工提出，是否可以将产后休息的产假提到产前休息，在产前多休息几天，产后少休息几天；或者，将产前15天的休假推后，产后多休假几天，产假总天数保持不变。回答这个问题，我们要以2012年4月18日为界。

2012年4月18日之前，依据国务院1988年7月21日发布的《女职工劳动保护规定》第8条规定，女职工产假为90天，其中产前休假15天。原劳动部1989年1月20日发布的《〈女职工劳动保护规定〉问题解答》第10条规定，女职工产假90天，分为产前假、产后假两部分。即产前假15天，产后假75天。所谓产前假15天，系指预产期前15天的休假。产前假一般不得放到产后使用。若孕妇提前生产，可将不足的天数和产后假合并使用；若孕妇推迟生产，可将超出的天数按病假处理。第11条规定，国家规定产假90天，是为了能保证产妇恢复身体健康。因此，休产假不能提前或推后。按照这些规定，2012年4月18日之前，除提前生育者外，产前15天的休假不可以挪到产后休，用人单位和劳动者都要无条件遵守。

现实生活中，女职工生产的准确时间变化也很大，延后、提前生产的现象时有发生，强制规定分娩前一定要休假15天，实施过程中有诸多不便。因此，在国务院颁布的《女职工劳动保护特别规定》中，对产前休假15天这个条款进行了人性化处理，加了一个很重要的界定词：“可以”，这样，在保证产假总天数的基础上，预产期前的15天休假，究竟是产前休，还是放在产后休，法律把选择权更多地交给了女职工。

3. 产假前提前休假， 工资怎么计算?

关于产假期间的工资待遇，依据《女职工劳动保护特别规定》，女职工休产假期间享受生育津贴，由生育保险基金按照用人单位上年度职工月平均工资的标准支付；并按照生育保险规定的项目和标准报销相关医疗费。对未参加生育保险的，由用人单位支付。

保胎假，女职工经过医师开具证明，需要保胎休息的，其保胎休息的时间，按照本单位实行的疾病待遇的规定办理。也就是说，休保胎假，其休假期间的工资，按病假工资标准发放。

产前假，全国各地各不相同。如规定了产前假的上海，女职工请产前假期间的工资，“其工资按本人工资的百分之八十发给”，在增加工资时应作出勤对待。没有规定产前假的地区，分为两种情形，有医院的建休证明，本人申请、单位批准，可以休保胎假，假期按病假处理；没有医院的建休证明，本人申请、单位批准的，只能按事假处理，根据法律规定，事假一般不发工资。

本案中，张某所处的江苏地区，政府有“产前假”这一规定，张某符合医院建休、本人申请、单位批准三个条件，可休产前假60天，休假期间，其工资不得低于本人工资的百分之八十。张某所在公司在同意张某休假的情况下，停发张某的工资，这个做法是不适合的；公司关于“分娩前一律不准假”的规定也是违法的，需要依法修订。在市总工会的协调下，张某所在公司意识到自身做法的不妥，当即答应，在下个月工资发放日，依据产前假的管理规定，为张某补发将近两个月的产前假工资；在认真学习相关法律规定的基础上，对包括产假制度在内的各项管理制度进行一次梳理、修订。

特别提醒

除了法律规定的产前15天休假，如果女职工想将更多的产假提到产前休息，那就要与用人单位协商解决，法律对此没有作出硬性规定。

法条链接

《女职工劳动保护特别规定》第7条

《人口与计划生育法》第25条

《江苏省女职工劳动保护办法》第9条

《上海市女职工劳动保护办法》第12条、第18条

案例68
哺乳期的女职工能否要求不上夜班?

案情实录

2011年8月，职工徐某经招聘进入某四星级酒店工作，签订了三年期劳动合同，工作岗位为总服务台接待员。2012年5月，徐某怀孕。2012年12月，徐某开始休产假。2013年4月，徐某休完产假回酒店销假，人事部安排徐某回

总服务台工作。回来上班后，徐某很快就遇到一件烦心事。在总服务台工作，虽工作体面，活也不累，可每隔两周，酒店就要她连上一周夜班。徐某孩子才四个多月，晚上要起来很多次给孩子喂奶，如果连续上一周夜班，总不能天天晚上把孩子带到单位来吧。纠结了半天，徐某还是硬着头皮找到人事部，说明自己仍在哺乳期，晚上要照顾孩子，酒店能否照顾自己，不安排上夜班？没想到，人事部回绝了徐某的请求，说徐某已经按法律规定休完产假，正常上班后就应和其他员工一样，不能再享受特殊待遇；哺乳期职工夜班可以安排少上点，但不可以完全不上，酒店考虑到徐某的实际情况，其他员工是每隔一周上一周夜班，徐某是每隔两周上一周夜班。徐某不想和酒店闹得不愉快，前思后想，左右为难，也没有好主意。那么，哺乳期的女职工是否有权要求不上夜班呢？

以案说法

这是一起用人单位安排哺乳期女职工上夜班而引发的劳动争议。

根据《劳动法》等法律规定，哺乳期是指女职工生产后对未满 1 周岁的婴儿进行哺乳的期间。这期间是法律给予女职工哺乳的法定时间，不以女职工是否以母乳给婴儿哺乳而有所差异。

女职工在哺乳期享有哪些特殊劳动保护，《劳动法》和《女职工劳动保护特别规定》都作了十分明确的规定，主要包括：(1) 用人单位应当在每天的劳动时间内为哺乳期女职工安排 1 小时哺乳时间；女职工生育多胞胎的，每多哺乳 1 个婴儿每天增加 1 小时哺乳时间。(2) 不得从事夜班劳动和加班加点的劳动，不得从事国家规定和第三级体力劳动强度的劳动和哺乳期禁忌从事的劳动。(3) 用人单位不得因女职工哺乳降低其工资、予以辞退、与其解除劳动或者聘用合同。

对于从事夜班劳动，《劳动法》和《女职工劳动保护特别规定》都作了禁止性规定，《劳动法》第 63 条规定，不得安排女职工在哺乳未满一周岁的婴儿期间从事国家规定的第三级体力劳动强度的劳动和哺乳期禁忌从事的其他劳动，不得安排其延长工作时间和夜班劳动。《女职工劳动保护特别规定》第 9 条规定，对哺乳未满 1 周岁婴儿的女职工，用人单位不得延长劳动时间或者安排夜班劳动。

《女职工劳动保护特别规定》是在 1988 年 7 月 21 日国务院发布的《女职工劳动保护规定》的基础上修订而来的。值得注意的是，已经废止的《女职工劳动保护规定》第 10 条规定，女职工在哺乳期内，一般不得安排其从事夜班劳动。修改后的《女职工劳动保护特别规定》对这条作了一个重要的修改，规定，对哺乳未满1周岁婴儿的女职工，用人单位不得延长劳动时间或者安排夜班劳动。比对这两条法律条文，我们不难发现，《女职工劳动保护特别规定》加强了对哺乳期女职工的劳动保护，去掉了原条文中模棱两可的“一般”这个词，明确规定“不得”安排哺乳期女职工参加夜班劳动。

本案中，徐某所在酒店误以为对女职工的特殊保护只限于孕期和产期，错误地认为哺乳期女职工的生理状态已恢复正常，不再享受《劳动法》等法律法规的特殊保护。根据法律规定，女职工在哺乳期内，用人单位不得延长其劳动时间，也不得安排其从事夜班劳动。徐某虽然回单位上班，但仍在哺乳期内，工作之余，还承担着哺育婴儿的责任，十分需要酒店对其特殊照顾。在多方的协调沟通下，酒店认识到自己的错误，安排徐某在哺乳期结束前一直上长白班，为她解决了后顾之忧。

特别提醒

对于哺乳期女职工，用人单位既不能安排其加班，也不能安排其参加夜班工作，只有待女职工哺乳期结束后，才可以恢复和一般员工一样的一般化管理方式。

法条链接

《劳动法》第63条

《劳动合同法》第42条

《女职工劳动保护特别规定》第5条、第9条

第三节 产假待遇争议

案例69
未婚先育的职工能否享受产假和产假待遇？

案情实录

2012年2月，职工唐某到某装饰公司工作，双方签订了三年期劳动合同，约定工作岗位为财务专员。到公司工作不久，一次去银行办理汇兑业务，唐某意外认识了来自东北的男友，两人一见钟情，很快陷入热恋之中。2012年6月，唐某发现自己怀孕了。唐某和男友没有领取结婚证，但她觉得自己也老大

不小了，加上男友也不同意做流产，便想留下这个孩子。当唐某把自己恋爱，并已经怀孕的事情告诉父母时，却遭到了父母的极力反对。唐某却固执己见，想把孩子生下来，形成木已成舟的既成事实，逼父母认可这桩婚姻。2013 年 4 月 13 日，唐某在未获得婚姻登记的情况下生下一子。生米煮成熟饭，双方父母也只好认可这既成事实。但公司方面，唐某却遇到了很大的麻烦。生育之前，唐某向公司请产假未获得批准；在唐某休假生小孩之后，装饰公司又停发了她的工资。2013 年 8 月，唐某在家休假 3 个多月后，回到公司上班。上班第一天，唐某就找到人力资源部，希望公司给予她产假待遇，补发她产假期间的工资。公司答复，唐某属于非婚生育，不能享受产假；考虑到唐某生育后确实需要休息，公司已把唐某生育期间的三个多月按事假处理了；按照公司规定，事假是不发工资的，因此，唐某未上班这段时间就没有工资。听了公司的解释，唐某心里很不服，她认为，非婚生育是自己的不对，国家可以按有关规定处罚自己，但公司不能因此来剥夺自己休产假的权利，根据《劳动法》等法律规定，自己应该享受 90 多天的产假，这期间，公司必须发给自己产假工资。多次争取不成，唐某找到市总工会，咨询自己是否能享受产假和产假待遇。

以案说法

本案的争议焦点在于，女职工未婚生育，能否享受产假和产假待遇？

1. 女职工享受产假的法定条件是什么？

产假，是指女职工根据法律规定享有的休假权利，从产前到产后，一般有 98 天。新修订的《人口与计划生育法》2016 年 1 月 1 日起正式施行，其第 25 条规定："符合法律、法规规定生育子女的夫妻，可以获得延长生育假的奖励或者其他福利待遇。"根据这一规定，全国各地新修订的《人口与计划生育条例》中都对产假天数有所延长。

《劳动法》《劳动合同法》《妇女权益保障法》《女职工劳动保护特别规定》等法律法规为孕期、产期、哺乳期的女职工提供了特殊保护。

关于产假，《劳动法》第 62 条规定，女职工生育享受不少于 90 天的产假。《女职工劳动保护特别规定》第 7 条规定，女职工生育享受 98 天产假。法律规定，享受产假的就是"女职工"，没有加任何限定词，没有作"已婚""未婚"的界定或区别，也没有特别规定是"符合计划生育政策规定的女职工"。

2012 年 4 月 18 日，国务院宣布原有的《女职工劳动保护规定》废止，正式颁布实施《女职工劳动保护特别规定》。与原有规定发生很大变化的是，《女职工劳动保护特别规定》删除了《女职工劳动保护规定》中“女职工违反计划生育规定的，其劳动保护应当按有关计划生育规定办理，不适用本规定”的条文，意味着女职工有未婚生育、超生等违反计划生育相关法律法规的情形，也不剥夺其享受产假的权利。

2. 未婚先育能否享受产假待遇?

“享受产假”与“享受产假待遇”是两个不同的概念。

女职工生育，不管是否违反计划生育法规，都享有休产假和继续存续劳动关系的权利，是以形成生育事实和医院出生证明为准；而能否享受产假待遇，则与女职工是否遵守《人口与计划生育法》密切有关，需要提供结婚证、准生证、出生证等一系列证明材料。

《人口与计划生育法》第 18 条、第 24 条规定：“国家稳定现行生育政策，鼓励公民晚婚晚育，提倡一对夫妻生育一个子女”，“国家建立、健全基本养老保险、基本医疗保险、生育保险和社会福利等社会保障制度，促进计划生育。”第 41 条又规定：“不符合本法第 18 条规定生育子女的公民，应当依法缴纳社会抚养费。”这些规定明确告诉我们，生育保险的设立是为了保障计划生育政策的顺利贯彻，违反计划生育政策者是不能享受相关保险待遇的。

享受产假待遇是享受生育保险待遇中的一部分。因此，女职工享受产假待遇，是以建立合法婚姻关系、符合婚姻法和符合计划生育政策为前提的。违反《人口与计划生育法》的女职工，不能享受产假保险待遇。

而更早的一些规定就更为明确。原劳动部工资局《关于女职工非婚生育时是否享受劳保待遇问题的复函》中规定，女职工非婚生育时，不能按照劳动保险条例的规定享受生育待遇。其需要休养的时间不应发给工资。对于生活有困难的，可以由企业行政方面酌情给予补助。

鉴于非婚生育女职工违反了计划生育政策，因此，不仅不能和符合计划生育政策的女职工一样享受产假期间相关待遇，这些待遇包括生育检查费、接生费、手术费、住院费和药费等以及产假期间的生育津贴（或产假工资），可能还要接受相关部门依法征缴社会抚养费的处罚。

3. 要享受产假待遇，未婚先孕者有没有补救的措施和办法?

根据《人口与计划生育法》等法律规定，违反计划生育规定的情形是“超生”“非婚生育”等，但并不包括“未婚先孕”。

“非婚生育”与“未婚先孕”，这是两个不同的概念，“非婚生育”是指没有领取结婚证便生育小孩，这是违反计划生育规定的，属于法律调整的范畴；而“未婚先孕”是指没有领取结婚证便怀孕了，属于道德约束的范畴，不属于法律调整的范围。现行的法律法规提倡晚婚晚育、不提倡未婚先孕，但并没有规定未婚先孕要如何制裁，因此，未婚先孕不存在违法的问题，只要在生育前领取结婚证、准生证，便是符合法律规定的。

对于未婚先孕的女职工，在获知自己怀孕后，在有条件的情况下，应当及时办理结婚登记手续，向其户籍所在地计生办领取准生证，以确保能获得享受生育保险的资格。

本案中，唐某在没有建立合法婚姻的情况下生育一子，违反了《人口与计划生育法》《婚姻法》等法律法规，尽管所生孩子是无辜的，但因其本人的错误，不能享受生育保险待遇，无权向公司主张产假待遇。但是，唐某虽然违反了国家有关计划生育规定，依然享有休产假、保留劳动关系的权利，唐某所在公司按事假处理唐某生育期间的休假，认为唐某无权享受产假，却是错误的。在市总工会的协调下，装饰公司考虑到唐某的家庭困难，公司工会给予了唐某一次性生活困难补助。同时，市总工会向唐某提出了严肃批评，并劝其和男友尽快领取结婚证，补办相关计生手续，积极争取计生部门的从宽处理。对市总工会的协调和帮助，唐某表示衷心的感谢。

特别提醒

女职工生育期间享受产假是法定的，不管其生育是否符合计划生育政策，女职工提出休产假要求时，用人单位都应当无条件地批准。换句话说，女职工享受产假不以是否符合计划生育政策为前提条件，只要有生育的事实，就应当享受法定的产假。

法条链接

《劳动法》第 62 条

《人口与计划生育法》第 18 条、第 24 条、第 41 条

《女职工劳动保护特别规定》第 7 条

第八章

社会保障

第一节　社会保险缴纳争议

案例70

参加了商业保险，还需要参加社会保险吗？

案情实录

2014 年 8 月，职工胡某毕业后进入某化工公司工作。签订了三年期劳动合同。3 个月后，胡某如期转正，公司没有为胡某缴纳社会保险，而是参加了商业保险公司的意外伤害险、重大疾病险以及附加住院险。胡某搞不清社会保险与商业保险有什么区别，也就没有多想。2015 年 3 月，胡某因胆结石切除住院治疗，因既不属于重大疾病，也不属于意外伤害，保险公司按照住院险的赔付标准，以每天 100 元的标准一次性赔偿胡某 1200 元，其他医药费、手术费，保险公司均认为不在保险报销范围。与参加社会保险的同病房病友一比，胡某少报销了很多，胡某感觉自己吃大亏了。病愈出院后，胡某找到公司，一是要求公司报销医药费，二是要求参加社会保险。可公司一口回绝。公司认为，商业保险、社会保险都是保险，具体参加什么保险由公司自行决定；保险公司已经进行了赔付，何来再报销医药费一说。那么，化工公司已经参加了商业保险，胡某还能要求参加社会保险吗？胡某要求化工公司报销医药费的要求是否过分呢？

以案说法

本案争议的焦点在于，用人单位能否选择性地参加社会保险？

1. 商业保险与社会保险有什么区别?

社会保险是国家通过立法强制实行的，是对劳动者因年老、失业、患病、工伤、生育而减少收入时，能够享有基本生活保障的一项社会保障制度。商业保险则是由专门的保险企业经营，通过订立保险合同运营，以营利为目的、以降低或化解投保人风险的保险形式。社会保险与商业保险存在很大区别，主要表现在以下几个方面：

（1）建立基础不同：社会保险建立在劳动关系基础上，只要形成了劳动关系，用人单位就必须为职工办理社会保险；商业保险自愿投保，以合同契约形式确立双方的权利义务关系。

（2）管理体制不同：社会保险由政府职能部门管理，具有保障性，不以营利为目的；商业保险由企业性质的保险公司经营管理，具有经营性，以追求经济效益为目的。

（3）参加对象不同：参加社会保险的对象是劳动者，其范围由法律规定，受资格条件的限制；商业保险的对象是自然人，投保人一般不受限制，只要自愿投保并愿意履行合同条款即可。

（4）资金来源不同：社会保险的资金由国家、企业、个人三方面分担；商业保险的资金只有投保人保费的单一来源。

（5）保障水平不同：社会保险为劳动者提供的保障是最基本的，保障程度较低；商业保险则按“多投多保，少投少保，不投不保”的原则确定理赔标准。

（6）法律基础不同：社会保险由《劳动法》《社会保险法》等法律法规来规范，商业保险则由《经济法》《商业保险法》等法律法规来规范。

2. 商业保险、社会保险，到底选哪个好?

在现实生活中，个别用人单位在招录员工时，会替员工购买商业保险，并以此为借口不再参加社会保险。很多劳动者也常常疑惑，商业保险和社会保险，到底选哪个好？

《社会保险法》在总则部分的第2条、第3条、第4条明确规定，国家建立基本养老保险、基本医疗保险、工伤保险、失业保险、生育保险等社会保险制度，保障公民在年老、疾病、工伤、失业、生育等情况下依法从国家和社会获得物质帮助的权利。用人单位和个人依法缴纳社会保险费，有权查询缴费记录、个人权益记录；个人依法享受社会保险待遇，有权监督本单位为其缴费情况。

从以上法律规定可以看出，社会保险是依据法律、法规强制实施的法定保险制度。社会保险具有的强制性，是社会保险区别于商业保险的最明显和最根本之处。在是否参加社会保险这个问题上，用人单位没有选择权。参加社会保险是用人单位应尽的、不可推卸的法定义务，如果违反了法律规定，就要承担相应的法律责任和法律后果。

3. 参加了社会保险，还需要参加商业保险吗？

社会保险和商业保险有各自不同的功能定位。社会保险强调的是社会公平，它运行的基本方针是：广覆盖、保基本、多层次、可持续，是保而不包。商业保险强调的则是个人公平，它具有强烈的商业色彩，参保者根据自己的需要和经济能力进行购买，买得多，保得多。

社保是最基本的保险，它更多的是保护社会整体，因此，从某种程度上来说，它所提供的保障是有限的，不可能完全满足每个人的需求。对于用人单位来说，商业保险属于自愿为劳动者购买的福利性保险，是社会保险的重要补充。用人单位可以根据各自条件，在社保之外选择参加商业保险，为劳动者构建多层次、多元化的社会保障，为他们带来更多的安全感和归宿感。

必须提醒的是，参加社会保险是用人单位的法定义务，而参加商业保险则是一种商业行为。用人单位在参加社会保险的基础上，是否再参加商业保险，完全取决于用人单位的个体认识、经济实力或自觉自愿。换句话说，参加了社会保险，再参加商业保险，属于锦上添花；而只参加商业保险，不参加社会保险，则属于本末倒置，属于违法行为。

本案中，虽然化工公司在胡某入职之初，就为胡某购买了意外伤害险和重大疾病险，但并不能因此免除其依法参加社会保险的法定义务。胡某有权要求公司依法参加社会保险，并且，由于公司有过错在先，胡某有权要求公司报销其生病入院期间的相关医疗费用。

特别提醒

社会保险是强制保险，而不是自愿保险。参加社会保险，是法律强制要求用人单位为劳动者建立的一种社会保障关系。商业保险不能也无法替代社会保险，只能作为社会保险的补充。即使用人单位已经投保了商业保险，也不能免除用人单位应当参加社会保险的法定义务。

法条链接

《社会保险法》第 2 条、第 3 条、第 4 条、第 84 条

案例71 社会保险费能否折合现金直接发给职工个人?

案情实录

2011年春节后，职工谢某与某物流公司签订了二年期劳动合同，工作岗位为班车驾驶员，每天早晚接送员工上下班。合同约定，谢某月工资3000元，每月另发200元社会保险费，由谢某自行参保，享受公司其他福利。2011年3月以后，谢某每月领取的工资条上都有专门一项，社会保险费200元。对此，谢某没有提出异议。此后，无论工作日还是节假日，无论风霜雨雪，谢某每天准时接送职工，日子过得平淡而简单。2013年春节前，因需要接送的员工越来越少，公司告知谢某，合同到期后，不再续签劳动合同。谢某也嫌工资低，早有不想干之意，正好一拍即合。在办理交接手续时，谢某提出，希望公司为其补缴2011年1月至2013年1月这两年的社会保险费。公司对谢某的要求很是意外，答复早已将社会保险费含在工资中支付给谢某。如果谢某执意为其补缴，谢某应返还已领取的社会保险费。谢某则认为，已领取的社会保险费是其工资收入的一部分，不应返还。协商不成，在市总工会委派律师的帮助下，谢某申请劳动仲裁，要求公司按工资基数为其补缴在物流公司工作期间的社会保险，并支付2个月的经济补偿金。经审理，仲裁委作出裁决：物流公司于裁决书生效之日起10日内，为谢某补缴2011年1月至2013年1月的社会保险费，个人承担的社会保险费部分由谢某负担；支付2个月的经济补偿金；谢某于裁决书生效之日起10日内将已领取的社会保险费返还给物流公司。

以案说法

本案是一起用人单位与劳动者私下约定、规避社会保险费缴纳义务而引发的劳动争议。本案的争议焦点主要集中在三个方面。

1. 缴纳社会保险费的责任能否协议或约定免除?

社会保险制度是经法定程序确立，劳动者及其所在单位共同承担缴费义务，保障劳动者在年老、疾病、工伤、失业、生育等情况下依法从国家和社会获得物质帮助的社会保障制度，具有强制性和非营利性。《劳动法》《社会保险法》等法律法规明确规定，用人单位和劳动者必须依法参加社会保险、缴纳社会保险费。因此，依法缴纳社会保险费是用人单位和劳动者的法定责任和义务。既是法定义务，每个单位和劳动者就只有必须主动依法缴纳的义务，而没有自行选择是否缴纳的权利。即使用人单位和劳动者通过签订劳动合同或者书面协议约定不缴或折合现金支付，因这些约定与国家法律法规相抵触，自其签订之日就属于无效约定。本案中，物流公司与谢某的约定就属于无效约定。

2. 社会保险费能否折合现金直接发放?

在现实生活中，有的企业或劳动者以为社会保险费是职工收入的一部分，反正是属于职工个人的，不如直接支付给职工本人。其实这是重大误解，国家依法强制征缴社会保险费，单位和个人要按照一定比例依法向社会保险经办机构缴纳。《社会保险法》规定，用人单位应当自行申报、按时足额缴纳社会保险费，职工应当缴纳的社会保险费由用人单位代扣代缴。因此，职工的社会保险费应当是单位从职工工资中扣除本人应负担的部分，加上单位应缴部分后统一向社会保险经办机构缴纳。用人单位将社会保险费通过工资或补贴等现金形式直接发放给个人，是虚假提高劳动报酬、规避为劳动者缴纳社会保险费用义务的违规行为，既侵害了劳动者享受社会保障的合法权益，也影响了国家对社会保险金的统筹安排。

3. 单位直接支付给职工的社会保险费是不是工资收入的一部分?

法律法规上所称的工资，是指用人单位根据国家有关规定或者劳动合同的约定，以货币形式直接支付给本单位劳动者的劳动报酬，一般包括计时工资、计件工资、奖金、津贴和补贴、延长工作时间的工资报酬以及特殊情况下支付的工资等。根据法律规定，劳动者的以下收入不属于工资范围：（1）单位支付给劳动者个人的社会保险费用；（2）劳动保护方面的费用；（3）按规定未列入工资总额的各种劳动报酬及其他劳动收入。

依据上述规定，本案中，物流公司支付给谢某工资单上所列明的社会保险费不应作为谢某的劳动报酬计入其工资收入。因此，仲裁委裁决谢某将已领取的社会保险费返还给物流公司并无不妥，体现了公平合理的原则。

特别提醒

即使用人单位和劳动者协议约定，将社会保险费折合成现金直接发放给职工，以后劳动者照样可以要求单位补缴，同时可以以此为由向单位提出立即解除劳动合同，并要求单位按照其工作年限支付经济补偿金。由此可见，用人单位怕一时麻烦，给自己带来的将是更大的麻烦。

法条链接

《劳动法》第72条

《社会保险法》第4条、第60条

劳动部关于印发《关于贯彻执行〈中华人民共和国劳动法〉若干问题的意见》的通知第53条

案例72

用人单位与职工能否约定不缴纳社会保险费?

案情实录

2012年3月，职工谢某从农村来到城市求职，因为学历不高，可选岗位不多，好不容易应聘成为某公司保安。在签订劳动合同时，公司提出，谢某如果想长久在公司工作，就必须自愿放弃参加社会保险。谢某初到城市，对社会保险一无所知，认为办不办社会保险也没什么关系。于是双方签订了三年期劳动合同，约定谢某每月工资2500元。合同上专门写了这么一条：谢某自愿放弃参加社会保险，公司不再为谢某缴纳社会保险费。2012年10月，一次意外摔伤住院，让谢某明白了社会保险的重要性。住院期间，谢某才知道，如果公司为自己办理了社会保险，自己住院期间的治疗费用，医疗保险可以帮助支付一部分。病愈一上班，谢某找到人力资源部，希望公司为他缴纳社会保险费。公司拿出当初与谢某签订的劳动合同，答复：不缴纳社会保险费是经谢某同意，并且已明确写入劳动合同之中，既然有约在先，公司是依照约定不为谢某缴纳社会保险费。谢某一听，心凉了半截。但思前想后，又心有不甘。利用倒休的时候，谢某找到市总工会来问个究竟，自己先前由于不了解，自愿放弃社会保险，现在能否反悔，要求公司为自己补缴社会保险费?

以案说法

这是一起用人单位与职工私下约定不参加社会保险而引起的劳动争议。本案焦点主要在三个方面。

1. 事先约定，公司是否就可以不为职工缴纳社会保险费?

《社会保险法》《劳动法》等法律法规规定，用人单位和劳动者必须依法参加社会保险，缴纳社会保险费。社会保险是法定的强制性保险，依法参加社会保险是劳动者和用人单位的法定义务。在法律上，权利可以放弃，但对于法定义务，就必须履行，不得以任何方式逃避或放弃。即使是劳动者主动提出放弃社会保险，也不能免除用人单位为职工缴纳社会保险费的义务。

因此，虽然用人单位和职工之间有“约”在先，但由于这个不参加社会保险的约定，与《社会保险法》《劳动法》等法律法规相抵触，从签订一开始，这个约定就属于无效约定。即使用人单位和劳动者属于“你情我愿”也不能改变其违法约定的性质，导致双方约定的违法条款无效。

本案中，公司与谢某私下约定不缴纳社会保险费，违反了用人单位和劳动者必须参加社会保险的法律规定，属于无效约定。

2. 谢某与公司签订的劳动合同是否有效?

劳动合同是劳动者与用人单位确立劳动关系、明确双方权利和义务的协议。根据《劳动法》《劳动合同法》等相关规定，双方订立和变更劳动合同应当遵循平等自愿、协商一致的原则，不得违反法律、行政法规的规定。无效的劳动合同，从订立的时候起，就没有法律约束力；确认劳动合同部分无效的，如果不影响其余部分的效力，其余部分仍然有效。

本案中，公司与谢某订立劳动合同时，双方也在一定程度上进行了协商，基于双方自愿签订劳动合同，但是双方关于公司“不为谢某缴纳社会保险费”的约定却是违法的，属于无效条款，从订立之日起，就没有法律约束力。但如果公司与谢某订立的劳动合同其他条款没有违反法律法规之处，其他部分仍然有效，公司和谢某仍要依法继续履行。

3. 这种约定的不利后果应该由谁来承担?

由于用人单位和职工关于不参加社会保险的约定属于违法约定，自始无效，因此该约定就不能成为职工反悔时，用人单位不参加社会保险的抗辩理由。

换言之，即使该约定是职工当时真实意思的表示，职工事后仍可反悔，其要求用人单位为其办理社会保险的请求仍能得到法律的支持。

在法律条款设计上，考虑到用人单位在劳动关系中处于主导地位，尽管在不参加社会保险的约定中，职工也有过错，但法律不追究职工的责任，相应不利后果主要由用人单位承担。通过这样的制度安排，强化用人单位的法制意识，更好地发挥用人单位在构建和谐劳动关系中的积极作用。

在本案协调中，市总工会向谢某所在公司明确指出，用人单位和劳动者必须参加社会保险，任何单位、任何人不得以任何形式、任何理由免除。尽管谢某在签订劳动合同时表示自愿放弃社会保险，但后来反悔要求公司为其补缴社会保险，仍然于法有据。经过市总工会的善意提醒，谢某所在公司此时才幡然醒悟，后悔不迭，赶紧为谢某补办了参加社会保险的相关手续。

特别提醒

即使劳动者自愿和用人单位约定不参加社会保险，当劳动者离开用人单位时，仍然可以要求用人单位缴纳相关社会保险费，并以“未依法为劳动者缴纳社会保险费”为由索要经济补偿金，而这种请求往往会得到劳动仲裁、社保经办机构的支持。这样一来，用人单位就会更加得不偿失，常常是作茧自缚。

法条链接

《劳动法》第 72 条

《社会保险法》第 58 条、第 60 条

《劳动合同法》第 3 条、第 26 条、第 27 条

案例73

试用期内用人单位可以不为职工缴纳社会保险费吗?

案情实录

2010 年 3 月，职工韩某从原单位跳槽，与某广告公司签订了五年期劳动合同，试用期为 6 个月，工作岗位为广告设计，每月工资 6000 元。正式上班后，公司迟迟没有为韩某办理社会保险。公司人力资源部对韩某说，依据公司规定，试用期转正后，公司就会为其补办社会保险。2010 年 10 月，工资单上果然有了单位代扣代缴社会保险费的记录，韩某悬着的心终于放下来了。2013 年 3 月，韩某在市人社局社会保险中心查询缴纳记录时，意外发现，公司未给自己缴纳试用期（2010 年 3 月至 9 月）的社会保险。回到公司，老员工告诉他，公司的惯例，就是不缴纳试用期社会保险，他们都是后来自己补缴的。找到人力资源部，人事经理解释说，公司规章制度上明确规定，试用期转正后办理社会保险，因此，新进职工缴纳社会保险费的时间都是试用期满转正后的次月，因为那时候，新进员工才算是公司的正式员工。人事经理还对韩某说，在试用期间，员工和单位都在磨合阶段，试用期结束前，职工是否在

公司工作还不确定，单位怎么能为试用期职工缴纳社会保险呢？韩某被公司的解释说得有点迷惑，但要自己补缴6个月的社会保险，很有点心不甘情不愿。于是，韩某找到市总工会，想就“公司不为试用期职工缴纳社会保险”是否合法问个明白。

以案说法

试用期是用人单位和劳动者相互观察、相互选择的过渡期，在这个特定时期，用人单位需不需要为职工缴纳社会保险费呢？解开这个疑团，我们要弄清楚以下三个问题。

1. 试用期员工与用人单位是否存在劳动关系?

试用期是用人单位考察劳动者是否适合工作岗位的一项制度设计，在试用期里，用人单位与劳动者之间的劳动关系还处于不太稳定的状态。正因为此，不少用人单位把试用期当成了“临时期”，认为与劳动者还没有建立正式的劳动关系。在实践中，用人单位不为试用期职工缴纳社会保险，不签订劳动合同或者单独签订试用期合同的现象普遍存在。

但实际上，用人单位的这种认识和做法都是错误的。

《劳动合同法》第7条规定，用人单位自用工之日起即与劳动者建立劳动关系。《劳动合同法》第19条规定，试用期包含在劳动合同期限内。劳动合同仅约定试用期的，试用期不成立，该期限为劳动合同期限。根据上述法律条文可以看出，试用期尽管是用人单位与劳动者在劳动合同中协商约定的考察期，在此期间存在很多不确定性，但试用期并非独立于劳动关系之外的“特别期”，试用期内的员工同样与用人单位存在着明确的劳动关系。也就是说，新进员工自到用人单位上班的第一天起，就与用人单位建立了劳动关系，就应该依法享有包括缴纳社会保险在内的全部劳动权利。依照《社会保险法》《劳动合同法》等法规，不为试用期劳动者缴纳社会保险属于“欠保”的违法行为，不签劳动合同或者是仅仅签订试用期合同，也是法律所不允许的，要承担相应的法律责任和风险。

2. 试用期内缴纳社会保险费是否可以协商确定或约定?

不为试用期员工缴纳社会保险费，这是实践中很多用人单位的习惯性做法。一些用人单位甚至和员工协商，约定试用期内不缴纳社会保险，或者试用期转正后缴纳社会保险。其实，这都是误解、误读劳动法律法规的错误做法。

社会保险是国家为保障职工合法权益而实行的强制性保险。所谓强制性，就是由法律法规直接对劳动关系双方的权利义务作出规定，双方当事人不得自由协商。因此社会保险是否缴纳、如何缴纳都不是用人单位与员工之间可以相互商量的事宜，用人单位应该按照法律法规的强制规定执行。即使双方有书面约定，但只要与法律法规的强制性规定相违背，任何约定都是无效的，定约双方最终还是得回到法律法规上来。

3. 对用人单位而言，试用期不缴纳社会保险费是否存在法律风险?

用人单位千万不要存有试用期可以不缴社会保险费的侥幸心理，因为这一做法存在着诸多法律风险：首先，自用工之日起，未给试用期员工缴纳社会保险，违反《劳动合同法》第38条，员工可以随时提出解除劳动合同，并可以要求用人单位支付经济补偿金。其次，劳动者可以向社保经办机构进行投诉，要求用人单位为其补缴社会保险费，社保经办机构在征缴社会保险费的同时，会加收一部分滞纳金。最后，如果劳动者在试用期间发生重大疾病、工伤事故等意外状况，产生巨额赔偿费用，应由用人单位自行承担，单位只能自咽苦果。

在本案的协调中，市总工会明确告知韩某所在公司：公司规章制度中关于“试用期转正后办理社会保险”的条款，因与《社会保险法》等法律法规相违背，自制定之日起就属于无效规定；试用期不为职工缴纳社会保险属于违法行为，存在多重法律风险，应依法纠正。公司只有依法为包括试用期内的全体劳动者依法缴纳社会保险费，合法经营，才能避免法律风险的产生。在市总工会的协调下，韩某公司意识到对法律法规存在重大误解，十分感谢市总工会的善意提醒，答应立即为韩某补缴试用期的社会保险费。

特别提醒

及时为劳动者缴纳社会保险费是用人单位的法定义务。在享受基本社会保险待遇方面，所有劳动者都是平等的。用人单位不能因为劳动者的试用期身份而对社会保险的缴纳加以限制，与其他劳动者区别对待。

法条链接

《劳动合同法》第7条、第19条、第38条

《劳动法》第72条

《社会保险法》第58条

案例74

劳动者自愿放弃社会保险，用人单位能免责吗？

案情实录

2013年10月，来自安徽的外地职工郭某入职市区某新开业不久的酒店，工作岗位为餐厅服务员。这是一家全国连锁酒店，各方面管理都很规范。郭某刚入职，人事部经理就主动找到郭某，要求与她签订劳动合同，并为她缴纳各项社会保险。郭某本人却十分迟疑，一是觉得酒店地处新城，不在闹市区，与小姐妹出去活动不方便；二是没想在这个单位“长期作战”，暂时没有更满意的单位，就准备骑驴找马，先做做看；三是每月工资也就2500多元，如果一缴纳保险，至少要扣下300多元。几个原因加在一块，郭某签合同、缴纳保险的积极性就大打折扣。经过酒店再三动员，郭某与酒店签订了一年期劳动合同。缴纳社会保险这块，郭某认为自己是外地人，在镇江缴纳了社保也没什么用，还不如现钱来得实在，死活不愿意缴，甚至向酒店提出，如果一定要她缴纳社会保险，就主动离职。由于酒店地理位置相对偏僻，招聘一名成熟员工不容易，酒店在请示总部后作出了让步，同意郭某不缴纳社会保险，但要求郭某作出书面承诺：自愿放弃各项社会保险，绝不后悔，保证将来不找酒店麻烦，自动放弃诉讼权利。日子过得飞快，倒也相安无事。2014年5月，利用调休日，郭某与小姐妹去羽毛球馆打球，在接球过程中，一不小心，造成小腿韧带拉伤，前前后后休息一个月。由于没有参加医疗保险，所有的治疗费用都是郭某自费，这时候，郭某才深感参加社会保险的好处。在小姐妹的指点下，郭某向酒店申请报销一部分医疗费用。酒店一口回绝，并指出，正是郭某前期的固执，才造成今天生病住院没有医疗保障。郭某也自觉理亏，但她的一个小姐妹说看过相关报道，酒店没有为员工缴纳医疗保险，职工患病或非因工负伤，单位也要负一些责任。双方来来回回协调多次，酒店始终不肯让步，认为单位并无过错。在小姐妹的坚持下，郭某鼓足勇气，打电话向市劳动监察部门举报。那么，劳动者自愿放弃社会保险，用人企业是否可以免责呢？

以案说法

在实践中，我们会遇到用人单位愿意为职工缴纳社会保险，而职工却不愿意缴纳的现象，甚至自愿签订放弃社会保险的协议。那么，劳动者自愿放弃社会保险的协议是否有效？未依法缴纳社会保险会给用人单位带来怎样的风险？如果劳动者自愿放弃缴纳社保，用人单位能免责吗？让我们逐一来评析。

1. 依法参加社会保险有替代或变通形式吗？

现实生活中，一些订立短期劳动合同的职工，由于担心账户转移手续烦琐或不愿意承担个人缴纳部分；有的单位为省钱或省事，故意逃避，在不缴纳社会保险上与少数劳动者一拍即合。但用人单位出于对劳动法律法规的敬畏，又不敢明目张胆地不缴，于是“创造”出了很多规避社会保险的替代形式，如高薪代保，即双方约定，用人单位以较高的劳动报酬代替社会保险，社会保险由员工个人承担且风险自负；工资代保，即用人单位与员工约定，支付给员工的工资中包括单位应当承担的保险费用；商保替代，即用人单位给员工买商业保险代替缴纳社会保险；放弃声明，即让职工签订自愿放弃社会保险的协议或承诺；等等。

社会保险是国家强制实行的一种社会保障制度，它具有法定的强制性。关于用人单位和劳动者依法参加社会保险的法律规定有很多，比如，《劳动法》规定，用人单位和劳动者必须依法参加社会保险，缴纳社会保险费。《社会保险费征缴暂行条例》规定，缴费单位和缴费个人应当以货币形式全额缴纳社会保险费，社会保险费不得减免。《社会保险法》规定，用人单位和个人依法缴纳社会保险费，个人依法享受社会保险待遇，有权监督本单位为其缴费情况。

这些法律条文明确告诉我们，参加社会保险不仅是用人单位和劳动者的权利，也是必须履行的义务，是法律对用人单位和劳动者设置的强制性条款。所以，不管用人单位采取什么办法、什么借口，也不管用人单位与劳动者如何约定，只要没有为劳动者依法缴纳社会保险费，都属于违法行为。在法律范畴内，依法参加社会保险，没有任何变通形式。

2. 劳动者有放弃社会保险的权利吗？

对于劳动者来说，参加社会保险并按规定缴纳费用，是必须履行的一项法定责任，而不是可以自由做主放弃的一项权利。因此，社会保险费中凡是规定由用人单位和劳动者共同按比例负担的，用人单位必须依法缴纳，劳动者也必须依法缴纳。

法定义务是不能放弃的。现实生活中，不管是劳动者“自愿”或者“被自愿”签订放弃社会保险协议，都不能改变这一行为的违法性质，此协议自签订之日起，就属于无效民事行为，对劳动关系双方都没有法律约束力。

3. 如果劳动者自愿放弃社会保险，用人单位能免责吗？

用人单位未依法给职工缴纳社会保险费，无论劳动者个人是否愿意，无论是否签订书面放弃协议，违法事实都是客观存在的，无论用人单位怎么规避，侵权的法律风险始终存在。

风险一：劳动者投诉的风险。

依法缴纳社会保险费是用人单位的法定责任，即使劳动者自愿放弃，用人单位至少面临三重风险：一是劳动者自愿不缴费，与用人单位最终未缴费之间，不存在法律上的因果关系；缴费的主动权完全在用人单位，违法不缴费事实的形成，完全是用人单位选择和决定的。换句话说，劳动者对未缴费的违法行为并不负法律责任。二是劳动者自愿放弃社会保险属于无效民事行为，劳动者随时有权要求用人单位补缴社会保险，补缴起始日要从劳动者与用人单位建立劳动关系之日起算。三是用人单位在招用劳动者时处于强势地位，实践中，很有可能会被劳动者反诉当初是因胁迫而写下自愿放弃社会保险的申请；一旦劳动者有证据证明是“被自愿”，依据《劳动合同法》第 38 条、第 46 条规定，劳动者有权随时提出辞职，并要求用人单位支付经济补偿金。

也就是说，虽然劳动者自愿放弃社会保险，但其向劳动行政部门投诉或提请劳动仲裁的权利始终拥有。

风险二：工伤、医疗费赔偿的风险。

依据《最高人民法院关于审理劳动争议案件适用法律若干问题的解释(三)》规定，劳动者以用人单位未为其办理社会保险手续，且社会保险经办机构不能补办导致其无法享受社会保险待遇为由，要求用人单位赔偿损失而发生争议的，人民法院应予受理。也就是说，因用人单位客观上未参加社会保险，致使劳动者无法报销工伤、医疗费，相关法律责任要由用人单位据实承担。从这种结果上来说，即使劳动者确实是自愿放弃社会保险，用人单位仍面临巨大的法律责任和风险，仍不能豁免工伤、医疗费等赔偿责任。

风险三：劳动行政部门查处的风险。

法律对职工不依法参加社会保险没有给予具体的处罚规定，但把法律责任归于用人单位。《社会保险法》第 84 条规定“用人单位不办理社会保险登记的，由社会保险行政部门责令限期改正；逾期不改正的，对用人单位处应缴社会保险费数额一倍以上三倍以下的罚款，对其直接负责的主管人员和其他直接责任人员处五百元以上三千元以下的罚款”。由此可见，虽然职工自愿放弃参加社会保险，甚至还保证不追究用人单位的责任，但用人单位仍然面临劳动保障行政部门强制征缴以及行政处罚的法律风险。

本案中，在郭某的请求下，市劳动监察支队赶到酒店，帮助协调处理。在例行检查中，劳动监察支队不仅发现酒店没有为郭某缴纳社会保险，还发现存在类似情况的职工有20多人，随即向酒店下达了限期整改通知书。酒店负责人十分委屈，向检查人员展示了20多份职工签订的自愿放弃社会保险协议书，并反复解释确实是职工自愿放弃。虽然职工是在自愿的基础上与酒店签订书面承诺，但自愿签订并不能改变协议的违法性质，对职工和酒店都没有法律约束力，应当依法予以纠正。

经调查，确实是郭某主动提出放弃社会保险。不参加社会保险，郭某和酒店都有责任，但法律后果主要由酒店承担。最终酒店答应立即为郭某等20多名职工补缴社会保险。出于法律和道义两方面的考虑，酒店答应参照医疗保险的报销比例，为郭某解决一部分医疗费用。

特别提醒

广大劳动者要自觉增强法律意识和自我保护意识，应享有的合法权利不能轻易放弃，法律是保护自己最有力、最稳定的武器，只有依法维权，才能使自己的合法权益免受侵害。

法条链接

《劳动法》第72条

《社会保险法》第4条

《社会保险费征缴暂行条例》第12条

《最高人民法院关于审理劳动争议案件适用法律若干问题的解释（三）》第1条

案例75
职工主动辞职，能否享受失业保险待遇？

案情实录

2011年3月，职工陆某经人介绍进入某机械制造公司工作，上班第二天，陆某与公司签订了3年期劳动合同。陆某的工作岗位是机床操作工，实行的是计件工资制，每月工资一般在3000元，忙的时候，也能拿到4000多元。陆某大学里学的是数控维修，从事机床操作绰绰有余，自己或其他职工的机床出现问题，公司维修工一时忙不过来，他还小试身手，一般手到擒来，公司领导和其他职工都挺喜欢他。但让陆某不舒服的是，公司是由一家国有企业改制而来，公司上下按部就班、论资排辈的氛围很浓，不管你再有本事，都得熬年限、熬资历，让你看不到前途和希望。更让陆某难以忍受的是，公司经常加班加点，包括一些双休日和法定节假日，也经常安排加班，却不发加班工资。陆某多次要求公司发放加班工资，公司都是说，陆某所在车间实行的是计件工资制，按照计件计算每个职工的劳动报酬，凭本事吃饭，多劳多得，没有加班工资的说法。为了保住自己的工作，加上一时也没有合适的单位可去，陆某只有忍气吞声。2013 年 5 月，陆某听一个学法律的朋友说，即使实行计件工资制，公司也应按照加班时间支付加班费，否则就是违法。在朋友的指点下，陆某向公司提交了辞职信，并说明是由于公司长期拖欠加班费而被迫辞职。陆某还要求公司给自己及时办理领取失业保险的手续。公司对于陆某的做法十分不满，拒绝出具《离职证明》，并声称陆某系主动辞职，不符合领取失业保险金的条件。陆某离厂一个多月了，公司始终不肯为其办理申领失业保险的相关手续。那么，职工主动辞职，能否享受失业保险待遇？

以案说法

随着劳动者维权意识的不断增强，享受失业保险的资格和条件日益引起劳动者的关注，由此引发的劳动争议也不断增多。本案的焦点在于，职工主动行使辞职权，是否有权享受失业保险待遇？这个问题，主要涉及以下三方面问题：

1. 劳动者在何种情况下可以领取失业保险金？

失业保险是指国家通过建立失业保险基金，对因失业而暂时中断生活来源的劳动者在法定时期内获得失业保险金，以维持其基本生活水平的一项社会保险制度。它是社会保障体系的重要组成部分，是社会保险的主要项目之一。根据《社会保险法》的规定，失业人员要从失业保险基金中领取失业保险金，必须符合以下条件：（1）失业前用人单位和本人已经缴纳失业保险费满一年的；（2）非因本人意愿中断就业的；（3）已经进行失业登记，并有求职要求的。《社会保险法》沿袭了《失业保险条例》第 14 条的规定。

值得注意的是，失业人员享受失业保险待遇，必须同时满足《社会保险法》所列的三个条件，缺一不可。

2. 何为“非因本人意愿中断就业”？

《社会保险法》所列享受失业保险待遇的三个必备条件，第一、第三都一目了然，而第二个条件“非因本人意愿中断就业的”则需要界定和明确。非因本人意愿中断就业，从字面意义上看，就是职工本人不想中断就业，但因本人无法控制的原因而被迫中断就业的。原劳动部颁布的《失业保险金申领发放办法》第4条规定：“非因本人意愿中断就业的”是指下列人员：（1）终止劳动合同的；（2）被用人单位解除劳动合同的；（3）被用人单位开除、除名和辞退的；（4）根据《劳动法》第32条第（2）项、第（3）项与用人单位解除劳动合同的，即因用人单位以暴力、威胁或者非法限制人身自由的手段强迫劳动的和因用人单位未按照劳动合同约定支付劳动报酬或者提供劳动条件的；（5）法律法规另有规定的。

2011年7月1日起施行的《实施〈中华人民共和国社会保险法〉若干规定》，更加丰富了非因本人意愿中断就业的情形，包括因劳动合同期满、用人单位被依法宣告破产、用人单位被吊销营业执照、责令关闭、撤销或者用人单位决定提前解散等原因导致劳动合同终止的，劳动者被用人单位根据《劳动合同法》第39条、第40条、第41条规定解除劳动合同的，用人单位与劳动者协商一致解除劳动合同的，由用人单位提出解除聘用合同或者被用人单位辞退、除名、开除的，用人单位存在过错而被劳动者依照《劳动合同法》第38条解除劳动合同的。这一立法调整，将《劳动合同法》实施以来劳动争议案件中与社会保险相关的有益经验吸收进来，对劳动者来说，是更为有力的法律保障。

3. 职工主动辞职，能否享受失业保险待遇?

一般情况下，辞职是劳动者主动要求解除劳动合同的行为，属于自愿失业的范围，不符合“非因本人意愿中断就业的”情形，因此，也就不能享受失业保险待遇。但在现实生活中，还有一种辞职属于情不得已、被逼无奈，虽是主动辞职，但也属于“非因本人意愿中断就业的”情形。哪些情形下，职工主动辞职，也属于“非因本人意愿中断就业的”，《劳动合同法》第38条作了详细的规定，包括未按照劳动合同约定提供劳动保护或者劳动条件的，未及时足额支付劳动报酬的，未依法为劳动者缴纳社会保险费的，以暴力、威胁或者非法限制人身自由的手段强迫劳动的等，这些特殊情形下，劳动者虽是主动与用人单位解除劳动合同而失业，但仍可以享受失业保险待遇。

在本案中，陆某所在公司安排实行计件工资制的劳动者在法定标准工作时间以外或者法定节假日工作的，就应认定为加班，拒不支付加班工资，就属于“未及时足额支付劳动报酬”的情形。公司在员工加班制度设计上存在明显的违法情形，陆某主动辞职，实属无奈之举，并非出于自己的真实意愿，当属“非因本人意愿中断就业”，加之此前公司已为陆某缴纳失业保险费2年以上，陆某具备了享受失业保险待遇的法定条件，可以申领失业保险金。这种情形下，如果公司拒不为陆某出具《离职证明》，根据《劳动合同法》的规定，将要承担赔偿责任。

特别提醒

一般情况下，如果职工因个人原因主动辞职而失业，不属于非因本人意愿中断就业的范围，不能享受失业保险待遇。但特殊情形下，如果职工主动辞职是因为用人单位违法在先，符合《劳动合同法》第 38 条列举的情形之一，职工是可以享受失业保险待遇的。

法条链接

《社会保险法》第 45 条

《劳动合同法》第 38 条、第 89 条

《实施〈中华人民共和国社会保险法〉若干规定》第 13 条

第二节　工伤权益保护争议

案例76

职工下班后洗澡受伤，能否认定为工伤？

案情实录

职工杨某是市区一家机械公司的一线职工，工作岗位是模具工。杨某的工作是技术活，也是力气活，干活时常常油污满手，一天下来，也不知道出多少身汗。在职工多次呼吁下，也是为了留住职工，2013 年，机械公司在厂区内新建了职工浴室，杨某与其他一线职工一样，下班后都会去洗个热水澡，换身衣服干干净净回家。2014 年 5 月的一天，杨某下班后洗澡时，图省事，没有穿拖鞋，加上地滑，不慎摔倒。经医院检查，杨某被确诊为左侧胯骨骨折。事故发生后，杨某向公司人力资源部提出工伤认定申请。公司态度一直不明确，经过多次催问，公司给杨某的答复是：杨某下班后洗澡受伤，纯属个人不小心造成；单位建有免费浴室，是一项职工福利，而且规章制度中并没有规定职工下班后一定要洗澡清洁；杨某的受伤既不是发生在工作时间，也不是发生在工作区域，

因此杨某下班后洗澡受伤与工作无关，不应认定为工伤。杨某则认为，自己从事的工作又脏又累，下班后洗澡与此密切相关；自己在公司专门为职工建立的浴室受伤，可以说完全因工作而受伤，而不能片面理解为是处理个人卫生，于情于理，公司都应该帮助自己申请工伤。双方多次理论，公司一直不肯让步。那么，职工下班后洗澡受伤，能认定为工伤吗？

以案说法

职工下班后洗澡受伤能否认定为工伤，要具体情况具体分析，不能一概而论。本案争议的焦点在于，下班后洗澡，是否属于在工作场所内从事与工作有关的收尾性工作？

1. 如何界定预备性或者收尾性工作？

根据《工伤保险条例》第 14 条第（2）项规定：工作时间前后在工作场所内，从事与工作有关的预备性或者收尾性工作受到事故伤害的，应当认定为工伤。那么如何界定预备性或者收尾性工作呢？

预备性或收尾性工作是指职工在上班前、下班后的一段合理时间内，从事的搬运、清扫、清洗、准备、整理、维修、堆放等辅助性或延续性工作。预备性工作和收尾性工作虽然不是直接性的工作，但这类活动对于即将开始的工作或后续的工作是必需的，且存在一定的职业危险，故此，《工伤保险条例》第 14 条规定，工作时间前后在工作场所内，从事与工作有关的预备性或者收尾性工作受到事故伤害的，应当认定为工伤。

也就是说，预备性或收尾性工作与工作有必然联系，或者说是从事主体工作所必需的，是主体工作不可分割的组成部分。与此相对应，预备性或收尾性工作所占据的时间应认为是工作时间，所占据的场所应认为是工作区域。

2. 下班后洗澡受伤认定为工伤，必须具备哪些法律要件？

依据《工伤保险条例》第 14 条规定，下班后洗澡受伤能否认定为工伤，至少要具备三个要件：（1）工作时间前后；（2）在工作场所内；（3）从事与工作有关的预备性或者收尾性工作。只有这三个法律要件同时具备，才能将劳动者所受到的事故伤害认定为工伤。对照这三个要件，我们来分析一下职工下班后洗澡受伤的行为：

首先，我们要看职工洗澡行为发生的时间是否在工作时间前后；其次，要看职工去洗澡的浴室是否建在厂区范围内，或是否专门为方便职工下班后洗澡所建；最后，看洗澡这一行为与主体工作之间的关系，看洗澡是否属于与工作紧密相关的收尾性工作。

3. 下班后洗澡受伤是否属于不得认定或视同工伤的情形？

《工伤保险条例》第16条规定了三种不得认定或者视同为工伤的情形，主要包括：（1）因犯罪或者违反治安管理伤亡的；（2）醉酒导致伤亡的；（3）自残或者自杀的。从本案来看，杨某在洗澡时，由于地面湿滑摔倒受伤，虽属于个人不小心，但不属于上述任何一种情形。

本案中，杨某从事的属于苦脏累的工作，工作结束后去单位浴室洗澡，已成为杨某工作的一部分，也是工作的必需过程之一，属于收尾性工作。所以，杨某下班后洗澡受伤，符合《工伤保险条例》关于工伤认定条件。机械公司认为杨某下班后洗澡受伤并非发生在工作时间和区域，是对工作时间和区域的片面理解，应予以纠正。

特别提醒

并不是任何工作结束后的洗澡都属于收尾性工作。只有那些与工作有密切联系的，也就是说工作后有必要洗澡的，如矿工、接触粉尘、接触有毒有害物质的劳动者以及体力劳动者等，工作结束后的洗澡才属于收尾性工作。与工作没有直接关系的，也就是说工作结束后没有必要必须洗澡的，如不接触恶劣环境的办公室工作人员，下班后的洗澡，就属于单位的一种福利，而非预备性或收尾性工作，则洗澡中的受伤就不能认定为工伤。

法条链接

《工伤保险条例》第14条、第16条

案例77

劳动者高温作业中暑，可以申请工伤认定吗？

案情实录

职工叶某是市区一家建筑公司职工，工作岗位是架子工，负责使用搭设工具，将钢管、夹具和其他材料搭设成操作平台、安全栏杆、井架或者支撑架，长年在户外工地工作。2013年夏天，全国各地都遭遇了罕见的、持续多日的高温。叶某所在项目部承接的是政府重点工程，按照约定工期，年底要实现主体工程封顶。由于前期遭遇连续阴雨，工程已经耽误了不少工期。夏日炎炎，虽然面临连续多日35℃以上的高温，但建筑公司丝毫没有停工的意思。为了安抚职工，建筑公司按规定发放了高温费，采取了高温时段送绿豆汤等防护措施，但连日的高温炙烤，让人觉得连空气都是热烘烘的。2013年8月，一直在户外作业的叶某坚持带病工作，终因严重中暑而昏迷不醒，被工友们紧急送往医院抢救，共花去救治费5300元，钱都是叶某家人支付的。叶某前前后后休息了一个多星期，才缓过劲。因担心工资被扣，身体稍有恢复，叶某就重新回到公司上班。住院期间，叶某听床位医生说，高温作业下中暑，公司应该为他申请工伤认定。按照好心医生的指点，经市区最大的职业病防治机构诊断，确定叶某高温作业下中暑为“职业病”。经过认真的前期准备，叶某一上班，就找到项目负责人，要求公司帮自己申请工伤认定，报销医药费，并提交了职业病防治机构出具的相关证明材料。对叶某的要求，项目负责人感到很惊讶，说叶某的中暑，纯属他体质弱、抵抗力差，与公司无关，更与工伤不搭界；出于对叶某的照顾，公司已按病假处理了叶某中暑救治期间的休假；相关医药费，按医疗保险正常比例报销，不存在公司再行报销问题。对此答复，叶某很不满意，自己中暑，难道不是因工作引起的吗？申请工伤认定，难道不是自己应该享受的合法权益吗？那么，职工因高温作业中暑，究竟与工伤搭不搭界呢？究竟符合不符合申请工伤认定的条件呢？

以案说法

在实际生活中，劳动者因高温作业中暑，常常把原因归结为自身体质差，很少有人想到去申请工伤认定。本案发出的一个积极信号，就是引导我们把关注的视线投向那些常常被忽视的维权领域。

1. 何为高温天气？ 何为高温天气作业？

依据国家安监总局、卫生部、人力资源和社会保障部、全国总工会2012年颁布的《防暑降温措施管理办法》（安监总安健〔2012〕89号），高温天气是指地市级以上气象主管部门所属气象台站向公众发布的日最高气温35℃以上的天气。高温天气作业是指用人单位在高温天气期间安排劳动者在高温自然气象环境下进行的作业。

2. 高温条件下作业， 劳动者享有哪些劳动保护的权益？

依据国家安监总局等部门颁布的《防暑降温措施管理办法》以及《劳动法》《劳动合同法》等法律法规，高温天气下作业的劳动者至少拥有以下权利：

一是劳动保护保障权。《防暑降温措施管理办法》规定，用人单位应当根据国家有关规定，采用良好的隔热、通风、降温措施，保证工作场所符合国家职业卫生标准要求；应当向劳动者提供符合要求的个人防护用品，并督促和指导劳动者正确使用；应当为高温作业、高温天气作业的劳动者供给足够的、符合卫生标准的防暑降温饮料及必需的药品；应当在高温工作环境设立休息场所等。

二是停工减工休息权。依据《防暑降温措施管理办法》规定，当日最高气温达到40℃以上，应当停止当日室外露天作业；当日最高气温达到37℃以上、40℃以下时，用人单位全天安排劳动者室外露天作业时间累计不得超过6小时，连续作业时间不得超过国家规定，且在气温最高时段3小时内不得安排室外露天作业；当日最高气温达到35℃以上37℃以下时，用人单位应当采取换班轮休等方式，缩短劳动者连续作业时间，并且不得安排室外露天作业劳动者加班。高温条件下，停工不停薪，减工不减薪。

三是高温津贴补偿权。《防暑降温措施管理办法》规定，用人单位安排劳动者在35℃以上高温天气从事室外露天作业以及不能采取有效措施将工作场所温度降低到33℃以下的，应当向劳动者发放高温津贴，并纳入工资总额。

四是冒险作业拒绝权。依据《劳动法》《劳动合同法》，用人单位没有提供高温作业下的必要工作条件，甚至强令劳动者在没有防暑降温设施或高温防护条件下冒险作业的，劳动者有权拒绝执行工作指令，而此时不视为劳动者违反劳动合同。

3. 高温作业中暑， 能申请工伤认定吗?

工伤认定，必须具备符合法定的申请条件。《工伤保险条例》第14条第4款规定：职工患职业病的，应当认定为工伤。那么，在高温作业条件下，劳动者中暑是否属于职业病，就成为申请工伤认定的关键。

关于职业病的分类和认定，我们简要地看一下相关规定调整和变化的过程。1957年，我国首次发布了《关于试行“职业病范围和职业病患者处理办法”的规定》，将职业病确定为14种；1987年，国家有关部门对其进行调整，增加到9类99种。2002年，为配合《职业病防治法》的实施，原卫生部联合原劳动保障部发布了《职业病目录》，将职业病增加到10类115种。2013年12月23日，国家卫生计生委、人力资源和社会保障部、安全监管总局、全国总工会四部门联合印发《职业病分类和目录》，由原来的115种职业病调整为132种，其中新增18种，对16种职业病的名称进行了调整。为了保持与《职业防治法》中关于职业病分类和目录表述一致，将原《职业病目录》修改为《职业病分类和目录》。

不管是2002年发布的《职业病目录》，还是2013年12月施行的《职业病分类和目录》，“物理因素所致的职业病”中，都包括了“中暑”情形。与之相呼应，国家安全生产监督管理总局、卫生部等部门联合颁布的《防暑降温措施管理办法》第19条规定，劳动者因高温作业或者高温天气作业引起中暑，经诊断为职业病的，享受工伤保险待遇。也就是说，劳动者在工作时间和工作环境内中暑，并被职业病防治部门确定为“职业病”的，可以被认定为工伤。

在本案中，根据《工伤保险条例》以及《职业病分类和目录》的有关规定，劳动者因高温天气作业引起中暑，经诊断为“职业病”的，可以按规定申请工伤。叶某因高温作业引发中暑，职业病防治诊断机构已确认叶某的中暑属于职业病范畴，因此，符合申请工伤的认定条件。在这种情况下，建筑公司按病假处理叶某中暑治疗期间的休假，拒绝为叶某申请工伤认定，并拒绝报销医药费，这些做法都是错误的。

特别提醒

对于中暑的认定，通常也注重结果，如果是一般中暑，休息一下就会好转的，自然无法被认定为工伤。劳动者高温作业下中暑，在送诊的同时，一定要经过省级人民政府卫生行政部门批准的职业病防治机构诊断，确认为“职业病”的，才可依法申请工伤认定。

法条链接

《工伤保险条例》第14条

《职业病分类和目录》第6类

案例78

职工在单位组织的体育比赛中受伤，能否认定为工伤？

案情实录

张某是市区某化工集团有限公司的营销经理，平时喜欢踢足球，是公司足球协会的活跃分子。2014年10月，集团公司举办三年一度的体育文化艺术节，其中一项重要活动就是与兄弟单位、客户单位举行足球友谊对抗赛。赛程进入半决赛时，张某在激烈的争夺拼抢中不慎受伤，导致右小腿骨折。2015年3月，张某伤愈上班，向公司提出工伤认定的申请。张某的理由是，自己参加公司组织的足球比赛受伤，是为公司荣誉、公司利益而受伤，理应认定为工伤。

接到张某的申请，公司迟迟没有答复。张某托人一打听才知道，对于是否应该为张某申报工伤，公司里存在着两种截然不同的意见。一种意见认为，张某的本职工作是营销经理，踢球并不是其本职工作，张某自愿踢球，不是在工作时间、工作地点因工作原因而受伤，不能认定为工伤；另一种意见则认为，足球比赛虽然是一项娱乐活动，却是公司组织的一项集体活动，是公司企业文化建设的一项内容，而且张某是代表公司参加比赛受伤的，可以认定为工伤。久拖不决的情况下，张某找到市总工会，请求“娘家人”出面声援。那么，张某在公司组织的足球比赛中受伤，能认定为工伤吗？

以案说法

实际生活中，为加强企业文化建设、丰富职工文化生活，很多用人单位会组织本单位员工或者与客户单位进行体育比赛。在体育比赛中，尤其是比较激烈的篮球、足球比赛中，难免会出现受伤的情形。那么，职工因参加单位组织的体育比赛受伤，能否认定为工伤呢？

1. 依照法律规定，工伤认定的基本原则是什么？

工伤的表现形式多种多样，法律不可能包罗万象，进行无一遗漏的列举。依据《宪法》《劳动法》等法律法规，工伤认定的基本原则应当是：尽可能地保障主观上无恶意的劳动者在工作或者与工作相关的活动中遭受事故伤害或者患职业病后，能获得医疗救治、经济补偿和职业康复的权利。

2. 职工参加单位组织的体育比赛受伤，是否属于因工作原因？

依据《工伤保险条例》第14条的规定，职工在工作时间和工作场所内，因工作原因受到事故伤害的，应当认定为工伤。工伤认定的“三工”要素中，工作原因是核心要件，是认定工伤的充分条件。就本案而言，认定职工因参加单位组织的体育比赛受伤是否属于因工作原因，就成为能否认定为工伤的关键。

根据劳动法律法规侧重于保护劳动者的立法原意和司法实践，在认定“工作原因”“工作时间”“工作场所”上不能机械绝对，应当作广义理解，即《工伤保险条例》中所指的工作原因并非仅指职工的专职工作，工作时间并非仅指平常固定的上班时间，工作场所也并非只是固定意义上的办公地点。从保护劳动者的角度出发，只要是用人单位从自身利益出发，给职工安排或组织的与工作或单位利益有关的各项任务、活动，都可以视为工作。

因此，职工参加单位组织的体育比赛受伤，可以视同职工参加单位临时指派的一项工作而受伤，是职工工作的延续，应视为因工作原因而受伤。

3. 职工在单位组织的体育比赛中受伤，能否认定为工伤?

单位组织的集体活动与职工私下组织的活动之间具有本质区别：单位组织的集体活动，目的是以此为手段最终实现单位的核心价值和根本利益，其形式是由单位组织和安排并承担相关费用，同时单位会积极鼓励或要求职工参加，在活动过程中职工是按单位既定安排进行活动；而职工私下组织的活动，属于职工个人行为，系为满足职工个人目的而实施，与单位利益无关。

因此，根据工伤认定的内涵和主旨，如果职工在单位积极鼓励参加的集体活动中受伤，符合工伤认定的基本条件。如果单位事后以该集体活动内容与工作原因无关，或并非强制员工必须参加为由而拒绝进行工伤认定，置职工的伤害于不顾，显然不符合公平公正的社会价值取向，更是对工伤保护原则的背离。

与以上分析形成印证的是，2014 年 6 月 18 日颁布的《最高人民法院关于审理工伤保险行政案件若干问题的规定》第 4 条第 2 款规定，职工参加用人单位组织或者受用人单位指派参加其他单位组织的活动受到伤害的，社会保险行政部门认定为工伤的，人民法院应予支持。

在此之前，《国务院法制办公室对辽宁省人民政府法制办公室〈关于职工参加单位组织的体育活动受到伤害能否认定为工伤的请示〉的复函》（国法秘函〔2005〕311 号）中明确规定，作为单位的工作安排，职工参加体育训练活动而受到伤害的，应当依照《工伤保险条例》第 14 条第（1）项中关于因工作原因受到事故伤害的规定，认定为工伤。

接到张某的求助后，市总工会当即与市人社局一起商讨，经过多次沟通，最后达成一致共识。就本案而言，市总工会、市人社局认为，张某参加的这次足球比赛，是公司组织的集体活动，而非张某与其他员工私下相约的活动，也反映出公司的利益所在，实际上是公司组织的一次“公务活动”。虽然张某的本职工作是营销经理，但他积极参赛也是为了公司的利益，不能将张某个人参赛与其本职工作作简单的区分，而应视张某参加的是单位临时安排的一项工作。因此，张某在足球赛中受伤，可以说是在特定的工作时间、工作地点，因特定的工作原因而受伤，应该认定为工伤。市总工会将与市人社局共同达成的处理意见告知张某所在公司，公司的疑虑顿时打消，当即表示马上为张某申请工伤认定。

特别提醒

职工在参加本单位组织的体育比赛或者代表本单位参加上级单位举办的体

育比赛中受伤，依据《工伤保险条例》第 14 条第 1 款第（1）项的规定，应当视为是职工工作内容的延伸，职工因工作原因受到伤害，应当认定为工伤。

法条链接

《工伤保险条例》第 14 条

《最高人民法院关于审理工伤保险行政案件若干问题的规定》第 4 条

《国务院法制办公室对辽宁省人民政府法制办公室〈关于职工参加单位组织的体育活动受到伤害能否认定为工伤的请示〉的复函》

案例79 职工违章操作导致受伤能认定工伤吗?

案情实录

2011 年 5 月，职工钱某与某模具公司签订了三年期劳动合同，在公司的规章制度和钱某的劳动合同上，都有这么一条规定：职工应严格遵守公司各项安全生产操作规程，凡因职工违章操作导致受伤的，相关责任一概由职工自负；如因违章操作给公司造成经济损失的，还要承担相应的经济赔偿责任。2012 年 7 月，钱某因违章操作，不仅导致自己腕骨骨折，还导致一批即将成型的模具成为废品。2012 年 12 月，钱某伤愈上班，向公司提出工伤认定申请。但公司认为，钱某是因违章操作导致受伤，理应自己承担责任，公司并无责任，因此不能认定钱某受伤为工伤，相关医疗费用也不予报销。同时，公司还依据规章制度和合同约定，对钱某因违章操作造成的模具损坏作出经济处罚的决定。钱某很是委屈，感觉自己十分倒霉，公司不仅不给自己申请工伤，还要给自己经济处罚，真是屋漏偏逢连夜雨。他多次找人力资源部、分管副总经理理论、申诉，希望公司能在工伤申请或者经济处罚上作一些变通，但公司始终都不肯作任何让步。

以案说法

本案涉及工伤保险中一个经常引起争议的问题，即职工因违章作业导致负伤、致残甚至死亡，能否被认定为工伤？本案的焦点，主要集中在以下三个问题上。

1. 工伤认定需要哪些法定构成要件?

工伤，顾名思义为因“工”受伤。根据《工伤保险条例》及相关法律法规，工伤认定遵循两条原则，首先，要符合“三工标准”，《工伤保险条例》规定，职工在工作时间、工作场所，因工作原因而受到事故伤害的，应当认定为工伤。其次，认定工伤要排除不属于不得认定工伤的情形。

当然，这种排除是法定的。《工伤保险条例》第16条规定了三类不得认定工伤的情形：故意犯罪的；醉酒或者吸毒的；自残或者自杀的。

2. 劳动者违章操作是否会影响工伤认定?

工伤保险实行“无过错补偿”原则，这一原则的核心内容是，无论工伤的引起是否因劳动者本人的过错、用人单位的过错以及第三人的过错，劳动者均应依法享受工伤保险待遇。在现代化生产过程中，劳动者直接面临的风险与其通过提供劳动所得的工资收入并不大体相当。为了保护劳动者合法权益，各国立法均将工伤事故规定为特殊侵权行为，由雇主承担无过错补偿责任。

适用这一原则，主要不是根据行为人的过错，而是基于损害事实的客观存在。即工伤认定不受事故责任限制，职工只要是在工作时间、工作场所，因工作原因受到事故伤害的，不论其是主要责任、次要责任或无责任，均可认定为工伤。

3. 钱某如被认定工伤， 是否还需要承担经济赔偿责任?

“无过错补偿”原则规定了即使职工本人存在一定的过错，仍应按照工伤保险待遇给予补偿。但这并不表示，工伤职工可以不承担因其违章操作所造成的经济损失。在法律上，享受工伤保险待遇和承担经济损失是两个完全不同的概念，前者是法律赋予工伤职工应享受的权利，后者是法律规定违纪职工应承担的义务。

因此，劳动者如果违反操作规程和安全制度造成工伤事故，且给企业造成经济损失的，企业要求违章劳动者进行赔偿是有法可依的，也是合法的。

我们在判断用人单位的做法是否合法时，主要看以下四个方面：企业是否制定了明确的岗位职责、操作规程或者安全制度；以上相关制度制定时是否履行了民主程序并向劳动者公示；规章制度或者劳动合同中是否有劳动者违反操作规程给企业造成经济损失需赔偿的规定；要求劳动者赔偿损失是否仅限于企业的直接经济损失且在合理限度内。

本案中，钱某受伤虽因违规操作造成，按照工伤保险“无过错补偿”原则，公司应依法对钱某所受之伤认定为工伤，无条件地承担工伤事故责任。如果公司不依法提出工伤认定申请，工伤职工或者其直系亲属、工会组织在事故伤害发生之日起一年内，都可以直接向劳动保障行政部门提出工伤认定申请。

同时，公司依照公司规章制度和合同约定，依法对钱某进行经济处罚，程序合法、处罚适当，并无不妥。而公司也应该替钱某向人社部门提出工伤申请，并按照《工伤保险条例》规定，让钱某享受相关工伤待遇。

特别提醒

法律将蓄意违章排除在“无过错补偿”原则适用范围之外。劳动部曾发文，明确规定蓄意违章专指恶劣的故意行为，包括凭主观臆断，以制造事故达到个人目的的违章行为。现实生活中，绝大多数违章行为是过失违章行为和一般的故意违章行为，由这些违章行为引起的职工伤害，不属于“蓄意违章”引起的伤害，应当依法认定为工伤。

法条链接

《工伤保险条例》第 14 条、第 16 条

案例80
工伤未达伤残等级，单位是否可以解除职工劳动合同？

案情实录

2011 年 1 月，职工周某应聘进入市区某超市做理货员，和超市签订了三年期劳动合同。2013 年国庆期间，超市生意火爆。周某连续加班，一天也没休息。2013 年 10 月 7 日，在仓库理货时，周某不小心从凳子上跌了下来，头被撞了一下，经医院诊断为头部浅表损伤，住院治疗一周后回家休养。事后，超市向劳动行政部门申报了工伤认定。2014 年 1 月 8 日，劳动行政部门认定为工伤。2014 年 3 月 30 日，劳动能力等级鉴定为无伤残等级，并确定周某的停工留薪期为 1 个月。工伤认定和劳动能力等级鉴定结果出来后，超市人力资源部都及时派人送到周某家中。周某对鉴定结果没有异议。2014 年 4 月 28 日，超市人力资源部以探视的名义，再次来到周某家中，告知周某 1 个月的停工留薪期和可享受的 3 个月医疗期都已休满，询问周某何时能回超市上班？周某回答说，自己受伤部位还在隐隐作痛，需要继续在家休养一段时间。2014 年“五一”过后，周某让家人向超市送去一份病假申请，但没有提供病历以及病休建议书。2014 年 5 月 30 日，周某收到超市派人送来的解除劳动合同通知书，并告知周某尽快到超市领取相关的经济补偿。2014 年 6 月 2 日，周某赶到超市，找到超市总经

理，要求超市撤销解除劳动合同的决定。周某向超市反映，自己的病全因工伤引起，超市应该对此负责；自己尚处于治疗期间，超市解除劳动合同，既没有情理，更没有道理。而超市则称，自周某发生工伤后，已经按照规定给他 1 个月的停工留薪期，伤残等级鉴定结果出来后，又给足其 3 个月的医疗期。鉴于周某以前的表现，又额外给了周某 2 个月的医疗期。在这样的情况下，周某还继续请病假，超市表示无法接受，也不便于加强员工管理，所以决定解除周某的劳动合同；超市的做法，完全是依照相关法律法规进行的。双方争执不下。无奈之际，周某找到了市总工会，寻求“娘家人”的帮助。

以案说法

本案争议的焦点在于，劳动者因工受伤，但未达到伤残等级，在其享受停工留薪期及休满医疗期后，用人单位是否可以与其解除劳动合同？

1. 何为停工留薪期？ 停工留薪期一般如何确定？

停工留薪期是《工伤保险条例》规定的一个概念，是指职工因工作遭受事故伤害或者患职业病需要暂停工作接受工伤医疗，并依法享受原工资福利待遇的期间。停工留薪期一般不超过 12 个月，伤情严重或者情况特殊，经设区的市级劳动能力鉴定委员会确认，可以适当延长，但延长不得超过 12 个月。工伤职工评定伤残等级后，停发原待遇，按照《工伤保险条例》的有关规定享受伤残待遇。工伤职工在停工留薪期满后仍需治疗的，继续享受工伤医疗待遇。

停工留薪期根据工伤职工受伤部位和程度确定。一般情况下，一定的受伤部位和受伤程度对应一定的停工留薪期。关于停工留薪期的确定，《工伤保险条例》没有作明确的要求，根据各省、直辖市关于停工留薪期的相关规定，一般由用人单位（如北京市、山东省）或劳动能力鉴定委员会（如河北省）进行确定。停工留薪期的延长，统一由设区的市级劳动能力鉴定委员会确认。

2. 如何区分停工留薪期与医疗期？

停工留薪期与医疗期的区别主要表现在以下几个方面：

一是休假原因不同。停工留薪期是指职工因工负伤或者患职业病停止工作接受治疗并享受有关待遇的期限；医疗期则指企业职工因患病或非因工负伤停止工作治病休息不得解除劳动合同的时限。

二是工资待遇不同。在停工留薪期内，用人单位应当视受伤劳动者为正常出勤而支付相关待遇，原工资、奖金、福利、保险等待遇不变，由所在单位按月支付。医疗期的工资则是根据职工休病假的长短、职工在本单位的工作年限，按本人上班时所得工资的一定比例发放，一般情况下，用人单位规章制度或劳动合同会对病假工资的具体发放办法作明确规定。

三是法律规范不同。停工留薪期主要是由《工伤保险条例》所规范；而医疗期主要由《企业职工患病或非因工负伤医疗期规定》所规范。

四是休假期限不同。停工留薪期一般不超过12个月，伤情严重或情况特殊的，经设区的市级劳动能力鉴定委员会确认，可以适当延长，但延长不得超过12个月。医疗期则是用人单位根据职工本人实际参加工作年限和在本单位工作年限，给予3个月到24个月的医疗时间。

3. 工伤未达伤残等级，单位能否解除劳动合同?

解除工伤职工的劳动合同，法律法规有禁止性的规定。《劳动合同法》第42条第2款明确规定，在本单位患职业病或者因工负伤并被确认丧失或者部分丧失劳动能力的职工，用人单位不得以提前30天通知的方式或支付代通知金的方式解除劳动合同。适用这条法律条文，必须具备两个法律要件，一是在本单位患职业病或者因工负伤；二是被确认丧失或者部分丧失劳动能力。

对于未达伤残等级的职工，在享受法定的停工留薪期后，如没有经设区的市级劳动能力鉴定委员会确认可以适当延长的情形，停工留薪期到期终止。停工留薪期满后，仍需治疗或进行后续治疗的，继续享受工伤医疗待遇；不属于工伤继续治疗的情形而申请病假，如申请在家休养，就转入正常医疗期状态。

本案中，周某2011年1月进超市工作，这是周某的第一份工作，到2014年6月止，应当可以累计享受3个月医疗期。周某享受1个月停工留薪期，又休满3个月的医疗期和超市另外给的2个月医疗期，仍提出病假申请。周某后期的病休，仅仅是在家休养，不属于工伤后续治疗，因此进入正常医疗期状态。在这种情况下，超市以医疗期满后不能从事原工作，也不能从事由用人单位另行安排的工作为由，与周某解除劳动合同，符合法律规定。另外，周某虽因工负伤，但未达到伤残等级，享受停工留薪期又休满医疗期后，不属于《劳动合同法》等法律规定的禁止解除劳动合同范围。

在协调中，市总工会向周某和超市提出了两个解决方案：一是请超市考虑到周某因工负伤，从照顾周某和人性关怀的角度出发，撤销解除劳动合同的决定；周某抓紧时间康复，在一个月之内，回超市上班。二是周某如在一个月之内仍不能回超市上班，超市依法解除劳动合同，按照规定给足其经济补偿金。

周某左思右想，最终决定一个月内回超市上班。鉴于周某以前的工作态度和待人接物，超市也欣然接受了这个调解建议。

特别提醒

对于未达伤残等级的职工，如果享受停工留薪期以及休满医疗期后仍不能上班，将进入《劳动合同法》第40条的适用范围。该条规定，劳动者患病或者非因工负伤，在规定的医疗期满后不能从事原工作，也不能从事由用人单位另行安排的工作的，用人单位提前三十日以书面形式通知劳动者本人或者额外支付劳动者一个月工资后，可以解除劳动合同。

法条链接

《劳动合同法》第40条、第42条

《工伤保险条例》第33条

第三节　住房公积金争议

案例81

住房公积金是用人单位可缴可不缴的职工福利吗?

案情实录

2013年3月，职工周某与某化工公司签订两年期劳动合同，合同中没有约定缴存住房公积金。公司只为其缴纳了养老、医疗、失业等社会保险。2015年3月，周某离职后向公司提出补缴公积金的要求。公司告诉她，公积金仅仅是用人单位给员工的一种福利，国家并没有要求强制缴纳，单位可以给员工缴，也可不缴；周某入职期间明知公司不为职工缴存公积金却从未提出，解除劳动关系后提出要求，有失诚信，公司不能接受。为了给自己找个说法，周某向市住房公积金管理中心举报投诉。那么，周某所在公司的说法站得住脚吗？住房公积金是否可缴可不缴？如果用人单位不缴住房公积金，职工该怎么办？

以案说法

现实生活中，很多用人单位都存有这样一种观点：“五险”（养老、医疗、工伤、失业、生育）是国家强制的社会保险，“一金”即住房公积金只是一种职工福利，如果没有特别约定，单位可以根据自己的效益情况决定缴或者不缴。那么，住房公积金是不是用人单位可缴可不缴的呢？

1. 何为住房公积金？ 住房公积金属于职工福利吗？

住房公积金是住房制度改革的产物，它的建立是我国城镇住房制度改革深化的标志。1999 年 3 月 17 日，国务院通过《住房公积金管理条例》；2002 年 3 月 24 日，国务院对《住房公积金管理条例》进行修订。《住房公积金管理条例》的全面实施，将住房公积金制度全面推向法治化的轨道。

《住房公积金管理条例》规定，住房公积金是指国家机关、国有企业、城镇集体企业、外商投资企业、城镇私营企业及其他城镇企业、事业单位、民办非企业单位、社会团体及其在职职工缴存的一项统一存储、专项使用的长期住房储金。住房公积金制度是国家法律规定的重要的住房社会保障制度，它至少具有三个方面的显著特点：

（1）具有普遍性。住房公积金制度覆盖了符合缴存条件的用人单位内所有在职职工，无论其单位性质如何，无论其家庭收入的高低，无论其是否已有住房，用人单位和职工本人都必须按照国家的有关规定缴纳住房公积金。

（2）具有工资性。住房公积金由两部分组成，一是职工个人每月缴存部分，这部分属于职工工资；二是单位每月为职工个人缴存部分，这部分实质上是单位以住房公积金的形式给每名职工增加的住房工资，属于职工薪酬的一部分。这两部分都归职工个人所有，主要基于住房公积金的本质属性，即工资性。

（3）具有专项性。住房公积金实行专户存储，是专项用于解决职工住房问题的保障性资金，只能用于购房、建房、住房翻建和大修，不能移作他用。

工作实践中，很多人误把住房公积金当作职工福利。2009 年 11 月 12 日，财政部印发《关于企业加强职工福利费财务管理的通知》，其中明确规定职工福利待遇费支出中不包括住房公积金。住房公积金不属于职工福利，这个概念不能模糊。

2. 住房公积金是单位可缴可不缴的吗？

不少用人单位错误地认为“五险”是法定的，“一金”是自愿的，这种认识不仅曲解了法律规定，还直接影响了职工享受住房公积金制度的合法权益。

国务院发布的《住房公积金管理条例》属于行政法规，同样具备强制的法律效力。条例规定，新设立的单位应当自设立之日起 30 日内到住房公积金管理中心办理住房公积金缴存登记，并自登记之日起 20 日内为本单位职工办理住房公积金账户设立手续；单位录用职工的，应当自录用之日起30日内为职工办理职工住房公积金账户的设立或者转移手续。单位应当按时、足额缴存住房公积金，不得逾期缴存或者少缴。

从《住房公积金管理条例》相关法律条文可以看出，不管是单位办理缴存登记、设立单位住房公积金账户，还是为在职职工设立个人住房公积金账户，或者是每月正常汇缴住房公积金，单位都是“应当”办理。“应当”在法律上即为“必须”“强制”之意。

可见，住房公积金与“五大保险”一样，都具有强制的法律约束力。为在职职工缴存公积金是单位强制的法定义务，用人单位不得以任何理由拒绝。不论用人单位与职工对缴存住房公积金约定与否，均不免除用人单位按照规定方式和金额为职工缴存住房公积金的法定义务。经营困难、效益不好，同样不能作为不缴住房公积金的理由和借口。

3. 用人单位不缴，应承担怎样的法律责任？劳动者应如何维权？

作为法定的职工住房储金，单位没有依法缴存住房公积金，需要承担相应的法律责任。《住房公积金管理条例》第37条规定：“单位不办理住房公积金缴存登记或者不为本单位职工办理住房公积金账户设立手续的，由住房公积金管理中心责令限期办理；逾期不办理的，处1万元以上5万元以下的罚款。”第38条规定：“单位逾期不缴或者少缴住房公积金的，由住房公积金管理中心责令限期缴存；逾期仍不缴存的，可以申请人民法院强制执行。”

值得注意的是，住房公积金是在职职工的一项法定权利，但它的维权途径与其他劳动争议有所不同。国家将住房公积金的处罚职能授予住房公积金管理中心，该中心是行使处罚权的唯一单位。公积金权益受到侵害时，劳动者应该去公积金管理中心投诉举报，而不是到劳动仲裁委提起劳动仲裁。公积金管理中心将责令单位限期缴存；单位逾期仍不缴存的，公积金管理中心将直接申请人民法院强制执行。

本案中，2013年3月至2015年3月，化工公司与周某之间存在劳动关系，则化工公司负有为周某按时、足额缴存住房公积金的法定义务。虽然双方在劳动合同中未对缴存住房公积金作约定，但不能因此免除化工公司为周某缴存住房公积金的义务。市公积金管理中心接到周某投诉后，立即与化工公司取得联系，向其宣传政策，澄清认识误区，化工公司明白了此前行为的错误之处，表示立即整改，按照法定的缴存比例，依法为周某补缴了此前的住房公积金。

特别提醒

职工住房公积金合法权益的维护，不仅需要公积金管理部门加大行政监督力度，更需要劳动者不断提升法律意识和维权观念，定期查询个人住房公积金的缴存情况，及时发现单位的侵权行为，积极向公积金管理中心举报和投诉。在提起公积金的维权投诉时，劳动者还要注意搜集相关证据，主要包括证明职工与单位之间存在劳动关系的材料，如劳动合同、社保缴纳证明等；证明工资收入的材料，如工资条、银行工资卡等。

法条链接

《住房公积金管理条例》第 2 条、第 13 条、第 14 条、第 15 条、第 20 条、第 37 条、第 38 条

第九章

休息休假

第一节　加班认定争议

案例82
为完成定额任务的延时工作能否算加班？

案情实录

2015 年 3 月，职工张某入职某民营铸造公司，工作岗位是铸造工。合同约定实行计件工资制，张某每日必须完成 50 件定额任务，在此基础上，每多完成 1 件定额奖励 5 元，每少完成 1 件定额扣 10 元。可实际情况是，张某和他的同事在工作时间内根本无法完成每天的 50 件定额。为了不被扣工资，虽然很不情愿，张某每天不得不延时工作一两小时。张某多次向公司提出申诉，要求要么降低每天的定额任务，要么支付加班费。公司负责人以劳动定额完全合理予以拒绝，还批评张某："单位不养闲人，更不养懒人；上班时间完不成定额任务，公司没有追究你们耽误生产任务的责任，就算是客气的了，还好意思要加班费！"张某很是生气，如果就自己一个人完不成定额任务，说自己能力差也就罢了；可现实情况是，全车间的人都不能按时完成，这不有力地说明了公司制定的定额任务太高了吗？多次申诉无效，张某很不甘心。那么，劳动者为完成每天定额任务的延时工作是否算加班呢？

以案说法

"有一种不公，不是工资太少，而是任务太重。"高定额现象在民营企业乃至国有企业中普遍存在。本案就是一起用人单位故意提高劳动定额变相强迫劳动者加班而引发的劳动争议。

1. 如何判断用人单位制定的劳动定额是否科学合理、合法有效?

劳动定额是指在一定的生产技术、组织条件下，采用科学的方法和计量形式，测算企业职工生产单位产品的劳动时间，并对生产或工作进程中劳动消耗量所规定的限额。一般说来，劳动定额最常见的有两种形式，一种是时间定额，就是生产一定量的合格产品或完成一定量的工作所需要的时间标准；另一种是实践中大家比较容易理解的产量定额。

依据《劳动法》第36条、第37条等法律法规的规定，对实行计件工作的劳动者，用人单位应当根据标准工时制度，经过科学测算，合理确定劳动定额和计件报酬标准。也就是说，计件工资的劳动定额，应当是大多数劳动者在每天不超过8小时、每周工作不超过40小时的法定工作时间内，提供正常劳动就能够完成的工作量，据此制定的劳动定额才应认定为科学合理。超出这一标准，则应认定为不合理的劳动定额标准。

对于何为“大多数劳动者”，我国很多地区立法进行了细化和明确，如《江苏省工资支付条例》第11条规定：确定、调整的劳动定额应当使本单位同岗位90%以上劳动者在法定工作时间内能够完成。《天津市企业工资集体协商条例》第24条规定：双方协商确定的劳动定额标准，应当是90%以上的职工在法定工作时间或者劳动合同约定的时间内能够完成的工作量。《广东省工资支付条例》第21条规定：确定的劳动定额原则上应当使本单位同岗位70%以上的劳动者在法定劳动时间内能够完成。

更为重要的是，用人单位制定劳动定额管理制度，必须履行法定的民主协商程序。而这一点，常常被用人单位所疏忽或遗忘。根据《劳动合同法》第4条规定，用人单位在制定、修改或者决定劳动定额标准管理制度时，应当经职工代表大会或者全体职工讨论，提出方案和意见，与工会或者职工代表平等协商确定；在劳动定额标准实施过程中，工会或者职工认为用人单位的劳动定额标准不适当的，有权向用人单位提出，通过协商作出修改完善。

2. 实施劳动定额管理，能否不执行法定工作时间?

《劳动法》第36条、第38条规定，国家实行劳动者每日工作时间不超过8小时、平均每周工作时间不超过44小时的工时制度，这是法定的标准工作时间。1995年《国务院关于职工工作时间的规定》又在《劳动法》的基础上，对标准工时制作了进一步的规定，即职工每周工作40小时。

依据《劳动法》第37条规定，劳动定额和计件报酬标准的测算基础就是标准工时制度。也就是说，实行劳动定额管理，前提就是必须执行每日工作时间不超过8小时、平均每周工作时间不超过40小时的工时制度。以实行计件工资制为由，拒不执行法定的标准工时制，属于违法情形。

3. 为完成劳动定额的延时工作能否算加班？

劳动者为完成劳动定额而主动延时加班，能否算加班呢？每当发生此类劳动争议，用人单位往往振振有词：依照企业薪酬管理制度或企业与职工的合同约定，职工应完成一定的劳动定额才能获得相应的劳动报酬，职工为完成劳动定额而自愿选择延时工作，怎么能算加班呢？

在这里，合理合法的劳动定额，就成为判断这一问题的关键所在。因此，此类情形可分为两种情况进行判断：其一，在劳动定额为不合理的情况下，劳动者为完成劳动定额而延长工作时间，应否支付其加班工资？其二，在劳动定额为合理的情况下，劳动者为完成劳动定额而延长工作时间，应否支付其加班工资？

对于第一种情形，《劳动合同法》第31条规定：用人单位应当严格执行劳动定额标准，不得强迫或者变相强迫劳动者加班。用人单位单方制定过高的劳动定额，大多数职工在八小时工作时间内无法完成，劳动者为了拿到基本工资，才被逼无奈“自愿加班”，属于变相强迫劳动者加班的违法行为。用人单位应当依法支付加班工资。

对于第二种情形，若少数劳动者因技术熟练程度、劳动效率等自身原因，无法在法定工作时间内完成当日的定额任务，而自愿选择延时工作，一般很难获得加班工资。这里的少数劳动者，因各地立法规定不同而有所变化，如江苏规定为本单位同岗位10%以下的职工；安徽规定为本单位同岗位20%以下的职工；广东规定为本单位同岗位30%以下的职工。劳动定额为合理的情况下，劳动者无法在法定工作时间内完成定额任务，实质上就属于不胜任工作的情形。

实行计件工资制的情况下，判断用人单位是否属于变相强迫劳动者加班，关键看劳动定额制定得是否合理合法，其核心就在于大多数劳动者能否在法定工时内完成定额任务。本案中，张某所在车间没有一人能在8小时工作时间内完成公司下达的劳动定额，每天需要延时工作一两小时才能完成，可以认定属于劳动定额标准过高、变相强迫职工加班情形。此种情形下，张某可以通过向劳动监察部门举报，或劳动仲裁依法维护自己的合法权益。

特别提醒

近年来，劳动定额过高已成为迫使劳动者“自愿加班”的主因，少数用人单位特别是非公企业随意或蓄意提高劳动定额，劳动者在8小时工作时间内根本无法完成定额任务，只好被迫“自愿”接受较长时间的加班，用人单位还以此逃避加班工资。因此，制定科学合理、合法有效的劳动定额标准，对于源头维护劳动者合法权益极其重要。

法条链接

《劳动法》第36条、第37条、第38条

《劳动合同法》第31条

《国务院关于职工工作时间的规定》第3条

《江苏省工资支付条例》第11条

案例83

单位要求必须参加双休日的培训，算不算加班呢？

案情实录

2013年8月，职工杨某大学毕业后，应聘到一家太阳能科技有限公司上班。入职以后，杨某与人为善，勤奋工作，很快融入部门团队之中。2014年5月，经人介绍，杨某与一名可爱活泼的女孩子一见钟情，双方很快就确立了恋爱关系。2014年9月，为了提高职工的业务技能，出于不影响正常生产经营的考虑，在每周的双休日，公司安排全体员工进行为期两个月的职业技能培训，培训时间和上班一样，从早上9点到下午5点，不得请假，否则按旷工论处。连日的培训，让杨某及其同事疲惫不堪，尽管大家都有意见，但想到培训是为了自己好，大多数员工也就默认了。但让杨某为难的是，本来和女朋友每个周末都要约会见面，可连续的培训安排，让杨某对每次约会安排都很迟疑，差点让女朋友产生误会。在女朋友的鼓动下，杨某找到人事部经理，询问公司在法定的双休日安排培训，是否应该支付加班工资，或者将参加培训时间作为加班换取调休。人事部经理告诉杨某，公司有明文规定：公司或部门在正常班次之外组织的培训、学习、参观及其他集体活动均不作加班处理。人事部经理最后还不轻不重地对杨某说：“你年纪轻轻，怎么能如此计较呢？”对此回答，杨某虽无言以对，但心里很是不服气。难道单位要求员工必须参加双休日培训，这种情形不能算作加班吗？

以案说法

参加培训，本是用人单位提供给职工的额外福利，是提高职工业务技能、个人素养的最佳途径。在现实生活中，为了不影响正常的生产经营，很多用人单位习惯将培训安排在下班后或是双休日时间。这样不免让人产生疑惑：占用劳动者休息时间安排的培训，到底算不算加班呢？

1. 如何识别和判断加班？ 判断加班的要素有哪些？

加班是用人单位根据实际需要，安排劳动者在法定标准工作时间之外，继续从事用人单位指派工作的行为。依据《劳动法》等法律法规，识别和判断加班的要素主要有三点：一是依照用人单位的要求开展；二是活动内容体现用人单位的意志，属于生产经营不可分割的组成部分；三是在国家规定的标准工作时间之外进行。

对照这三个要素，我们来具体分析一下单位安排职工双休日参加培训这种情形。

首先，双休日培训是否依照用人单位的要求开展？判断这点，主要看参加培训是职工自愿选择参加，还是强制性的要求。如果培训是自愿性质的，职工有权选择放弃，就不符合加班认定的基本要素。

其次，双休日培训是否体现了单位的意志？判断这点，主要看培训内容是否与生产经营或本职工作有着密切的联系，如组织财务人员学习掌握新的操作软件，对新进员工进行上岗培训等。与生产经营有着密切联系的培训，看起来是为了提高员工的素质，但用人单位是培训的最终受益者。职工通过培训获得相关技能后，能更好地开展工作，为公司创造出更多、更好的效益。培训虽不属于直接的生产经营，但与生产经营有着本质关联，对生产经营有促进作用。因此，与生产经营或本职工作有着密切联系的培训，可以认定体现了单位的意志。

最后，培训时间是否安排在法定标准工作时间之外？在标准工时制下，双休日一般属于职工自由支配的法定休息时间。用人单位将集中培训安排在工余时间，无疑等于节省了工作时间，自然可以通过挤出来的工作时间获得更多的生产经营效益。

本案中，杨某所在公司要求员工双休日必须参加培训，否则以旷工论处；培训内容为职业技能培训，与生产经营内容密切相关；培训安排在双休日，培训时间与平时上班时间一样，属于法定标准工作时间之外安排活动；结合识别和判断加班的三要素，可以认定杨某公司要求职工双休日必须参加集中培训的行为，属于用人单位安排加班的事项。

2. 用人单位如何消除职工对双休日培训的抱怨？

职工作为企业最大的财富，对职工进行专业技能培训，本质上也是为了企业更好地发展：提升了员工素质，也就是提升了企业的发展潜能。

做到让职工心甘情愿参加双休日培训，用人单位至少要在五个方面动脑筋：一是从理念引导上，要让职工明白参加培训是提高员工的综合能力和岗位竞争能力，激发职工参加培训的内生动力；二是从培训氛围上，要树立学习标杆，让职工之间形成比学赶帮超的良好氛围；三是从培训内容上，要切实提高培训的针对性和实用性，让职工能切实感受到培训的好处；四是从机制建设上，要建立相应的奖励制度，让职工知道能力提升与工资、岗位晋级紧密挂钩；五是从组织形式上，应当尽可能地避免强制性的要求，比如尽量避免使用“必须参加”的字眼。

3. 劳动者应该如何看待单位双休日组织培训？

现实中，企业组织的培训大致可分为上岗培训和专业技能类培训。对于上岗培训，企业一般都会安排在上班时间；对于专业技能培训，有些企业认为既要支付培训成本，又要支付人工成本不划算，所以不太愿意把专业技能培训放在上班时间。

对于用人单位双休日组织培训，这个问题其实很微妙，我们可以从两个方面来看待这个问题：

一方面，单位要求劳动者必须参加双休日培训，客观上是为了提高职工的工作能力和专业素养，以便更好地为单位创造经济价值，这属于正常工作的延伸，符合加班的主要特征。从依法维权的角度来说，既然用人单位占用职工休息时间，组织与生产经营密切相关的培训活动，理应算作加班。

但与此同时，我们更应该看到的是问题的另一方面。专业技能培训属于提高性质的培训，这样的培训，既能促进企业的生产经营，对个人来说，也是大有好处的，一方面能促进职工在企业内的职业生涯发展，另一方面帮助职工开阔视野、提高技能。如果职工刻意计较眼前的加班费，用人单位考虑既要支付培训成本又要支付人工成本，就很可能减少甚至不安排更多的专业技能培训。职工为了计较一点加班费而错失了提高技能的机会，这实际上是因小失大、得不偿失。

本案中，杨某所在公司出于提高职工专业技能和减少对正常生产经营影响的双重考虑，利用双休日开展集中培训，实质上属于职工正常工作的一种延伸，杨某公司单纯以“培训不算加班”为由拒绝支付加班费或给职工调休，于法无据。从前面的以案说法中，我们已经能够看出，即使公司出于好意，但强制性的培训安排依然侵犯了职工的合法权益。

同时，不能简单地判断公司组织双休日培训算不算加班，而要清醒地分析一下，公司组织的这个培训，对于杨某本人的价值有多大。如果培训对杨某有很大帮助，而他们纠结于眼前的一些加班费，显然就得不偿失了。道理很简单：虽然看起来眼前牺牲了一些休息休闲时间，但通过培训，最终提升的是杨某自己的工作能力和水平。工作能力提高了，不论是在用人单位或者是人才市场，自身的竞争力自然也就提高了。不需要支付高昂的培训费用，却能达到提升自己的目的，对杨某来说，何乐而不为呢！

特别提醒

从严格的法律意义上来说，用人单位要求职工必须参加双休日业务技能培训，属于加班事项，应该按照有关规定支付加班工资或予以调休。当然，用人单位能够在工作时间安排专业技能培训，这样当然最好不过了，既能达到提升员工素质的目的，也能规避支付“加班费”的风险。可如果用人单位为了不影响正常的生产经营，又想减少或杜绝职工对双休日安排培训的抱怨或抵制，那只有在让职工心甘情愿地参加培训上下功夫了。

法条链接

《劳动法》第 41 条、第 43 条、第 44 条

案例84
劳动者双休日出差能否算加班?

案情实录

2013 年 8 月起，徐某一直在某电子公司负责售后服务。公司产品销售到哪里，徐某所在部门的售后服务就跟进到哪里，因此，到外地出差，对徐某是家常便饭。2015 年 5 月，公司产品进入销售旺季，徐某的售后服务也进入了大忙季节。整个五六月，徐某一直都在全国各地奔波，一天也没回来休息。2015 年 7 月，忙碌终于告一段落。徐某在报销出差费用时，猛然想起，自己常年在外地奔波，双休日经常在外地出差，公司不仅没有支付过一分钱的加班费，也没有安排过一天的补休。徐某越想越不对劲，与部门其他同事一说，大家也觉得确实是个事。去公司财务部、人力资源部一问，公司的解释是，双休日出差，

本身就不能算作加班；出差在外，每天有 80 元的出差津贴；即使算，出差津贴里也包括了加班费。对于公司这个解释，徐某他们很不满意，认为公司在强词夺理，但也说不清楚到底哪里不对劲。在部门其他同事的提议下，徐某找到市总工会咨询。那么，用人单位安排劳动者双休日出差，需要支付加班费吗？

以案说法

实际工作中，出差时间与双休日重叠的情况经常发生。那么，劳动者双休日出差，能否算加班呢？

1. 出差在外恰逢双休日，是否属于加班？

依据《劳动法》第 41 条的有关规定，加班是指用人单位由于生产经营需要，经与工会和劳动者协商后，安排劳动者在法定工作时间以外工作。

依据《劳动法》第 44 条的有关规定，加班时间是指用人单位在劳动者完成劳动定额或规定工作任务后，根据生产经营需要安排劳动者在法定标准工作时间以外工作的时间，一般分为：平时安排劳动者延长工作的时间、双休日安排劳动者工作又不能安排补休的时间、法定节假日安排劳动者工作的时间。加班时间的认定需要把握三个条件：（1）用人单位由于生产经营需要而安排加班的；（2）在法定标准工作时间之外延长时间；（3）延长的时间必须是在工作。

加班是指劳动者延长工作时间从事本职工作的状态，是工作时间在休息时间中的延伸。所以，界定“出差恰逢双休日是否属于加班”的关键，就在于“劳动者是否提供了本职工作范围内的劳动”。

对于标准工时制的劳动者来说，凡是在法定工作时间之外的工作都应当算作加班。那么双休日出差是否算作加班，讨论的前提就是实行标准工时制，讨论的关键点就在于劳动者当天是否提供了本职工作范围内的劳动。具体来说，主要分为两种情形：

第一种情形，双休日劳动者提供了劳动。根据《劳动法》第 44 条的规定，休息日安排劳动者工作又不能安排补休的，支付不低于工资的 200% 的工资报酬。出差期间，劳动者仍应该享有双休日休息的法定权利；在外地出差并工作，只是与日常工作的场所不同，是完成工作任务的一种方式和方法。认定为加班，用人单位要么安排补休，要么支付加班费。

第二种情形，双休日劳动者并未提供劳动，而是处于休息状态，只不过是在出差地而不是在居住地休息。没有工作就不存在加班，尽管在出差地休息的质量与在居住地休息有所不同，但毕竟没有为单位创造任何效益，因此该双休日不算加班，用人单位不需要另外支付加班费。

2. 单位支付了出差补助，还需要支付加班工资吗?

回答这个问题，首先要搞清楚出差补助和加班工资这两个概念的区别。

出差补助，一般指单位员工因工出差享有的住宿费标准、市内交通费标准、伙食补贴以及因出差而享有的其他补助（如远离家人，单位给予一定补贴等）。企事业单位出差补助没有明文规定，一般视企业规模大小及单位意愿而定，补助金额参差不齐。一般分为两种情况，即分项目如住宿标准是多少钱一天，市内交通是多少钱一天等，也有的单位实行包干制，即一天多少钱，不再承担住宿、市内交通费及餐饮费。设立出差补助的出发点，是出差改变了劳动者日常工作规律，对劳动者吃、住、行带来诸多开销和不便，以及对亲人、家庭一时失管的情况下，用人单位给予劳动者经济上一定的弥补，其性质是经济补偿。

而加班工资，则是指劳动者根据用人单位生产经营的需要在法定工作时间之外继续工作所获得的劳动报酬，其性质是工资报酬。

我们不能混淆经济补偿与工资报酬的区别，更不能用出差补助取代加班工资。双休日是法定的休息时间，当工作任务需要劳动者在双休日出差时完成，用人单位既要给予经济补偿，也要支付加班工资。

还有一点也很重要，出差补助往往是按照出差日期按天计算，一般没有休息日与工作日的区别；而出差期间的加班工资，仅仅是在劳动者双休日出差，并提供了劳动的情况下才需要支付。

因此，如果劳动者双休日出差被用人单位认定为加班的，就应当支付相应的加班工资，而不能用出差补助、出差津贴等形式替代支付。

3. 双休日在出差的路上，能算加班时间吗?

关于出差，这样的情形也经常发生，就是出发时间或者返程时间在双休日。这就带来另外一个问题，出差往返占用双休日的，能否计入加班时间?

这种情况下，如果劳动者执行的是标准工时制，在出差路上所占用的时间，应该计入加班时间。首先，劳动者在路途上，不管乘坐何种交通工具，一般很难得到很好的休息；其次，出差路上消耗的时间，也是为了完成出差任务而花费的必要时间；最后，出差的整个过程，都属于用人单位的要求和意愿的体现，当然包括出发、返程。因此，劳动者双休日在出差路上所花费的时间，用人单位应计入加班时间。

4. 如何避免因双休日出差而引发的加班费争议?

对于用人单位来说，对于那些需要长期或者频繁出差的工作岗位，应依法向劳动行政管理部门申请不定时工时制，这样，一则可避免这类工作岗位因经常加班而导致劳动争议，二则也可以省去对这类工作岗位煞费苦心地去设计薪酬制度。

本案中，徐某提供了大量双休日出差，并一直处于工作状态的证据，包括售后单位的签字、公司派工单、双休日与公司的邮件往来以及相关报销凭证。公司对徐某提供的证据，基本上都予以了认可。在协调中，市总工会向徐某所在公司指出，公司支付的每天 80 元的出差津贴，属于经济补偿，不能替代双休日出差的加班工资；公司认可徐某双休日出差期间提供了正常工作，在不补休的情况下拒付加班工资，不仅违反了《劳动法》，还形成了事实上的克扣工资行为。在市总工会的协调和帮助下，公司最终形成了几方一致认可的处理意见：对徐某及部门同事 2015 年以前双休日的出差时间，按实际天数兑现加班工资；对 2015 年以来的，先安排补休；半年内无法安排补休的，年底一并兑现。对此处理意见，徐某十分满意。

特别提醒

对于劳动者来说，要学会收集和保留双休日出差的相关证据。比如出差报销单，上面写有详细的工作时间，最好有部门经理的签字和财务部门的审核盖章；还可以收集通信记录、邮件、同事证明等能够佐证自己在双休日出差的记录；在此基础上，还需要提供有效证据，证明自己在双休日出差期间是在工作，而不是在休息，否则，依然很难维护自己的合法权益。

法条链接

《劳动法》第 41 条、第 44 条

《劳动合同法》第 31 条

案例85

劳动者每周工作六天，能算加班吗?

案情实录

2014 年 3 月，职工谢某被招聘至某公司从事文秘工作，双方签订了三年期劳动合同，合同约定工资为每月2600元，工作时间为周一至周六，每天工作8小时，周日休息。2015年6月，谢某提出辞职。办完交接手续后，谢某要求公司补发自己在职期间周六上班的加班工资。他的理由是：公司与其签订的劳动合同中明确规定每周六正常上班，但公司从未支付过周六的加班工资。谢某的要求遭到公司的拒绝。公司认为，事先已经与谢某在合同中约定工作时间为周一至周六，周六上班，就属于正常工作日；再者，公司明确规定，员工加班必须事先申请并填写审批表，经公司同意后才算加班。谢某认为，周六属于国家法定休息日，周六上班理所当然算加班，公司理应支付加班费。双方各不相让、争执不下。谢某向劳动争议仲裁庭申请劳动仲裁，要求公司支付2014年3月至2015年5月每周六的加班工资。那么，谢某的要求合理吗？他有胜算吗？

以案说法

劳动者的休息权是劳动者一项重要的权利。近年来，加班争议呈现快速增长的态势。本案争议的焦点在于，标准工时制下，用人单位安排劳动者每周工作六天，是否需要支付加班工资？

1. 何为标准工时制？ 它与加班之间有何密切联系？

计算加班工资，首先应该确定用人单位实行的是何种工时制度。我国除标准工时制外，还有综合工时制、不定时工作制等特殊工时制。不同工时制下，加班工资的计算方式各有不同。本案例重点探讨的是标准工时制下每周六安排劳动者工作的情形。

标准工时制，也称为标准工作制度，是由立法确定一天中工作时间长度、一周中工作日天数，并要求各用人单位和一般劳动者普遍实行的基本工时制度。根据《国务院关于职工工作时间的规定》，我国目前实行的是每日工作8小时、每周工作40小时的标准工时制。任何单位和个人都不得擅自延长职工的工作时间。

标准工时制是标准和基础，是其他特殊工时制度的计算依据和参照标准。如果用人单位因为工作性质和生产特点不能实行标准工时制的，需要向劳动行政部门申请并办理相关法律手续后，才能实行其他特殊工时制。

2. 企业是否一定要实行双休工作制？

根据《国务院关于职工工作时间的规定》第7条规定，国家机关、事业单位实行统一的工作时间，星期六和星期日为休息日。企业和不能实行前款规定的统一工作时间的事业单位，可以根据实际情况灵活安排周休息日。因此，对于企业，法律并未强制规定一律将星期六、星期日作为周休息日，而是可以根据实际情况灵活安排周休息日。

而与之相呼应，《劳动法》第 38 条规定，用人单位应当保证劳动者每周至少休息一日。这是法律关于劳动者周休息日的规定，也是劳动者每周至少可以享有的法定休息时间。

《劳动部关于印发〈国务院关于职工工作时间的规定〉问题解答》（劳部发〔1995〕187 号）第 1 条则作了更加详细的规定："有条件的企业应尽可能实行职工每日工作 8 小时、每周工作 40 小时这一标准工时制度。有些企业因工作性质和生产特点不能实行标准工时制度的，应将贯彻《规定》和《劳动法》结合起来，保证职工每周工作时间不超过 40 小时，每周至少休息一日。"

据此，"每周至少休息一日"，依据《劳动法》等法律法规，应理解为用人单位必须保证劳动者每周至少有一次 24 小时不间断的休息。也就是说，不管用人单位实行每周几小时的工作制，都必须保证劳动者在每周内至少有一个连续一天的休息时间。

3. 劳动者每周工作六天，能算加班吗?

用人单位实行周六工作制，是否一定存在加班问题呢?

根据前面的分析，我们可以清楚地看到，在标准工时制下，如果用人单位安排劳动者在每天工作 8 小时之外或者在每周工作 40 小时之外继续工作的，就属于延长工作时间，要按照相关规定支付加班工资。

如此，用人单位安排劳动者每周工作六天是否算加班，至少可以分为两大类情形：

第一类，如果劳动者每天工作在 8 小时以内，而且每周工作时间未超过 40 小时，则不存在支付加班费问题；这种情形下，劳动者每周六上班，不属于加班。

第二类，如果劳动者每天工作 8 小时之内、8 小时或 8 小时以上，但每周 6 天工作总时间都超过 40 小时，那么每天 8 小时之外，或者每周累计超过 40 小时之外的时间，都要作为加班时间计算加班费。

本案中，谢某所在公司执行周六工作制，谢某每天工作 8 小时，每周工作 6 天，每周工作总时长为 48 小时；虽然谢某每天工作时间没有超过 8 小时，但每周累计上班时间超出 40 小时，就要作为加班时间计算加班费。在调解无效的情况下，仲裁委裁决公司支付谢某2014年3月至2015年5月每周六的加班工资。

特别提醒

在标准工作制下，判断劳动者周六上班是否属于加班，主要看每天上班的工作时长或每周上班工作的总时长是否超过“每日工作8小时、每周工作40小时”的法定规定，不管是每天还是每周工作总时间超时，都要算作加班。

法条链接

《劳动法》第38条、第43条、第44条

《国务院关于职工工作时间的规定》第3条、第5条、第6条、第7条

案例86 职工离职时，未休的调休单是否过期作废?

案情实录

2013年2月，经朋友推荐，职工黄某进入市区某印刷公司工作，负责电脑照排。这家印刷公司人数虽然只有20多人，但各项管理比较规范，所有员工都签订了劳动合同，“五险一金”全部缴纳。唯一让黄某觉得不满意的是，就是上班时间不太稳定。遇到客户开展大型活动或召开会议、举办展览什么的，电脑排版的工作量很大，双休日加班就成为黄某的常态。好在公司有规范的加班审批制度，每加一天班，公司就会发一张调休单，在公司业务不忙的时候，公司会安排职工轮流休息。2013年9月，黄某的小孩上了初一，学业上磨合得比较痛苦。而黄某由于经常加班，家庭和孩子都顾不上，丈夫和公公婆婆对此都很有意见。2014年1月，黄某向单位提出了辞职申请，并提出，自己手上还有15张调休单没来得及休息，要求公司给予一定的经济补偿。公司答复说，黄某的辞职可以批准，但由于黄某的辞职太突然，来不及安排她调休。既然她离开单位，这些调休单就过期作废，不存在经济补偿的问题。黄某对这一答复很不满意，她认为，调休单是自己一年多双休日加班“积攒”下来的，怎么能说作废就作废呢？黄某多次找公司负责人协调，公司坚持没听说过调休单有经济补偿这回事，黄某则坚持从未听说过调休单有过期作废的说法。双方各执一词。那么，职工未休的调休单是不是真的就过期作废呢?

以案说法

这是一起因职工来不及使用调休单要求单位支付加班费而引发的劳动争议。本案的焦点是，职工未休的调休单能否过期作废？

1. 加班的类型有哪些？ 哪种情况下才会出现调休单？

所谓加班，根据《劳动法》等有关法律规定，一般指用人单位由于生产经营需要，经与工会和劳动者协商同意，安排劳动者在法定工作时间以外继续工作的行为。加班是工作时间在休息时间中的延伸，为了保护劳动者的休息权，国家对加班加点进行了严格的限制。一般每日加班不得超过 1 小时，特殊情况下每日加班不得超过 3 小时，且每月加班总时长不得超过 36 小时。需要注意的是，加班是建立在用人单位与劳动者和工会协商的基础上，用人单位不得强迫劳动者加班，劳动者也无权单方面决定加班。

依据《劳动法》第 44 条以及原劳动部《关于贯彻执行〈劳动法〉若干问题的意见》第 70 条的规定，加班一般分为以下三种类型：一是工作日安排劳动者延长工作时间的，也称为“加点”；二是休息日安排劳动者工作的；三是法定节假日安排劳动者工作的。

三种类型的加班，支付加班费的规定有所不同，按照法律规定，工作日安排劳动者延长工作时间以及法定节假日安排劳动者加班的，应分别支付不低于本人工资的 150% 以及 300% 的工资报酬，不能安排调休。休息日安排劳动者加班的，应先按同等时间安排其补休，不能安排补休的，应支付不低于本人工资的 200% 的工资报酬。

所谓调休单，就是用人单位尚未安排职工补休的书面证明。因此，当用人单位安排了劳动者休息日加班，短时间内无法安排职工调休，又不想支付加班工资时，调休单就成为印证职工加班事实，但未按规定支付加班工资的证明。

2. 调休单是否存在过期作废的问题？

在现实生活中，由于劳动者辞职，或者劳动合同期满，或者用人单位单方面解除劳动合同等原因导致劳动关系的解除或终止，造成职工手上的调休单“来不及用”的现象时有发生。

调休单能否过期作废，是不是有使用期限？我们再细究《劳动法》第 44 条第 2 款明确规定，“用人单位休息日安排劳动者工作又不能安排补休的”，就要支付不低于本人工资 200% 的工资报酬。从这条法律规定，我们可以清楚地看出，不能安排劳动者补休的责任主体是用人单位。

可以参考借鉴的是，《江苏省工资支付条例》给用人单位的调休单设置了使用期限——“六个月”，第 20 条第 2 款规定：“在休息日劳动又不能在六个月之内安排同等时间补休的，按照不低于本人工资的百分之二百支付加班工资。”

因此，无论何种原因导致劳动关系的终止或解除，只要用人单位安排劳动者在休息日工作，又不能安排补休的，就应按照不低于劳动者本人工资的200%支付加班工资。也就是说，职工手上未休的调休单不可以“过期作废”，更不能因为解除或终止劳动关系而一笔勾销。

3. 离职时，未休的调休单一般如何处理？

职工离职时，以职工离职时间为始点，用人单位安排劳动者在休息日工作又不能安排补休，这已成为既成事实。处理职工未休的调休单，第一选择应该是根据法律规定，按照不低于劳动者本人工资的200%支付加班工资。

当然，如果劳动者愿意，用人单位也可以就调休单的使用与劳动者进行协商，比如劳动者愿意先使用调休单，后解除劳动关系，公司也就可以不支付加班费。但劳动者使用调休单这段时间，属于劳动关系继续存续期间，用人单位应当承担支付劳动者工资、缴纳社会保险等法定义务，不能在这段时间内中断。

还有一种情形，辞职职工提出用未休的调休单来代替同等时间的提前通知期，如果用人单位同意，也未尝不可。因为一般情况下，辞职职工是不可以用调休单来替代辞职的提前通知时间的。之所以这样规定，主要是为了让单位有一定时间对职工辞职行为作出充分评估，对辞职职工的工作进行必须的交接，以便减少辞职行为对用人单位的影响。如果用人单位同意，则另当别论。

本案中，印刷公司安排黄某双休日加班，理应在一定时间内安排同等时间补休。可由于业务繁忙，直到黄某辞职时，公司还有 15 天调休时间没有安排，按照法律规定，就必须依法支付加班工资。

特别提醒

法定节假日加班以及工作日延长工作时间，是不能以补休代替的，只能按规定支付加班工资，因此不会也不应该出现调休单。即使用人单位以补休代替，职工事后仍可要求用人单位按规定支付加班费。而休息日加班，用人单位应先为劳动者安排调休，不能调休的才需支付加班费。假如职工不愿调休，坚持要用人单位支付加班费，一般不会得到法律支持。

法条链接

《劳动法》第 41 条、第 44 条

《关于贯彻执行〈劳动法〉若干问题的意见》第70条

第二节 年休假争议

案例87
职工未主动提出年休假申请，能否视同自动放弃？

案情实录

2012年7月初，职工杨某大学土木工程专业毕业，入职市区某建筑公司工程监督科，签订了二年期劳动合同。入职后，杨某奔波在公司散布全国各地的建筑项目部。二年来，公司没有安排杨某休年休假，杨某害怕给公司留下不好的印象，也没敢主动提休假的事。杨某天南海北地跑，他相恋五年多的女友早就不乐意了。2014年6月，女友给杨某下了最后通牒，要么离开她，要么离开公司另谋高就。爱情面前，杨某只有举手投降。2014年6月，合同到期前一个月，杨某主动向公司打辞职报告，公司倒也爽快，很快批准了他的辞职申请。2014年7月，杨某与公司办理交接手续时，与人力资源部就年休假报酬问题发生争议。杨某提出，自己来公司两年，从未休息过一天年休假，要求公司按照规定支付这两年未休的10天年休假工资。公司当即拒绝了杨某的要求，理由是：根据公司“休假必须提交申请，否则不予批准或按旷工处理”的规定，年休假工资，并非公司不给，主要是杨某在工作期间从未向公司提出年休假申请。既然没有申请，那就视同杨某主动放弃年休假，过期作废，当然也就没有事后补偿一说了。双方各执一词，根本说不到一块去。那么，杨某的要求和公司的解释，究竟哪一方的说法才符合法律的规定呢？

以案说法

年休假是国家规定的带薪休假制度。本案的争议焦点在于，职工没有主动提出年休假申请，是否视同职工主动放弃，用人单位能否以此为由拒绝支付年休假待遇？

1. 职工享受年休假的条件有哪些？

关于职工享受带薪年休假的条件，法律规定的条款主要有三个，一是《劳动法》第45条规定：“国家实行带薪年休假制度。劳动者连续工作一年以上的，享受带薪年休假。具体办法由国务院规定。”二是《职工带薪年休假条例》第2条规定：“机关、团体、企业、事业单位、民办非企业单位、有雇工的个体工商户等单位的职工连续工作1年以上的，享受带薪年休假。职工累计工作已满1年不满10年的，年休假5天；已满10年不满20年的，年休假10天；已满20年的，年休假15天。”三是《企业职工带薪年休假实施办法》第3条规定：“职工连续工作满12个月以上的，享受带薪年休假。年休假天数根据职工累计工作时间确定。职工在同一或者不同用人单位工作期间，以及依照法律、行政法规或者国务院规定视同工作期间，应当计为累计工作时间。”

从这三个法条可以看出，职工连续工作满一年（或满12个月）以上的，就具备享受带薪年休假的条件。

2. 哪些情形职工不能享受年休假?

对不能享受年休假的情形，《职工带薪年休假条例》第4条作了明确规定：“职工有下列情形之一的，不享受当年的年休假：（一）职工依法享受寒暑假，其休假天数多于年休假天数的；（二）职工请事假累计20天以上且单位按照规定不扣工资的；（三）累计工作满1年不满10年的职工，请病假累计2个月以上的；（四）累计工作满10年不满20年的职工，请病假累计3个月以上的；（五）累计工作满20年以上的职工，请病假累计4个月以上的。”《企业职工带薪年休假实施办法》第8条又作了补充规定：“职工已享受当年的年休假，年度内又出现条例第四条第（二）、（三）、（四）、（五）项规定情形之一的，不享受下一年度的年休假。”

3. 职工未提出年休假申请， 是否视为自动放弃?

实践中，劳动者往往不敢跟单位申请休年休假，或即使提出休年休假单位也不批准，事后，单位往往以劳动者未提出休年休假申请为理由，认为劳动者自动放弃休假。

《职工带薪年休假条例》第5条第1款规定：“单位根据生产、工作的具体情况，并考虑职工本人意愿，统筹安排职工年休假。”可见，年休假的安排，用人单位起主导作用，由用人单位根据生产、工作情况统筹安排，同时在条件允许的情况下考虑职工意愿。《企业职工带薪年休假实施办法》第10条第2款规定：“用人单位安排职工休年休假，但是职工因本人原因且书面提出不休年休假的，用人单位可以只支付其正常工作期间的工资收入。”因此，单位要免除支付职工未休年休假的额外工资，必须拿出两方面的书面证明材料：一是单位对职工年休假已作出了安排；二是职工不休年休假是职工本人原因。

对于用人单位提出的职工未“请”则不能“休”的问题，是用人单位混淆了公假和私假的请假程序。休假必“请”，主要是针对劳动者的私假而言，如婚假、事假、病假、丧假等，职工不“请”，单位哪里会知道职工有休假需要？而对于元旦、春节等公假，显然不“请”即可如期而休。那么，对于带薪年休假，又该如何处理呢？

根据“单位根据生产、工作的具体情况，并考虑职工本人意愿，统筹安排职工年休假”这一法律规定，我们可以看出，统筹安排职工的年休假是用人单位的法定义务。也就是说，休年休假是由用人单位主动安排的，是用人单位的强制法定义务，而非必须由职工主动提出休年休假申请才能启动。即使职工没有提出休年休假的申请，用人单位也应当主动安排，而不能视为职工自动放弃。除非用人单位安排职工休年休假，职工因个人原因提出不休年休假，才可以视为职工自行放弃。在这种情况下，双方还应该通过书面形式确认，否则，发生纠纷时，用人单位会因提供不出已安排职工休假而职工不愿休的证据而承担不利后果。

本案中，公司对杨某的答复是没有法律依据的。杨某不存在不能享受年休假的法定情形，公司以杨某未提出年休假申请为由拒绝支付其未休年休假期间的劳动报酬，于法无据，应予纠正。

特别提醒

只要职工不存在不能享受的情形，连续工作一年以上即可享受年休假。法律没有规定职工享受带薪年休假必须由职工提出申请，更没有规定职工未提出申请即视为自动放弃年休假。

法条链接

《职工带薪年休假条例》第 5 条

《企业职工带薪年休假实施办法》第 9 条、第 10 条

案例88

入职新单位不满一年，劳动者有权申请年休假吗？

案情实录

2013 年 5 月，有着 11 年连续工龄的范某，经人介绍跳槽到市区某铸造公司工作，与公司签订了两年期劳动合同，从事车间现场管理，基本月薪 5600 元。2014 年 1 月，范某主动向公司提出离职申请，理由是车间灰尘太大，出于健康

考虑，计划春节后另谋高就。公司随即表示同意。在办理离职手续时，范某要求公司支付2013年自己未休年休假的工资补偿，公司人力资源部一口拒绝。人力资源部认为，范某2013年5月才到公司工作，满打满算，才为公司工作了8个月。公司员工手册上明确规定："在本公司连续工作一年以上的员工，享受带薪年休假。"对照此条规定，范某不符合休假条件，自然就没有年休假，哪里来的未休年休假工资补偿。范某则认为，自己与原单位解除劳动关系后的第二天，就到铸造公司报到上班，连续工龄已11年多，完全符合法律规定的带薪年休假条件，按理应该享受10天年休假。双方唇枪舌剑，各说各的话，各摆各的理，但谁也没说服谁。那么，范某到新单位工作不满一年，有享受年休假的权利吗？他对铸造公司提出的工资补偿要求是否过分？

以案说法

我国实行带薪年休假制度后，不少用人单位对年休假制度相关法律法规存在误读或认识误区，劳动者年休假权益或补偿权益没有得到充分保护。本案争议焦点在于，职工新进用人单位不满一年，是否享受带薪年休假的权利？

1. 如何界定连续工作满一年？必须在现工作单位工作满一年才享有年休假的权利吗？

《劳动法》第45条明确了我国实行带薪年休假制度，劳动者连续工作一年以上的，享受带薪年休假。此后，国务院颁布的《职工带薪年休假条例》与人力资源和社会保障部公布的《企业职工带薪年休假实施办法》对此进一步细化，明确规定：职工连续工作满一年（或满12个月）以上的，就具备享受带薪年休假的基本条件。

在实践中，很多用人单位规定，必须在本单位工作满一年以上才有年休假；对如何确定职工累计工作时间，也存有不少争议。对这两个问题，《人力资源和社会保障部办公厅关于〈企业职工带薪年休假实施办法〉给上海市人力资源和社会保障局有关问题的复函》（人社厅函〔2009〕149号）都作了明确的回答和界定：

关于《企业职工带薪年休假实施办法》第3条中的"职工连续工作满12个月以上"，人力资源和社会保障部明确规定，既包括职工在同一用人单位连续工作满12个月以上的情形，也包括职工在不同用人单位连续工作满12个月以上的情形。

关于《企业职工带薪年休假实施办法》第4条中的"累计工作时间"，人力资源和社会保障部明确规定，包括职工在机关、团体、企业、事业单位、民办非企业单位、有雇工的个体工商户等单位从事全日制工作期间，以及依法服兵役和其他按照国家法律、行政法规和国务院规定可以计算为工龄的期间（视同工作期间）。职工的累计工作时间可以根据档案记载、单位缴纳社保费记录、劳动合同或者其他具有法律效力的证明材料确定。

2. 入职新单位时间不满一年，如何计算年休假天数？

职工能休多长时间年休假，主要和职工本人累计工作时间密切相关，依据《职工带薪年休假条例》第3条规定，职工累计工作已满1年不满10年的，年休假5天；已满10年不满20年的，年休假10天；已满20年的，年休假15天。

职工入职新单位，该如何计算年休假天数呢？《企业职工带薪年休假实施办法》第5条规定，职工新进用人单位且符合“连续工作满12个月以上”这一基本条件的，当年度年休假天数，按照在本单位剩余日历天数折算确定，具体折算方法为：（当年度在本单位剩余日历天数÷365天）×职工本人全年应当享受的年休假天数。折算后不足1整天的部分不享受年休假。

根据以上折算办法，新进用人单位的职工想入职当年享受年休假，折算后的休假天数必须大于或等于1天。具体来说，累计工龄满1年不满10年的职工，当年必须在新单位工作满73天以上（73天÷365天×5＝1），也就是必须要在当年10月20日前进新单位；累计工龄满10年不满20年的职工，当年必须在新单位工作时间满37天以上（37天÷365天×10＝1.01），也就是当年11月24日前进新单位；累计工作满20年以上职工，当年必须在新单位工作满25天以上（25天÷365天×15＝1.02），也就是要在当年12月7日前进新单位，这样，入职当年就可以享受到1天以上的年休假。

3. 员工中途提出辞职，用人单位是否需要支付当年未休年休假补偿？

实际生活中，用人单位主动提出与职工解除或者终止劳动合同时，一般会将职工当年应休未休年休假天数折算成相应报酬一并补偿。但对于职工主动提出辞职或单方解除劳动合同的情形，用人单位通常视为员工自行放弃当年带薪休假的权利，过期作废，无须折算未休年休假的报酬。

实际上，年休假不会也不应该过期作废。根据《企业职工带薪年休假实施办法》第12条规定，用人单位与职工解除或者终止劳动合同时，当年度未安排职工休满应休年休假的，应当按照职工当年已工作时间折算应休未休年休假天数，并支付未休年休假工资报酬。

此条款并未区分用人单位主动提出解除劳动合同，还是劳动者要求解除劳动合同。无论解除或终止劳动合同的原因如何，只要出现劳动合同解除或者终止的情形，用人单位就应当向劳动者折算并支付当年度应休未休年休假的工资报酬。年休假工资属于工资范畴，类似加班工资，即使解除或终止劳动合同的原因在于劳动者，用人单位也不能因此而免除支付年休假工资的义务。

综上分析可以看出，《企业职工带薪年休假实施办法》第3条并未对“连续工作满12个月以上”作出任何修饰和限制；人力资源和社会保障部对“连续工作满12个月以上”作了界定和明确。而范某所在的铸造公司在休假制度中，却对“连续工作满一年”附加了“在本公司”的限制，这样的规定，实际上损害了入职不满一年劳动者的合法权益，是不符合法律规定的。因此，范某依法享有带薪年休假的权利。

范某虽然已累计工作11年多，符合应休年休假10天的规定，但2013年，范某在铸造公司工作时间仅为8个月，故范某2013年年休假天数，应按照范某在铸造公司实际工作天数折算确定，折算后不足1整天的部分不享受年休假。具体折算方法为：（当年度范某在本单位工作天数÷365天）×范某全年应当享受的年休假天数。按此公式计算，范某的年休假为（245天÷365天）×10＝6.71≈6天。

特别提醒

职工无论是在同一用人单位连续工作满1年，还是在不同用人单位连续工作满1年，都具备享受年休假的基本条件，不会因为职工跳槽而重新计算连续工作满1年的计算始点。

法条链接

《职工带薪年休假条例》第2条、第3条

《企业职工带薪年休假实施办法》第3条、第4条、第5条

案例89
休了“探亲假”，还可以休“年休假”吗？

案情实录

职工鲁某在某事业单位财务科工作二十多年，丈夫常年在镇江某公司天津办事处工作。鲁某每年都利用探亲假去天津看望丈夫。2012年6月，鲁某的丈夫在住宿地不小心摔倒，造成比较严重的小腿骨折，被就近送往天津市人民医院救治。鲁某闻讯后，立即赶往天津照顾。经过鲁某50天的精心照顾，丈夫终

于能下地行走了。鲁某在单位是业务骨干，很多事情急等着她回来处理，看丈夫能进行自料理，就赶回单位正常上班。2012 年是事业单位绩效工资改革的第一年，请了这么长的假期，怎么处理才能既不让单位为难，又不影响自己的工资呢？鲁某和单位人事部门商量，50 天的假期想分成两部分处理，一是自己工作 20 多年，每年有 15 天的年休假；二是自己每年有 30 天的探亲假，她想用这两个假期来抵充自己因丈夫摔伤而请的 50 天假。单位人事部门的答复让鲁某大失所望，他们说，按照规定，休了探亲假，就不能再安排年休假，鲁某的 50 天假期，只能用探亲假抵充 30 天，剩下的 20 天，要按事假处理。对此，鲁某觉得不可理解，难道探亲假与年休假有冲突，休了探亲假就不能休年休假了吗？

以案说法

本案涉及职工休假的问题。弄清楚职工鲁某的疑惑，只要弄明白探亲假和年休假的适用范围、计算方法，答案就自然水落石出。

首先来看探亲假。探亲假是指职工依法探望与自己不住在一起，又不能在公休假日团聚的配偶或父母的带薪假期。根据《国务院关于职工探亲待遇的规定》，享受探亲假必须具备以下条件：（1）主体条件，只有在国家机关、人民团体和全民所有制企业、事业单位工作的职工才可以享受探亲假待遇。（2）时间条件。工作满一年。（3）事由条件。一是与配偶不住在一起，又不能在公休假日团聚的，可以享受探望配偶的待遇；二是与父亲、母亲都不住在一起，又不能在公休假日团聚的，可以享受探望父母的待遇。探望配偶，每年给予一方探亲假一次，30 天。未婚职工探望父母的，原则上每年给假一次，假期为 20 天。已婚职工探望父母的，每四年给假一次，假期为 20 天。

再来看年休假。年休假是国家根据劳动者工作年限和劳动繁重紧张程度每年给予的一定期间的带薪连续休假。根据国务院《职工带薪年休假条例》规定，机关、团体、企业、事业单位、民办非企业单位、有雇工的个体工商户等单位的职工连续工作 1 年以上的，即可享受年休假。对于休假时间，条例规定，职工累计工作已满 1 年不满 10 年的，年休假 5 天；已满 10 年不满 20 年的，年休假 10 天；已满 20 年的，年休假 15 天。

那么，探亲假和年休假有冲突吗？《企业职工带薪年休假实施办法》对此作了明确的规定，职工依法享受的探亲假、婚丧假、产假等国家规定的假期以及因工伤停工留薪期间不计入年休假假期。也就是说，探亲假和年休假不互相冲抵，职工休了探亲假，不影响享受年休假。

本案中，职工鲁某所在单位是事业单位，按照《国务院关于职工探亲待遇的规定》，鲁某应该依法享有每年30天的探亲假。对照《企业职工带薪年休假实施办法》的规定，鲁某休了探亲假，不影响她继续享受年休假。

特别提醒

探亲假与年休假是两种功能不同的休假制度，探亲假主要针对在国家机关、人民团体和全民所有制企业、事业单位工作满一年的固定职工，而对于私营企业和民办非企业组织，就属于补充福利或者人性化关怀措施的范畴。而年休假针对所有劳动者，不区分企业性质，连续工作1年以上的职工，即可享受年休假，属于法定的强制的休假制度。用人单位不执行年休假制度，即属于违法行为。

法条链接

《国务院关于公布〈国务院关于职工探亲待遇的规定〉的通知》第2条、第3条

《职工带薪年休假条例》第2条、第3条

《企业职工带薪年休假实施办法》第6条

第三节　病假权益争议

案例90

未到指定医院就诊，病假可否不予认可？

案情实录

2012年2月，职工顾某经过招聘选拔，与某制罐公司签订了三年期劳动合同，工作岗位为行政助理。2013年5月，顾某因腰部不适，经常请假看医生。2013年6月，顾某托关系找到一家医院的专家给自己治疗，经确诊为腰肌劳损，专家建议其住院治疗。当顾某持病历和建休一个月的病情证明单到公司请假，没想到遇到了麻烦。人事经理对顾某说，根据总经理办公会的规定，连续请病假15天以上，应到指定医院接受治疗，对其他医院的病情证明单一律不予

认可。顾某极力申辩，首先，自己有就医的自由，公司无权指定医院就医；其次，公司指定的那家医院不仅离自己家远，对那家医院的治疗技术，顾某也很不放心；最后，自己来公司一年多，之前从未听说过有指定医院就医一说。理论半天，人事经理反复只说一点，他也只是执行总经理办公会的规定，对事不对人；因此，他也只凭指定医院的病情证明单说话，请顾某配合支持。顾某腰疼难忍，在没有得到公司准许的情况下，坚持到自己选择的那家医院住院治疗。2013 年 7 月，公司下达书面通知，称顾某违反病假管理制度，在公司未批准的情况下擅自休假，属于旷工情形；鉴于顾某连续旷工 15 天以上，为严肃劳动纪律，从即日起解除与顾某的劳动关系。顾某很是委屈，自己身体不适，公司不仅没来看望，还以未到指定医院看病为由解除劳动关系，这种做法太没道理；再者，自己尚处在医疗期，劳动合同至少顺延至医疗期满方可终止。顾某气愤难平，出院后，第一时间来到市总工会，请求“娘家人”出面主持公道。那么，公司指定医院就医的做法究竟合不合法呢？

以案说法

本案涉及劳动者的身体健康权和用人单位的经营管理权如何协调的问题。

1. 职工依法享有医疗期的权利。

根据原劳动部《企业职工患病或非因工负伤医疗期的规定》和《关于贯彻〈企业职工患病或非因工负伤医疗期的规定〉的通知》规定，医疗期是指企业职工因患病或非因工负伤停止工作治病休息不得解除劳动合同的时限。职工患病或非因工负伤，根据本人实际参加工作的年限和本企业工作年限长短，享受 3～24 个月的医疗期。对于某些患特殊疾病（如癌症、精神病、瘫痪）的职工，在 24 个月内尚不能痊愈的，经企业和当地劳动保障部门批准，可以适当延长医疗期。也就是说，医疗期是对患病的劳动者进行一定时期的解雇保护期间，其主要目的在于保障劳动者不因伤病接受治疗导致失去工作。

为了加强对医疗期职工的保护，《劳动法》《劳动合同法》等法律法规规定，劳动者在医疗期、孕期、产期和哺乳期内，劳动合同期限届满时，用人单位不得终止劳动合同。劳动合同的期限应自动延续至医疗期、孕期、产期和哺乳期期满为止。

因此，职工依法享有医疗期的权利，只要按照用人单位依法制定的劳动规章，提交病历、诊断证明以及医院开具的病情证明单等，就有权进入法定的医疗期。

2. 用人单位没有限制劳动者就医的权利。

指定医院制度在我国曾经长期存在，它的制度基础是企业劳保制度。在企业劳保制度下，企业需要负担职工的医疗费用，为合理控制成本，故允许企业指定医院。但在我国实行医疗保险社会统筹后，职工只要在社保定点医院就医，社保机构就予以报销医疗费用。企业无须负担职工的医疗费用，企业指定医院制度的合理性自然就存在问题。

劳动者的健康权必须得到尊重，劳动者在患病时有自主选择医院就医的权利。从合理性角度来看，现在的疾病各种各样，各种专科或特种医院林林总总，指定医院根本无法包治百病，在这种情况下，指定医院制度，就有可能使劳动者丧失最佳医疗的机会，从而损害劳动者的身体健康。实践中，这种做法在仲裁或诉讼环节被视为限制职工就医的权利，实行此种方式管理的企业常常要面临败诉的风险。

3. 用人单位对职工的病假管理以及虚假病假的认定与防范。

在现实生活中，确实存在虚假病假单、“人情病假单”，甚至“小病大养”“无病装病”的情况。在此情况下，如何防范虚假病假，保障用人单位的合法权益呢?

我们要清醒地认识到，用人单位虽然没有限制职工就医的权利，但用人单位对职工的病假证明拥有复核的权利。对于请病假的职工，用人单位有权要求其提供就诊记录、病历、病情证明单、医药费证明等相关材料，有权严格病假申请的流程，以便对病假的真实性进行形式上的审查。用人单位也可以对请病假的职工进行探望，这样既体现了用人单位对职工的关爱之情，也达到了用人单位了解职工病情的目的，客观上也起到了对职工病假的某种监控作用。用人单位可以将定点医院治疗制度改为指定医院复查制度，对于长期请病假、反复请病假或单位认为病假可疑的，可以安排员工到指定医院复查，并规定是否给予病假、病假期限以复查结果为准，复查费用可由用人单位承担。用人单位可以在规章制度或劳动合同明确，申请虚假病假情形属于严重违纪，如果有证据证明职工故意出具虚假病假单，用人单位有权对职工进行纪律处分直至解除劳动合同。

对于有些企业在规章制度中指定医院的做法，是否就一定属于无效规定呢?这要区别对待，如果用人单位指定的诊疗医院并不影响职工的就医权利和方便性，而且该项制度履行了民主程序、公示或告知程序的话，职工也应当执行。当然，如果企业对医院的指定违反公平性和方便性原则，这种指定就属于不合理的做法，职工持非指定医院开具的病假单向企业申请休假，企业仍应当批准。

从上面的分析不难看出，劳动者在规定的医疗期内休病假属于法定权利。本案中，顾某因腰肌劳损需住院医疗，并向公司提交了合法医疗机构的病情证明书，履行了请假手续，无论顾某所在公司是否审批同意，顾某均有权享受医疗期。顾某所在公司总经理办公会规定“连续请病假15天以上，应到指定医院接受治疗，对其他医院的病情证明单一律不予认可”，既没有履行民主程序、告知程序，规定本身也存在着很大的不合理性，因此，此条规定从制定之日起就是无效的，对顾某没有法律约束力，以此对顾某作出解除劳动合同的决定也于法无据。

特别提醒

劳动者患病选择不同医院就诊，是劳动者应有的基本权利，用人单位无权也不应该进行限制。用人单位防止虚假病假的出发点无可厚非，但不能因噎废食。

法条链接

《劳动合同法》第42条

《企业职工患病或非因工负伤医疗期规定》第3条、第5条

《关于贯彻〈企业职工患病或非因工负伤医疗期规定〉的通知》第2条

案例91
劳动者休病假，必须单位批准才能休吗？

案情实录

2013年3月，在某连锁超市担任收银员的陶某，因双休日和闺蜜打羽毛球，导致脚踝扭伤，市第一人民医院在及时救治的同时，出具了病情诊断书和建休一个月的证明。陶某第一时间打电话告知部门领导，自己受伤比较严重，不能正常上班，请求休病假一个月。部门领导说自己只有一周的病假审批权限，让陶某致电人事经理。人事经理给陶某的答复是，扭伤属于轻微伤，可以准假半个月；超过半个月如仍不来上班，按旷工处理，连续旷工15天，超市有权解除劳动关系。陶某很为难，按自己的伤情，半个月之后根本无法正常上班，超市却为难自己，只批了半个月的病假。万般无奈之下，陶某致电市总工会，咨

询超市的这种做法是否合法？超市不批，自己有权休病假吗？

以案说法

现实生活中，因病假而引发的劳动争议时有发生。本案争议的焦点在于，劳动者请病假，是否必须得到用人单位批准方才有效？

很多用人单位为了防止职工“小病大养”甚至“无病装病”，常常在规章制度中设定详细的病假申请和审批程序，甚至明文规定：员工请病假必须得到领导批准后方可离岗休息。按照这样的规定，即使职工履行了请假手续，如果用人单位不批准，职工仍然无法休病假；如果职工在单位不批的情形下坚持休病假，单位往往以违反劳动纪律为由给予职工纪律处分，甚至按旷工处理，劳动争议由此引发。

为了保障职工在患病或非因工负伤期间的合法权益，国家实行法定的医疗期保护制度。根据《劳动合同法》等法律法规以及原劳动部颁布的《企业职工患病或非因工负伤医疗期规定》，职工患病或者非因工负伤，需要停止工作医疗时，用人单位应当根据职工实际参加工作年限和在本单位工作年限，给予 3 个月到 24 个月的医疗期；职工在医疗期内，其病假工资、疾病救济费和医疗待遇按照有关规定执行；在医疗期内，用人单位不得解除劳动合同。

患病享受医疗期是法律赋予劳动者的法定权利，而非必须由单位批准才可享有，用人单位不得以任何借口随意剥夺。说得更明白些，单位是否批准不是职工请病假是否生效的充分必要条件，只要职工依法递交具有合法资质的医疗机构的病情证明，并依规定办理请假手续，该请病假手续即应视为有效，职工休病假即为合法，用人单位就应当充分保障劳动者休病假的权利，不批病假、缩短病假时长的做法都是错误的。

关于病假的劳动争议案件中，常常涉及请假方式、审批程序是否符合用人单位的规章制度。依据法律规定，用人单位制定病假管理制度，属于行使员工管理权的范畴，但该项权利的行使不得与现行法律法规相抵触，即病假管理制度必须具备合法性、合理性和可操作性。用人单位硬性规定劳动者请病假必须经单位领导批准，其实意义不大，因为这项制度规定损害了劳动者就医的基本权利，属于无效条款，不具备法律约束力。

值得注意的是，虽然法律没有赋予用人单位职工病假的审批否决权，但细化病假管理流程，建立严格的请假审核程序，却属于用人单位正常的用工管理权限。疾病一般分为慢性病和急症，用人单位可以设定不同的请假程序。对慢性病，可以实行事先请假制，规定职工事先递交书面病假申请，同时提供病历、医生建休单等证明材料，对没有履行请假程序而擅自离岗休息的，可以认定为缺勤行为，单位可根据不同情况分别处理；对于急症，可以规定职工先行就诊并同时口头通知单位，实行事后补办请假制度，要求职工在一定期限内补交书面病假申请，并提供急诊挂号收据、医生建休单等证明材料。

本案中，陶某请病假一个月，超市只批准半个月的做法是不合适的。陶某依照规定事先办理病假的请假手续，她就有权利享受法定的医疗期。如果超市不近情理，以旷工为由解除陶某劳动合同，陶某可以依法提请劳动仲裁，主张自己的合法权益。

特别提醒

作为在劳动关系中处于弱势的一方，劳动者要学会保护自己，要有加强保留证据的意识，如保留书面病假申请、医生建休单、通过快递方式邮寄病假证明的收据、向单位领导第一时间请假及领导回复的手机短信等，避免在用人单位否认收到病假证明时处于被动地位。

法条链接

《劳动合同法》第 42 条

《企业职工患病或非因工负伤医疗期规定》第 2 条、第 3 条、第 5 条

第十章

劳动争议处理的举证责任及证据、程序

第一节　举证责任争议

案例92

用人单位不肯提供考勤表、工资单等证据，举证责任该如何分配？

案情实录

2010年1月，职工陈某到某铸造加工厂工作，工作岗位为叉车工，约定月工资标准为1900元，另根据效益加发产品奖。2015年1月，受经济形势影响，企业经营日益艰难，与陈某协商解除劳动关系。在支付经济补偿金阶段，双方就补偿金的计算依据——月工资标准发生了较大分歧。陈某坚持基本工资加奖金、津贴，每月可领取2800元；企业却主张陈某每月工资只有1900元，没有奖金。在仲裁审理阶段，仲裁委要求企业5日内提供陈某的考勤表和工资单，但企业在指定的期限内却没有提供。在调解不成的情况下，仲裁委最后按照陈某主张的每月2800元为基数计算了陈某的经济补偿金。

以案说法

维权既需要坚实的证据支撑，更需要掌握举证技巧。本案就是一起劳动者利用举证责任倒置技巧而成功维权的案例。

1. 何为举证责任倒置？

司法实践中，举证责任的承担直接关系到当事人诉讼权利的实现。“谁主张，谁举证”是举证责任分配的一般原则，即在没有法律法规例外规定的情况下，当事人对自己的诉讼请求或抗辩理由，应当提供证据加以证明。

举证责任倒置则是“谁主张，谁举证”这一原则的例外。所谓举证责任倒置，是指基于法律规定，由提出主张的一方当事人就某种事由不负担举证责任，而由他方当事人就某种事实存在或不存在承担举证责任；如果该方当事人不能就此举证证明，则推定提出主张的一方当事人的事实主张成立的一种举证责任分配制度。

2. 为何要实施特殊情形下的用人单位举证责任倒置?

劳动者与用人单位在法律主体上应该是平等的，但实际用工中，劳动者对用人单位存在一定的人身依附属性，劳资双方的力量对比普遍是资强劳弱。特别是在劳动争议举证责任分配中，很多关键证据由用人单位掌握，劳动者往往很难或者根本无法获得相关的证据材料。如果完全让劳动者举证证明自己的权利被侵害，事实上是不公平、不合理的。

“举证责任倒置”在劳动法领域也广泛存在，涉及劳动争议举证责任倒置的法律规定主要散见于《劳动争议调解仲裁法》《最高人民法院关于审理劳动争议案件适用法律若干问题的解释（一）》《最高人民法院关于审理劳动争议案件适用法律若干问题的解释（三）》《最高人民法院关于民事诉讼证据的若干规定》以及原劳动和社会保障部《关于确定劳动关系有关事项的通知》等法律法规。

在劳动争议案件中，劳资双方的举证能力是不一样的。“举证责任倒置”充分体现了法律法规对劳动者权益进行倾斜保护的基本理念，在某些特殊情形下实施举证责任倒置，就是为了实现举证责任上的“平等”，更科学、更有效地保护劳动者的合法权益。

3. 由用人单位举证责任倒置的常见情形有哪些?

在具体的司法实践中，以下几种常见的争议或事实由用人单位承担举证责任：

（1）用人单位对违纪劳动者作出开除、除名、辞退、解除劳动合同等决定而发生的劳动争议，由用人单位承担举证责任。劳动者是否违纪，应当以劳动者遵守劳动纪律的具体义务和用人单位依法制定的劳动规章为准。在此类争议中，用人单位必须举证三方面的事实：①举证作出开除、除名、辞退、解除劳动合同的事实依据；②举证据以认定劳动者违纪及其严重程度的规章制度合法有效、公示或告知劳动者；③举证劳动者违纪行为达到严重程度。

（2）拖欠工资、减少劳动报酬的劳动争议中，由用人单位承担举证责任。在此类争议中，用人单位要举证已发工资、并未拖欠工资的证明；如果减少劳动报酬，应当举证减少劳动报酬的具体原因并证明其合法性。

(3) 计算劳动者工作年限发生的劳动争议，由用人单位承担举证责任。招聘流程以及劳动者填写的用人单位招工招聘的登记表、报名表等招用记录，一般均由用人单位掌握，发生计算劳动者工作年限发生的劳动争议时，由用人单位举证比较合理。

(4) 对是否构成工伤的劳动争议，由用人单位承担举证责任。工伤赔偿通常实行的是无过错原则。因此，在此类争议发生时，一般由用人单位对自身有无违反劳动安全卫生法的行为，以及该行为与损害结果之间有无因果关系承担举证责任。

(5) 与争议事项有关的证据属于用人单位掌握管理的，由用人单位承担举证责任。在证据占有和收集方面，劳资双方的优势和力量对比悬殊。原劳动和社会保障部《关于确定劳动关系有关事项的通知》明确规定，工资支付凭证或记录（职工工资发放花名册）、缴纳社会保险费记录、考勤记录、职工名册等有关凭证，由用人单位负举证责任。

本案中，陈某所在单位在指定的期限内，拒不向仲裁庭提供本属于用人单位掌握的考勤表和工资表，就应该承担举证不力的后果。仲裁委最终依法采信陈某的主张进行裁决，是有法律依据的。

特别提醒

关于劳动争议举证及举证责任倒置的法律责任，《劳动争议调解仲裁法》明确规定，发生劳动争议，当事人对自己提出的主张，有责任提供证据。与争议事项有关的证据属于用人单位掌握管理的，用人单位应当提供；用人单位不提供的，应当承担不利后果。同时，该法还规定，劳动者无法提供由用人单位掌握管理的与仲裁请求有关的证据，仲裁庭可以要求用人单位在指定期限内提供；用人单位在指定期限内不提供的，应当承担不利后果。

法条链接

《劳动争议调解仲裁法》第 6 条、第 39 条

《最高人民法院关于审理劳动争议案件适用法律若干问题的解释（一）》第 13 条

《最高人民法院关于审理劳动争议案件适用法律若干问题的解释（三）》第 9 条

《最高人民法院关于民事诉讼证据的若干规定》第 6 条

《劳动争议案件办案规则》第 17 条

《工伤保险条例》第 19 条

案例93

是自动离职还是被口头辞退，该由谁来证明?

案情实录

职工小张很苦恼，好不容易找到一份称心如意的工作，却和部门经理常常因小事搞得很不开心。更为麻烦的是，部门经理和人事部经理串通一气，处处给下绊子、穿小鞋，让自己的处境很狼狈。2014 年 11 月，公司突然通知小张要调整工作岗位，要他去的新岗位不仅自己很不喜欢，而且工作强度大，工作待遇也没有现在好。小张以事先未征得本人同意为由，不同意调岗，坚持在原岗位上班。公司随后以“未到新岗位报到，属于无故旷工”为由，按自动离职炒了小张的鱿鱼，既未出具辞退证明，也没有任何经济补偿。小张十分生气，申请了劳动仲裁。劳动争议仲裁庭最后裁决公司败诉，要求立即恢复与小张的劳动关系。

以案说法

在现实生活中，当劳动者主张自己是被单位口头辞退时，单位往往会“反咬一口”，称劳动者是自动离职，双方各执一词。那么，劳动者是被口头辞退，还是属于自动离职，该由谁来证明?

口头辞退与自动离职，虽然都是劳动者离开单位，两者却有着本质的区别。口头辞退属于用人单位单方解除劳动关系的一种情形，如果劳动者没有过错，用人单位不仅要支付经济补偿金，甚至要承担违法解除劳动关系的不利后果。

而自动离职，根据《劳动部办公厅关于企业处理擅自离职职工问题的复函》（劳办发〔1993〕68 号）规定，是指劳动者终止劳动关系时不履行解除手续，擅自出走离岗，或者解除手续没有办理完毕就离开单位。自动离职是劳动者擅自离职、强行解除与用人单位劳动关系的行为，如不辞而别、违约出走、擅自跳槽等，都属于自动离职范畴，是劳动者单方解除劳动关系不规范的一种情形。如果用人单位没有过错，劳动者确属于自动离职，不仅没有理由索要经济补偿金，给用人单位造成损失的，还需要承担相应的赔偿责任。因此，在实际生活中，当劳动者主张被口头辞退时，用人单位常常会以劳动者自动离职来推卸责任。

劳动者和用人单位不仅在劳动关系中地位、力量不平等，双方的维权能力也是不对称、不平衡的。因为，不仅劳动者的工资报酬、奖励惩罚、聘用辞退、开除等都由用人单位考察决定，而且，职工档案、考勤表、工资发放记录、社会保险缴纳记录等都掌握在用人单位一方，劳动者对这些证据很难具有举证能力。根据《民事诉讼法》“谁主张，谁举证”的一般证据规则，如果让处于弱势的劳动者承担举证责任，对劳动者来说，无疑是雪上加霜，很难有胜诉的可能性。

因此，在解除劳动合同的争议中，为了有效维护职工的合法权益，平衡和协调劳动关系，法律作出向职工倾斜的特别规定，即在一些特定情形下，劳动争议案件适用举证责任倒置。《最高人民法院关于审理劳动争议案件适用法律若干问题的解释（一）》第13条以及《最高人民法院关于民事诉讼证据的若干规定》第6条都明确规定，在劳动争议纠纷案件中，因用人单位作出开除、除名、辞退、解除劳动合同、减少劳动报酬、计算劳动者工作年限等决定而发生劳动争议的，由用人单位负举证责任。《劳动争议调解仲裁法》第6条规定，与争议事项有关的证据属于用人单位掌握管理的，用人单位应当提供；用人单位不提供的，应当承担不利后果。这些规定，是传统“谁主张，谁举证”的证据规则的例外。

在本案中，小张因工作岗位调整与单位发生劳动争议，公司单方与小张解除劳动关系，却按小张自动离职处理，本意是想逃避支付经济补偿金。按照相关法律规定，由用人单位作出的辞退决定而发生的劳动争议，适用举证责任倒置原则，用人单位不能或不愿提供其应当提供的证据时，就要承担不利的法律后果。这一举证责任原则，应当贯穿于调解、仲裁、诉讼的全过程。这也是小张最终能胜诉的重要原因。公司不能证明解聘小张的合法性，就要承担败诉的不利后果。

特别提醒

用人单位掌握生产资料，其作为管理者、组织者、经营者，始终处于主动地位，在“自动离职”还是“口头辞退”的争议发生时，用人单位负有不可推卸的举证责任。

法条链接

《劳动争议调解仲裁法》第 6 条

《最高人民法院关于审理劳动争议案件适用法律若干问题的解释（一）》第 13 条

《最高人民法院关于民事诉讼证据的若干规定》第 6 条

案例94

劳动者主张加班费，该由谁承担举证责任?

案情实录

2011 年 3 月，职工薛某与某玩具公司签订了三年期劳动合同，合同约定薛某从事新品研发，每月工资 3500 元，执行标准工时制度。2013 年 2 月，薛某因个人原因向公司提出辞职，并顺利办理了交接手续。办完交接手续当天，薛某要求公司支付两年来的加班费。公司当即拒绝，说从未安排过薛某加班，加班费无从谈起。为此，薛某与公司人力资源部经理发生激烈的争执。公司认为，薛某从事新品研发，任务不重，从来都是准时上下班，并未安排过薛某加班。薛某认为，劳动合同上写着执行标准工时制度，但实际上公司职工每周工作六天，每天工作 10 小时。自己虽然准时上下班，事实上天天在加班。薛某曾要求公司按照标准工作时间上班或支付相应加班费，但公司没有任何回应。公司认为，薛某坚持说自己加过班，请拿出加班证据来。薛某认为，自己手上只有一个考勤管理制度，但上面明确写着，公司每天工作 10 小时，实行打卡考勤，只要调出打卡考勤记录，就可以证明一切，除非公司捣鬼作假。公司称，根据“谁主张，谁举证”的举证原则，薛某应就其加班的事实举证，否则，应承担举证不能的法律后果；公司是严格依法履行劳动合同的，不应支付所谓的加班费。多次争执，公司寸步不让。薛某气不过，找到市总工会，请求帮助讨个说法。

以案说法

加班费问题一直是劳动争议案件的一个重要源头。在劳动争议案件中，经常会伴有加班费的问题。要分清本案中各方的举证责任，应厘清以下两个问题：

1. 关于加班的法律界定问题

加班，也称延长劳动时间，是指用人单位经过一定程序，要求劳动者超过法律规定的最高限制的日工作时数和周工作天数而工作。延长工作时间有加班、加点两种形式。加班，指劳动者在休息日和法定休假节日工作；加点，指劳动者在符合法定标准工作时间的制度工时以外延长工作时间，包括提前上班或推迟下班，在实践中，我们常常将加班加点统称为加班。

关于加班的法律界定，与本案中提及的一个法律术语密切相关，那就是“标准工时制度”。标准工时制度是指由立法确定一昼夜中工作时间长度，一周中工作日天数，并要求各用人单位和一般职工普遍实行的基本工时制度。根据《国务院关于职工工作时间的规定》，我国目前实行的是每日工作 8 小时、每周工作 40 小时的标准工时制。任何单位和个人都不得擅自延长职工的工作时间。在标准工时制条件下，下列情况视为加班：安排劳动者延长工作时间的，休息日安排劳动者工作的，法定休假日安排劳动者工作的。实践中，有些用人单位根据其工作性质和生产经营特点，实行每日工作不超过 8 小时，每周工作不超过 40 小时，每周至少休息一天的工作制度，是对标准工时制的一种合法变通，在此情况下，劳动者如果在星期六或星期天上班的，不视为加班。

一般来讲，在日标准工作时间以外延长工作时间的，按照不低于小时工资基数的 150% 支付加班工资；在休息日工作的，应当安排其同等时间的补休，不能安排补休的，按照不低于日或者小时工资基数的 200% 支付加班工资；在法定休假日工作的，应当按照不低于日或者小时工资基数的 300% 支付加班工资。

2. 关于加班事实的举证责任分配问题

法律上的举证责任，是指当事人对自己提出的主张要提供证据进行证明，否则应承担不利后果。劳动争议中的举证责任，一般情况下适用《民事诉讼法》中“谁主张，谁举证”的基本原则，即谁提出请求，谁就要证明该请求的合理性，否则就得不到法律支持。《劳动争议调解仲裁法》第 6 条明确规定：“发生劳动争议，当事人对自己提出的主张，有责任提供证据。与争议事项有关的证据属于用人单位掌握管理的，用人单位应当提供；用人单位不提供的，应当承担不利后果。”所以，追索加班费案件也不应例外。

《最高人民法院关于审理劳动争议案件适用法律若干问题的解释（三）》第 9 条更加明确规定了加班费纠纷举证责任的分配问题，“劳动者主张加班费的，应当就加班事实的存在承担举证责任。但劳动者有证据证明用人单位掌握加班事实存在的证据，用人单位不提供的，由用人单位承担不利后果”。

也就是说，劳动者主张加班费的，首先应当提供基本的或初步的证据证明加班事实的存在，考虑到劳动者举证的实际困难，法律适当减轻了劳动者的举证责任，劳动者提供的加班证据既可以是考勤表、交接班记录、加班通知，也可以是工资条、证人证言等。

《最高人民法院关于审理劳动争议案件适用法律若干问题的解释（三）》适当平衡了劳动者与用人单位的举证责任，并没有倾向劳动者，明确劳动者应该对所主张的加班事项，负有证明加班事实的责任，或者证明用人单位存有相应证据。换句话而言，即劳动者要么证明自己加过班，要么证明用人单位有本人加班事实的依据。

在本案协调中，市总工会多次听取薛某和公司两方的申辩，并查看薛某提供的劳动合同、公司规章制度等相关资料。在此基础上，市总工会向公司明确告知，薛某手上提供的考勤制度，经双方确认，确为公司制定，上面写明公司实行每周六天工作制，每天工作 10 小时，实行电子打卡考勤。如按此规定，依据加班的法律界定，在标准工时制条件下，每周工作 6 天、每天工作 10 小时就属于加班的情形之一。虽然薛某无法提供由公司掌握管理的电子考勤记录，但依据《最高人民法院关于审理劳动争议案件适用法律若干问题的解释（三）》的举证责任分配，薛某完成初步的加班事实举证后，就应该由公司负责举证，提供考勤记录等相关证据，如拒绝对薛某是否存在加班事实进行举证，将承担不利的法律后果。一旦提起劳动仲裁，该案同样可以得到依法处理。这时，公司才意识到，先前由于对加班的法律界定认识不清，导致如今的被动局面，如果继续强硬下去，也不会有什么好的结果，不如借着市总工会调解的机会，体面收场。在市总工会的协调下，公司答应依照法律规定，补足薛某 2 年来的加班工资，同时，举一反三，对作息制度作出相应修改，避免类似事情再度发生。

特别提醒

只要劳动者提出的基本证据或者说初步证据可以证明存在加班的事实，即可视为劳动者举证责任已经完成。当劳动者举证证明了加班事实存在的证据属于用人单位掌握或管理后，用人单位即应当提供，用人单位拒不提供的，应当承担不利后果。

法条链接

《劳动法》第 43 条

《劳动争议调解仲裁法》第6条

《国务院关于职工工作时间的规定》第3条、第6条

《最高人民法院关于审理劳动争议案件适用法律若干问题的解释（三）》第9条

第二节　证据认定争议

案例95

劳动者主张加班费，怎样才能有效举证加班事实的存在？

案情实录

2014年4月，职工陈某进入某教育咨询中心，担任总经理助理。陈某与中心签订了三年期劳动合同，约定执行标准工时制度，每月工资为2500元，另外发放伙食补助、交通补贴500元。2015年3月30日，陈某因个人原因提出辞职。2015年4月30日，陈某正式离职。交接手续完毕后，陈某要求咨询中心支付一年的加班费。陈某的理由是，虽然合同约定执行8小时的标准工时制度，但实际上陈某每周工作6天，每天工作10小时。陈某曾多次要求中心实行每周工作5天、每天8小时的工作制度，或者支付相应的加班费，但中心一直以经营状况一般、将来会解决为借口，从未支付加班费。对陈某要求支付加班费的要求，中心答复说，双方签订的《劳动合同书》中明确约定适用标准工时制度，中心是严格履行劳动合同的，从未安排陈某加班，所以无须支付任何加班费用。陈某提出，中心发放工资的形式为员工签字领钱，实行的是电子考勤，如果中心否认存在加班事实，要求查验自己的工资表和考勤记录。中心认为，陈某自己主张加班费，就应该提供证据证明自己加过班，怎么能让中心提供加班证据呢？多次争执不下，陈某向劳动争议仲裁院申请仲裁，要求支付工作期间的加班费，并向仲裁庭提供了《劳动合同书》、贴在墙上的中心作息时间照片、一年来有陈某跟班的学生上课排班表复印件以及自己向中心领导争取加班费时的录音材料。那么，劳动者主张加班费，需要自己承担举证责任吗？如果需要，怎么才能有效地举证加班事实的存在呢？

以案说法

近年来，劳动者要求用人单位支付加班费的劳动争议逐年增加，但与此同

时，因缺少证据导致劳动者败诉的案例也居高不下。支付加班费的前提是必须存在加班事实，究竟是由用人单位，还是由劳动者承担举证责任，是本案首先要解决的问题。

1. 在主张加班费时，劳动者是否需要承担举证责任?

依照《劳动法》的规定，在标准工时制度下，劳动者每日工作时间不超过8小时，平均每周工作时间不超过40小时。超出规定的工作时间安排劳动者工作，就属于延长劳动时间，用人单位应当支付加班工资。

劳动争议中的举证责任问题，一般适用民事诉讼中“谁主张，谁举证”的基本原则，即谁提出请求，谁就有责任提供证据，否则就得不到法律的支持。《劳动争议调解仲裁法》第6条明确规定：“发生劳动争议，当事人对自己提出的主张，有责任提供证据。”追索加班费同样适用这条法规。《最高人民法院关于审理劳动争议案件适用法律若干问题的解释（三）》第9条更是明确规定了加班费纠纷的举证责任分配问题：“劳动者主张加班费的，应当就加班事实的存在承担举证责任。”也就是说，劳动者向用人单位主张加班费，要先行举证，证明自己曾经加过班，并想方设法提供证据来证明加班事实的存在。

2. 劳动者主张加班费，用人单位是否有义务提供相关加班证据?

在日常的人事管理中，用人单位通常都处于强势地位，往往拥有信息、资源等多方面的优势，特别是掌握和管理着劳动者的档案、工资发放、社会保险费缴纳等方面的情况和材料，劳动者一般无法取得。从举证能力上来看，用人单位相对于劳动者而言，无疑处于绝对优势地位。

为了更好地协调劳动关系，进一步均衡劳资双方的力量对比，《劳动争议调解仲裁法》第6条在明确“发生劳动争议，当事人对自己提出的主张，有责任提供证据”的同时，规定“与争议事项有关的证据属于用人单位掌握管理的，用人单位应当提供；用人单位不提供的，应当承担不利后果”。同样，《最高人民法院关于审理劳动争议案件适用法律若干问题的解释（三）》第9条也就加班费争议中用人单位的举证责任作了明确规定，“劳动者有证据证明用人单位掌握加班事实存在的证据，用人单位不提供的，由用人单位承担不利后果”。

因此，劳动者主张加班费时，用人单位有提供相关证据的义务，即在劳动者进行初步举证的基础上，用人单位应提供由其掌握管理的与加班事项有关的证据。在加班争议进入司法程序时，劳动者可以提请仲裁委或法院，要求用人单位提供工资表、考勤记录等属于用人单位掌握的证据，以证明劳动者的工资里是否包括有加班费，考勤记录是否反映劳动者加班的情形。

值得注意的是，对于劳动者主张加班事实的证据由用人单位掌握管理的，劳动者仍然要对这一主张负举证责任；当劳动者举证证明了加班事实的证据属于用人单位掌握管理后，用人单位即应当提供，用人单位拒不提供的，由其承担不利后果。

3. 劳动者怎么才能有效举证加班事实的存在?

实际生活中，很多用人单位安排劳动者加班，常常口头通知；当发生加班费劳动争议时，劳动者面临最常见的尴尬情形就是“口说无凭”。为了有效维权，劳动者牢固树立证据意识、学会有效举证就成为关键。因为有没有证据、证据证明力的强弱，将对维权结果产生决定性的影响。

实践中，基于保护劳动者的原则，通常会放宽或降低对劳动者履行举证责任的要求，即只要求劳动者一方提出的基本证据或者初步证据可以证明有加班事实的存在，就视其举证责任已经完成，转由用人单位对劳动者的实际加班情况负举证责任，用人单位举证不能的承担不利后果。

因此，对于加班事项的举证，劳动者提供的基本证据或初步证据不一定要很充分，那些与加班事实有关联的小线索、小环节、小细节，都可能成为劳动者举证存在加班事实的证据。劳动者只要做个保存证据的“有心人”，从加班前、加班中、加班后三个时间节点入手，细心取证，就一定能搜集和保留关于加班的一些有效证据：

（1）加班前或平日工作中可以搜集的证据，比如单位领导用QQ通知加班的，可以截屏保留证据；单位在内网上公布加班人员名单的，可以复制保存网页；单位张贴书面加班通知的，可以拍照留存；用人单位写有作息时间的规章制度、考勤制度的，可以想方设法复制一份自己留存。

（2）劳动者加班中，可以注意保留交接班记录、领取材料记录、工作流程记录，也可以保留加班时工作邮件或电话往来的一些记录；如果加班情况考勤无法反映，则应注意对自己所做的工作内容进行记录，将开会时间、地点、参加人数、会议内容记录下来。

（3）加班后，劳动者要争取有同事出庭作证，证明和自己一起加班或看到劳动者加班；要保留加班后向单位报销打的费及报销理由的复印件，以及劳动者向主管主张加班费时的录音、QQ聊天记录等视听材料。

本案中，仲裁庭审理后认为，陈某提供的《劳动合同书》、作息时间照片、排班表复印件以及电话录音，初步证明了陈某加班的事实。在陈某完成举证责任后，教育咨询中心拒绝对陈某是否存在加班的事实进行举证，拒绝提供工资表、考勤记录等证据，其行为应承担不利的法律后果。在仲裁庭的主持下，陈某和教育咨询中心达成调解协议，中心同意按约定的加班工资基数，向陈某一次性支付了2014年4月1日至2015年4月30日期间的加班费。

特别提醒

当用人单位无视法律规定拒付加班工资时，劳动者可以向劳动监察部门举报或是申请劳动仲裁，并想方设法搜集关于加班事实的证据，运用法律手段维护自身的合法权益。即使离职，劳动者应书面列举用人单位的违法事由，向用人单位发出“解除劳动关系的通知”并保留相关证据，以保障自己依法取得解除合同的经济补偿金。如果劳动者意气用事、“一走了之”，不仅对主张加班费于事无补，反而会因主动辞职，为获得经济补偿金平添很多障碍。

法条链接

《劳动争议调解仲裁法》第6条

《最高人民法院关于审理劳动争议案件适用法律若干问题的解释（三）》第9条

《民事诉讼法》第64条

案例96

用人单位拒不承认存在劳动关系，劳动者应该如何维权？

案情实录

2013年3月，职工黄某入职市区某机械制造公司，入职后，单位一直没有与他签订劳动合同，也没有为他办理社会保险。2014年1月，黄某在工作中被机器轧伤左足，致左足趾骨多处骨折、缺损。机械制造公司及时将黄某送到医院救治，并预支了前期治疗费用。为了不承担工伤赔偿，机械制造公司答应全额支付黄某住院期间的医疗费，并愿意再支付给黄某一笔钱，与黄某进行一次性了断。对黄某提出申报工伤的要求，公司不仅拒绝，并表示双方只是劳务关系，不存在劳动关系。在公司辛辛苦苦工作了近一年，没想到最终公司竟然否认自己是公司职工，黄某很是不甘心。2014年6月，黄某拄着拐杖找到市总工会寻求帮助。在与市总工会工作人员前期沟通中，黄某一直历数自己辛辛苦苦、加班加点，为公司作出了多少贡献；但问及有哪些材料可以证明自己是机械制造公司的职工时，黄某傻了眼：自己既没有与公司签订劳动合同，公司也没为自己缴纳社会保险，工资每次都是自己签字领取，手头也没有工作证之类的证件。经市总工会的指点，黄某请同事帮忙，拍摄到了贴在车间、有自己名字的考勤表照片，但仅仅靠这个维权，证据太单薄了。后来，经过市总工会再三启发，最后工作人员让黄某回忆：只要是盖有单位公章，上面同时有黄某姓名的纸张都有用。黄某忽然想起来，2013 年 11 月，黄某申请购房贷款时，机械制造公司曾为他出具过收入证明，当时为了备用，多复印了几张。拿来一看，上面明确写着黄某是机械制造公司职工，每月收入是3500 元。2014 年 7 月，黄某向劳动行政部门申请劳动仲裁，庭审前，向仲裁庭提交了考勤表的照片以及机械制造公司出具的收入证明。2014 年 8 月，经仲裁委确认，双方劳动关系成立，并裁决机械制造公司依法为黄某申请工伤认定。

以案说法

打官司就是打证据。在现实生活中，很多劳动者常常面临这样无助又无奈的局面：明明用人单位侵权事实明显，可自己连证明与单位存在劳动关系的证据都没有。本案就是劳动者运用好不容易搜集到的证据成功维权的经典案例。

1. 何为 “谁主张， 谁举证”？

“谁主张，谁举证”，这就是《民事诉讼法》规定的一般举证规则。《民事诉讼法》第64 条规定：“当事人对自己提出的主张，有责任提供证据。”“谁主张，谁举证”，在法律层面，至少包括这样三层意思：第一，当事人对自己提出的主张应当提供证据；第二，当事人对自己提供的证据应当予以证明，以表明自己所提供的证据能证明其主张；第三，若当事人对自己的主张不能提供证据或提供证据后不能证明自己的主张，将可能导致对自己不利的法律后果。

“谁主张，谁举证”，也是劳动争议处理的常态举证规则。《劳动争议调解仲裁法》第 6 条规定，发生劳动争议，当事人对自己提出的主张，有责任提供证据。

在实际维权中，很多劳动者虽然有一定的维权意识，但搜集和保留维权证据的意识和观念却比较差，由于缺少证据，常常出现“劳动者有理却寸步难行”的局面。

2. 在劳动争议处理中， 哪些情形适用举证责任倒置?

所谓举证责任倒置，是指根据法律规定，将通常情形下本应由提出主张的一方当事人就某种事由负担举证责任，而由他方当事人就某种事实存在承担举证责任，如果他方当事人不能就此举证证明，则推定原告主张的事实成立。

在劳动法领域，“举证责任倒置”也广泛存在，《最高人民法院关于审理劳动争议案件适用法律若干问题的解释（一）》第13条明确规定：“因用人单位作出的开除、除名、辞退、解除劳动合同、减少劳动报酬、计算劳动者工作年限等决定而发生的劳动争议，用人单位负举证责任。”《工伤保险条例》第19条规定：“用人单位与劳动者或者劳动者直系亲属对于是否构成工伤发生争议的，由用人单位承担举证责任。”原劳动和社会保障部《关于确立劳动关系有关事项的通知》中规定：“工资支付凭证、社保记录、招工招聘登记表、报名表、考勤记录由用人单位负举证责任。”

3. 用人单位拒不承认存在劳动关系，职工应该怎么办?

劳动者提起的劳动争议案件，主要集中在追索加班费、工伤认定、经济补偿金、补缴社会保险等方面。在这些劳动争议案件的协调处理中，证明劳动者与用人单位存在劳动关系是依法维权的第一步。在用人单位没有与劳动者签订劳动合同或者劳动者本人手上没有劳动合同文本的情况下，为有效提高维权的成功率，依据有关法律法规和大量成功维权的实践，要学会搜集和保留以下九大类维权证据：

（1）搜集工资卡、工资存折、工资条或其他工资发放记录（最好有单位盖章）、职工花名册。如无法搜集到上述证据原件，可采取复印或拍照方式搜集。

（2）搜集社会保险缴费记录。如用人单位已经为劳动者缴纳社会保险，劳动者可以到劳动行政部门打印自己的社会保险缴费记录。

（3）搜集用人单位向劳动者发放的“工作证”“服务证”“上岗证”“胸卡”“门禁卡”“出入证”“暂住证”“健康证”“资质证”等能够证明劳动者职务职位的证件（最好上面有单位盖章）。

（4）采取复印或拍照方式搜集劳动者入职时填写的招工招聘“登记表”“报名表”等招用记录。

（5）采取复印或拍照方式搜集用人单位的考勤记录（考勤表、出勤卡等）。在加班费争议中，单位的排班表、主管领导签名或盖有单位公章的加班通知，都是证明存在加班事实的初步证据。

（6）搜集同事的书面证言，但此类证据需注意，一是打官司时，出具证言的同事一般要到庭作证；二是同事需要有证据证明自己与用人单位存在劳动关系。

（7）搜集用人单位下发的有劳动者名字的各种文件、证明、通知等书面资料。比如加盖了用人单位公章的荣誉证书、介绍信、委托书；以用人单位职工名义参加的公益活动、劳动竞赛的凭证等。

（8）搜集劳动者代表用人单位与其他实体或个人签订的文件等。比如代表用人单位与其他用人单位签订的经济合同。

（9）用合法的手段取得证明劳动关系存在的录音、录像、手机短信、电子邮件、QQ聊天记录。此类证据，最好是记录劳动者与用人单位法定代表人或主要负责人协商谈判双方劳动关系事宜的相关信息。

本案中，黄某在工作中被机器轧伤左足，完全符合工伤认定的基本条件。根据《工伤保险条例》第18条的规定，提出工伤认定申请必须提交的重要材料之一就是“与用人单位存在劳动关系（包括事实劳动关系）的证明材料”。也就是说，证明与用人单位存在劳动关系，是申请工伤认定的必备条件。假如机械制造公司拒不承认与黄某存在劳动关系，黄某又没有任何证据证明与机械制造公司之间的劳动关系，那黄某维权的难度就可想而知了。本案的维权实践再一次告诉我们，劳动者拥有的证据越多，在劳动争议处理过程中的话语权就越大，依法维权的成功率就越高。

特别提醒

证据一般分为直接证据和间接证据，直接证据就是能够直接证明某一事实的证据，如用人单位和劳动者签订的劳动合同，就是证明劳动关系的最直接证据；而间接证据因受到证据本身的效力、证据的来源甚至证据的搜集方法等方面的影响，一般证明效力相对弱些，需要两份及两份以上的证据，才能佐证某一事实。劳动者在没有直接证据的情况下，要在合法的前提下，尽量多地搜集所列的九大类维权证据。

法条链接

《劳动和社会保障部关于确立劳动关系有关事项的通知》第2条

《劳动争议调解仲裁法》第6条

《工伤保险条例》第18条

案例97
未经劳动者签字确认的考勤记录是否有效？

案情实录

2012年3月，职工胡某与市区一家外贸公司签订了为期1年的劳动合同，约定月薪3500元。2013年3月，劳动合同到期，胡某主动向公司提出辞呈。在办理好相关交接手续后，胡某向公司提出，在职期间，自己存在着大量的加班情况，要求公司支付一年来的加班费。公司当即予以拒绝，认为公司没有安排过胡某加班，不存在支付加班费的情形。多次讨要不成，在市总工会的支持下，胡某向劳动争议仲裁委提请仲裁。为了能尽快结案，胡某主动请求市总工会庭前调解。

在市总工会调解过程中，胡某反映，外贸公司的作息时间，常常跟着国外的工作时间走，经常是快到下班了，根据国外的订单要求，公司扔给大家一大堆工作，还要求次日上午完成，于是只好全体“自愿”加班。周末加班也是家常便饭。而这样的加班，单位从不做记录，更别提给什么加班工资了。公司认为，单位很少安排职工加班，胡某如存在延长工作时间的现象，也是工作拖沓或自愿行为，公司不能另行支付加班工资。公司向市总工会提供了胡某的考勤打卡记录及工资支付表，但上面均未经胡某签字确认。胡某认为，公司肯定在考勤记录上做了手脚，未经自己签字确认的考勤记录无效。公司认为，考勤记录系打卡机自动生成，无须胡某确认，胡某要求支付加班费没有证据。就在双方僵持不下之际，胡某拿出了一套佐证自己加班的证据，包括胡某自己制作的加班记录登记表、车间领导下班时发的加班短信、限时完成任务的电子邮件以及节假日期间的生产任务分配表。面对胡某提供的一系列证据，公司备感惊异，态度也不再强硬。

在市总工会动之以“理”、晓之以“法”的调解下，公司与胡某很快达成了调解协议，对胡某提供的加班证据大部分都予以认可，并据此支付了加班费。

以案说法

此起劳动争议，在市总工会的协调下，终于案结事了。但案件中胡某提出的疑问，我们还没有得出明确的答案，那就是，未经胡某签字确认的考勤记录，如果真正开庭审理，法律效力如何？是否属于有效证据？回答这个问题，只要弄明白以下三点，一切就都水落石出了。

1. 关于加班的限制性规定。

加班，也称延长劳动时间，是指用人单位经过一定程序，要求劳动者超过法律、法规规定的最高限制的日工作时数和周工作天数而工作。为限制用人单位随意延长工作时间，保障劳动者休息权，法律对加班规定了严格的限定性条件。

首先，加班有时间性限制。《劳动法》规定，延长工作时间一般每日不得超过1小时，因特殊原因需要，在保障劳动者身体健康的条件下，延长工作时间不得超过3小时，但每月不得超过36小时。其次，加班有程序性限制。虽然加班是用人单位由于生产经营的需要，但同时还要同劳动者和工会协商。

用人单位须支付加班工资的前提是“根据实际需要安排劳动者在法定标准工作时间以外工作”。其中用人单位的安排，是认定加班的关键因素。在实际生活中，劳动者加班事实的成立，至少要具有三个构成要件：(1) 劳动者的工作时间超过法定工作时间标准；(2) 劳动者的超时是在为用人单位提供劳动；(3) 加班是由用人单位安排的或者经用人单位批准的。

2. 考勤记录和加班事实之间的证明关系。

考勤是用人单位实施的一种管理措施，它反映的是劳动者在用人单位的出勤情况，是用人单位据以考核劳动者的依据。

考勤记录对于加班事实的认定，确实具有举足轻重的作用。但，我们必须清醒地认识到，考勤记录的时间，却不等同于工作时间。考勤反映的是劳动者进入和离开用人单位的时间，劳动者进入用人单位时间早，并不必然意味着他工作时间早，比如大城市交通比较拥挤，劳动者提前到达单位，可能只是为了避开交通高峰，反之推迟下班也是。但考勤记录如果显示劳动者晚于上班时间到达，早于下班时间离开，那倒是可以证明劳动者构成迟到或者早退。

3. 未经劳动者签字的考勤记录采信问题。

考勤记录，特别是电子考勤记录或由用人单位单方记录的考勤记录，系由电子设备直接生成或由用人单位掌握，被伪造或篡改的可能性大，确实存在着本案中胡某担忧的用人单位在劳动争议发生后伪造或篡改的可能。

对此，《民事诉讼法》规定：证据必须经过查证属实，才能作为认定事实的根据。对于加班证据的真假及证明力的认定，需要劳动法律部门依据客观真实性、合法性、关联性的“三性”要求，对相关材料作出甄别、认定，判断证据与事实是否吻合。

《最高人民法院关于审理劳动争议案件适用法律若干问题的解释（三）》规定，劳动者主张加班费的，首先应当提供基本的或初步的证据证明加班事实的存在，如加班申请、交接班记录、加班通知、工资单、同事证言等证据。当劳动者举证证明了加班事实存在的证据属于用人单位掌握管理后，用人单位即应当提供，用人单位不提供的，应当承担不利后果。

用人单位提供的劳动者已签字确认的考勤记录，可以作为认定是否加班的依据，这点大家都已经形成共识，没有多少异议。对于未经劳动者签字的考勤记录，如何判断，结合上面三点分析，至少存在以下三种情形：

（1）用人单位提供未经劳动者签字确认的考勤记录时，若同时提供其他印证材料，如与考勤表相互印证的请假条，考勤记录经过公示而职工无异议的证明，劳动者如否认其真实性，但没有进行相应的举证反驳，法律将对用人单位提供的考勤记录予以采信。

（2）用人单位在规章制度或劳动合同中明确规定加班的审批制度和程序，并规定未经审批在单位延长的时间，不作为加班计算。在这种情形下，劳动者对用人单位提供的考勤记录拒不认可，或者，考勤记录显示的时间大大超过标准工作时间，都很难得到法庭的支持和认可。如果劳动者未履行加班审批手续延长工作时间，将会被视为自愿延长工作时间，不属于法定意义上的加班，用人单位没有支付加班费的义务。

（3）用人单位提供未经劳动者签字确认的考勤记录，劳动者否认其真实性，并进行了相应的举证证明，用人单位提供不出相反的证据，由用人单位承担不利后果。这时候，未经劳动者签字确认的考勤记录，自然就属于无效证据，没有任何法律证明力。

本案中，在市总工会的支持下，胡某之所以能成功维权，就在于胡某不仅指出了用人单位提供的考勤记录存在造假嫌疑，还提供了大量证明自己存在加班事实的证据。外贸公司提供不出反驳的证据，握手言和、体面收场就是最好的选择了。

特别提醒

我们不能简单地按照考勤记录的时间来计算劳动者在用人单位的工作时间，从而确定劳动者的加班时间。考勤记录和加班加点事实存在着重要的联系，但不存在必然联系。

法条链接

《劳动法》第 41 条

《民事诉讼法》第 6 条

《最高人民法院关于审理劳动争议案件适用法律若干问题的解释（三）》第 9 条

第三节　程序时效争议

案例98

用人单位辞退职工，需要事先征求工会意见吗?

案情实录

职工孙某2010年11月进入某轴承有限公司工作，双方签订了为期三年的劳动合同。2012年5月22日，在生产车间，孙某因工作琐事与同事吴某发生口角，经大家劝导，事态暂时得以平息。当天中午，孙某与吴某在厂门口相遇，两人再次发生激烈口角，孙某情绪失控，先动手打了吴某，进而引发两人的肢体冲突，结果致使吴某受到轻微伤害。打架事件惊动了当地派出所，在派出所的介入下，孙某赔偿了吴某的医药费。5月26日，轴承公司向孙某发出辞退通知：认定孙某打架行为已严重影响了公司的正常管理，违反了《员工守则》中“员工之间禁止在任何时间、场所打架斗殴”的规定，属于严重违纪行为，从即日起与孙某解除劳动关系。孙某对轴承公司的辞退决定不服，到当地劳动人事仲裁委员会申请仲裁，请求撤销轴承公司的辞退决定。孙某同时到市总工会寻求帮助，认为自己与吴某发生冲突属实，但那是双方互相争执，双方都存在过错，故公司事实认定错误。退一步讲，即使是打架，自己也未达到解除劳动合同的程度，而且自己已向吴某赔偿了医药费。市总工会在协调中了解到，孙某打架的事实清楚，但辞退孙某，轴承公司未事先将理由通知企业工会，也未征求工会意见，属于程序违法。市仲裁委最终采纳了市总工会的意见。2012年7月，市仲裁委作出裁决，轴承公司解除孙某劳动关系的行为无效。

以案说法

企业单方解除职工劳动合同时，没有事先将理由通知工会或者征求工会的意见，在这种情况下，企业单方解除劳动关系的行为是否具有法律效力?

这是一个非常值得关注的维权话题。令人可惜的是，很多劳动者或者法律部门对此没有给予充分的重视，导致案件处理结果对劳动者显失公平，也丧失了程序的正义。

在劳动关系领域中，劳动者是公认的弱势群体。当一些法定情形出现时，用人单位可以单方解除劳动合同。解除劳动合同意味着劳动关系的结束，对劳动者而言就是失业，意义非同小可，将直接影响劳动者的基本生活。

为了防止用人单位随意解除劳动合同，《劳动法》《工会法》《劳动合同法》等法律法规都赋予工会对用人单位单方解除劳动合同拥有知情权、监督权和纠正权。依据《劳动合同法》第43条规定，用人单位单方解除劳动合同，应当事先将理由通知工会；用人单位违反法律、行政法规规定或者劳动合同约定的，工会有权要求用人单位纠正；用人单位应当研究工会的意见，并将处理结果书面通知工会。这是工会组织拥有的法定权利，任何组织和个人都不得剥夺和侵犯。

对用人单位而言，理应充分发挥工会在劳动争议处理中的预警、缓冲作用，工会如能提出不同意见，从另一个角度来说，有利于用人单位发现和纠正自身违法解除劳动合同的行为，能从程序上预防和减少劳动争议的出现，何乐而不为呢?

没有程序上的公正就没有法律上的公正。解除与职工的劳动合同，是用人单位劳动管理工作的重要手段之一，更是一项严肃的法律行为，不仅应当严格执行法律规定的实体条款，更应当遵守法定的程序条款。通知工会是解除劳动合同的必经程序。如果企业没有事先履行通知工会的程序，就违反了法律的强制性规定，其解除劳动合同的行为就属于程序违法，法律部门可以判定其解除行为无效。

本案中，孙某因工作琐事与吴某发生冲突，轴承公司以孙某严重违犯单位规章制度为由解除劳动合同，其理由并无不当。但轴承公司与孙某解除劳动合同时，没有按照《劳动合同法》等法律规定，既未事先将辞退理由通知公司工会，也未征求工会的意见，违反了法律的程序性规定。轴承公司作出的违反法律程序的辞退决定，理所当然就属于无效行为，辞退决定也理应被仲裁部门撤销，孙某胜诉就在意料之中了。

特别提醒

程序违法也是违法，其法律后果就是该行为不产生任何法律效力。即使劳动者在实体上违法，并不意味在程序上他就没有权利了。虽然用人单位事先征询工会意见，不一定会影响单位解除劳动关系的结果，但如果缺少了这一法定的程序，用人单位解除劳动关系就属于非法解除，要承担不利后果。

法条链接

《工会法》第21条

《劳动合同法》第 43 条

《劳动法》第 30 条

案例99

已通过媒体公告送达，解除劳动合同是否合法有效?

案情实录

2010 年 1 月，职工陈某入职某食品公司。2012 年 2 月，食品公司因经营困难，安排包括陈某在内的一批职工放长假，每月发放基本生活费 500 元，年终集中领取，公司负责缴纳各项社会保险。2014 年 3 月 1 日，食品公司在晚报上刊登启事，通知陈某等职工 3 月 31 日前回公司上班，并在启事中强调说明："逾期不归者，食品公司将终止其劳动关系，按自动离职处理。"陈某未看到该报纸，也未按期回公司上班。2014 年 10 月，陈某因患重感冒去医院开药，才发现自己的医保卡被停用，到医保中心、食品公司一一查询，才得知自己早在 4 月就被食品公司解除劳动合同。陈某很不服气，找到食品公司叙述自己的委屈：放长假期间，自己既没有搬家，也没有更换联系方式，公司仅仅通过报纸公告的方式通知自己回单位上班，可自己根本没有看到报纸，在自己完全不知情的情况下，公司怎么可以就这样不明不白地把自己解雇了呢？据理力争无效的情况下，陈某向市总工会求援。在调解中，食品公司认为已经履行了法定的公告送达程序，坚持认为解除劳动合同的行为合法有效，不愿意作出让步。在市总工会的支持下，2014 年 10 月 15 日，陈某向市劳动人事仲裁部门申请仲裁，要求确认公司解除劳动合同的行为无效，继续履行劳动合同。2014 年 11 月 28 日，经过审理，市劳动人事仲裁部门认为，在没有任何证据证明陈某下落不明或者无法送达书面解除通知的情况下，食品公司单方在晚报上刊登通知陈某等职工回公司上班的行为，属于送达程序违法，该送达对陈某不发生法律效力；裁定食品公司解除陈某的劳动合同无效，陈某与食品公司的劳动关系持续保持，食品公司补发陈某 2014 年 4 月至 11 月的基本生活费，为陈某补缴 2014 年 4 月至 11 月的社会保险费。

以案说法

现实生活中，一些用人单位对依法履行送达程序没有引起足够的重视，或未履行送达义务，或如本案一样，在没有采取其他送达方式的基础上，直接采用媒体公告送达，常常因为送达程序问题引发劳动争议。

解除劳动合同是一项程序性要求十分严谨的法律行为。依法送达解除劳动合同通知书等相关文书，直接关系到解除行为是否合法有效。《最高人民法院关于审理劳动争议案件适用法律若干问题的解释（二）》第1条第（2）项明确规定："因解除或者终止劳动关系产生的争议，用人单位不能证明劳动者收到解除或者终止劳动关系书面通知时间的，劳动者主张权利之日为劳动争议发生之日。"这条规定明确告诉我们：解除劳动合同书面通知的送达，是解除劳动合同这一行为产生法律效力的重要环节和必备程序；如果用人单位不能证明解除劳动关系通知依法送达劳动者，解除劳动关系的行为就不发生法律效力。

用人单位解除劳动者劳动合同，必须具备法定的实体要件和程序要件，才能产生法律效力。对于如何依法送达用人单位解除或终止劳动合同通知，以及本案例涉及的要求请假、放长假、长期病休职工在规定时间内回单位报到或办理有关手续的通知送达，我们要以2008年1月15日为时间节点进行分析。

2008年1月15日，国务院宣布废止《企业职工奖惩条例》。在此之前，用人单位向劳动者送达解除或终止合同通知以及通知职工回单位上班，一般参照原劳动部办公厅颁发的《关于通过新闻媒介通知职工回单位并对逾期不归者按自动离职或旷工处理问题的复函》的相关规定。复函明确要求，企业通知请假、放长假、长期病休职工在规定时间内回单位报到或办理有关手续，应遵循对职工负责的原则，以书面形式直接送达职工本人；本人不在的，交其同住成年亲属接收。直接送达有困难的可以邮寄送达，以挂号查询回执上注明的收件日期为送达日期。只有在受送达职工下落不明，或者用上述送达方式无法送达的情况下，方可公告送达，即张贴公告或通过新闻媒介通知。自发出公告之日起，经过30日，即视为送达。在此基础上，企业方可对旷工和违反规定的职工按上述法规作除名处理。能用直接送达或邮寄送达而未用，直接用公告方式送达，视为无效。

2008年1月15日以后，《企业职工奖惩条例》废止，因复函是《企业职工奖惩条例》的配套文件，理应相应废止。但前述规定确立的企业向员工公告送达的相关规定，在劳动争议仲裁或诉讼案实务中，却常被援引和参照。在现行相关法律法规尚不完善的情况下，关于劳动合同解除通知书送达方式，我们更多的是参照《民事诉讼法》。

依据《民事诉讼法》第7章的有关规定，送达可以通过直接送达、留置送达、邮寄送达、公告送达等几种方式进行。《民事诉讼法》第84条至第92条规定：送达诉讼文书，应当直接送交受送达人。受送达人是公民的，本人不在交他的同住成年家属签收；受送达人或者他的同住成年家属拒绝接收诉讼文书的，送达人可以邀请有关基层组织或者所在单位的代表到场，说明情况，在送达回证上记明拒收事由和日期，由送达人、见证人签名或者盖章，把诉讼文书留在受送达人的住所；也可以把诉讼文书留在受送达人的住所，并采用拍照、录像等方式记录送达过程，即视为送达。直接送达诉讼文书有困难的，可以委托其他人民法院代为送达，或者邮寄送达。邮寄送达的，以回执上注明的收件日期为送达日期。受送达人下落不明，或者用其他方式无法送达的，公告送达。自发出公告之日起，经过60日，即视为送达。公告送达，应当在案卷中记明原因和经过。

从上述规定中，我们至少可以明确三点：一是直接送达是送达方式中最基本的方式，也是首选的方式。凡是能直接送达的就应直接送达，只有在直接送达有困难的情况下，才可以考虑依序采取其他送达方式。二是送达方式是有顺序要求的，用人单位不得"损人利己"地随意选择其中一种方式送达，而必须是前一种送达方式无法完成时，才能依序采取下一种方式。三是用人单位采用公告送达通知是有限制条件的，应至少符合下列任何一项前提条件：(1) 受送达职工下落不明；(2) 采用直接送达、留置送达、邮寄送达等方式无法送达的。

本案中，陈某被公司安排放长假期间，既没有搬家，也没有更换联系方式，在公司登记有明确的家庭住址和联系方式，不存在无法联系的情形；食品公司在采用媒体公告送达方式之前，没有通过直接送达、留置送达、邮寄送达等通知陈某回单位报到，送达程序明显违反《民事诉讼法》第92条的规定，因此，食品公司的送达方式因程序违反规定无效，其直接的后果就是公司解除劳动合同的行为无效，陈某与食品公司的劳动关系继续存在，食品公司理应承担由此造成的不利后果。

特别提醒

依法向劳动者送达涉及劳动关系的相关文书，是用人单位应当履行的法定义务。在解除劳动合同的争议中，如果用人单位送达程序被劳动仲裁机构或人民法院认定为无效，那么，送达的相关文书将不发生法律效力，劳动者与用人单位的劳动关系就继续存在，用人单位就应当承担劳动关系存续期间相应的法定义务，包括支付劳动者工资、缴纳社会保险费等。

法条链接

《民事诉讼法》第 85 条、第 86 条、第 92 条

《最高人民法院关于审理劳动争议案件适用法律若干问题的解释（二）》第 1 条

案例100 离职半年后索要加班工资，还在仲裁时效范围内吗？

案情实录

2012 年 10 月，职工陈某与一家化工企业签订了五年期劳动合同。陈某到这家单位工作以后，对企业硬性规定的每天 12 小时工作制十分反感，更为无奈的是，这家企业规定 12 小时工作制以内没有加班费。2014 年 10 月，陈某忍无可忍，愤而辞职。2015 年 4 月，陈某听朋友说，因单位拖欠加班费导致职工辞职的，用人单位应该支付经济补偿金。陈某立即找到企业人力资源部，要求企业支付过去两年的加班费和经济补偿金。企业以陈某已经离职半年以上、早已“超时”为由，一口回绝了陈某的请求。在市总工会的支持下，陈某向市劳动争议仲裁院提起劳动仲裁。那么，陈某离职半年以上，追索加班费和经济补偿金的诉求还能得到法律的支持吗？

以案说法

劳动者在用人单位工作期间，由于单位硬性规定或者交货日期紧等原因，单位经常安排加班，或者安排的工作时间本来就超过了法定的劳动时间。很多劳动者常常忍气吞声，怕讨要加班费会丢掉工作，或者不知道怎样才能维护自己的合法权益，常常要等离开公司后，才敢提出索要加班费用，但用人单位常常以超过仲裁时效为由拒绝支付。

1. 何为劳动争议仲裁时效？

劳动争议仲裁时效，是指当事人因劳动争议纠纷要求保护其合法权利，必须在法定的期限内向劳动争议仲裁委员会提出仲裁申请的一种时效制度。

关于劳动争议的仲裁时效，在 2008 年 5 月 1 日前，根据《劳动法》第 82 条的规定，提出仲裁要求的一方应当自劳动争议发生之日起 60 日内向劳动争议仲裁委员会提出书面申请。按照此项规定，讨要加班费，应该自争议发生之日起 60 日之内，向仲裁部门提出，超过 60 日，视为员工放弃申诉权，超过仲裁

时效提请仲裁的，将得不到法律的保护和支持。

2008年5月1日开始实施的《劳动争议调解仲裁法》，将劳动争议申请仲裁的时效期间从60日延长为一年。仲裁时效期间从当事人知道或者应当知道其权利被侵害之日起计算。

也就是说，2008年5月1日之前的争议处理，适用《劳动法》规定的60日仲裁时效；2008年5月1日之后的，适用一年的仲裁时效。

2. 哪种情况下，劳动争议仲裁时效不受一年的限制？

申请劳动仲裁的一般时效为一年。但在有些情况下，一年的时效期间还不能有效保护劳动者的合法权益。如在建筑业，拖欠工资问题比较突出，工人的劳动报酬很多到年底才结算；还有些劳动者为了维持劳动关系，在劳动关系存续期间对用人单位拖欠劳动报酬的行为不敢主张权利。如果都适用一年的仲裁期间，不利于保护他们的合法权益。因此，《劳动争议调解仲裁法》第27条第4款规定："劳动关系存续期间因拖欠劳动报酬发生争议的，劳动者申请仲裁不受本条第一款规定的仲裁时效期间的限制。"而对于劳动关系已经终止的情况，劳动者则没有维系劳动关系这样的顾虑，《劳动争议调解仲裁法》规定，劳动关系终止的，应当自劳动关系终止之日起一年内提出。即在劳动关系存续期间，拖欠劳动报酬的争议，没有仲裁时效的限制。

3. 劳动争议仲裁时效的起算点如何确定？

根据《劳动争议调解仲裁法》的规定，仲裁时效期间从当事人知道或者应当知道其权利被侵害之日起计算。"知道或应当知道其权利被侵害之日"，是指有证据表明权利人知道自己的权利被侵害的日期，或者根据一般规律推定权利人知道自己的权利被侵害的日期，即劳动争议发生之日。权利人知道自己的权利遭到了侵害，这是其请求劳动争议仲裁机构保护其权利的基础。从这一时间点开始计算仲裁时效期间，符合仲裁时效立法的本意。

根据《最高人民法院关于审理劳动争议案件适用法律若干问题的解释（二）》第1条的规定，下列情形视为"劳动争议发生之日"，主要包括：（1）在劳动关系存续期间产生的支付工资争议，用人单位能够证明已经书面通知劳动者拒付工资的，书面通知送达之日为劳动争议发生之日。用人单位不能证明的，劳动者主张权利之日为劳动争议发生之日。（2）因解除或者终止劳动关系产生的争议，用人单位不能证明劳动者收到解除或者终止劳动关系书面通知时间的，劳动者主张权利之日为劳动争议发生之日。（3）劳动关系解除或者终止后产生的支付工资、经济补偿金、福利待遇等争议，劳动者能够证明用人单位承诺支付的时间为解除或者终止劳动关系后的具体日期的，用人单位承诺支付之日为劳动争议发生之日。劳动者不能证明的，解除或者终止劳动关系之日为劳动争议发生之日。

本案中，陈某虽然已经离职半年，但他的离职时间是在2008年5月1日之后，他向原来工作单位提出索要经济补偿金和加班费的诉求，没有超过《劳动争议调解仲裁法》关于1年仲裁时效的规定，因此得到了劳动争议仲裁庭的支持，并最终胜诉。

特别提醒

劳动争议中的仲裁时效，既是维权中的热点问题，也是劳资双方容易产生分歧的难点问题，亟须引起劳动者和维权工作者的重视和关注。

法条链接

《劳动争议调解仲裁法》第27条

《劳动法》第82条

《最高人民法院关于审理劳动争议案件适用法律若干问题的解释（二）》第1条